호텔에 관한 거의 모든 것

호텔에 관한 거의 모든 것

보이는 것부터
보이지 않는 곳까지

Anything about HOTEL

from Visible to Invisible

한이경 지음

호텔 만드는 일을 본업으로 하다 보니 더할 수 없이 익숙하지만 돌아보면 1989년 겨울 한국을 떠나기 전, 호텔에서 자본 경험이 없다. 그때만 해도 여학생이 호텔에 드나들면 큰일이라도 날 것 같은 분위기였다.

처음 호텔을 경험한 것은 20대 초반, 미국에서였다. 대학 입시를 위한 학력고사에서, 그것도 가장 자신 있던 수학 시험에서 밀려 쓰기를 하는 바람에 원하던 대학 진학에 실패했다. 이를 순순히 받아들이고 싶지 않았던, 갓 스물을 넘긴 어린 나는 부모님을 졸라 1989년 미국으로 유학을 떠났다. 도착한 뒤 얼마 지나지 않아 코넬 대학 교수로 계시는 먼 친척을 만나러 갔고, 학교 안에 있던 호텔에서 처음으로 하룻밤을 묵었다. 호텔이라는 곳이 쾌적하고 편한 곳이라는 걸, 그곳에서 자고 나와도 전혀 부끄러워 하지 않아도 된다는 걸 그때 처음 알았다. 그뒤로 친구들과 여행을 갈 때마다 자연스럽게 호텔에 묵곤 했다. 주로 고속도로 근처의 값싼 곳들이었다.

호텔 만드는 일이 직업이 된 건 뜻밖이었다. 대학과 대학원에서 건축을 전공한 뒤 자연스럽게 건축사무소에서 일을 했다. 최우수 논문상을 손에 쥐고 하버드 대학원을 졸업할 때만 해도 대단한 건축가가 될 거라는 기대를 품었다. 기대는 오래 가지 못했다. 박봉에 장시간 근무는 차라리 견딜 만했다. 아시아 출신에 게다가 여성인 내게 제대로 된 설계 업무는 주어지지 않았다. 화장실 또는 벽돌 벽 설계가 늘 내 차지였다. 이럴 바에야 결정의 주체가 되는 게 낫겠다고 생각했다. 부동산 개발을 공부하기 위해 다시 대학원에 진학했고, 석사 학위를 받은 뒤 들어간 곳은 리조트 개발 회사였다. 백인, 게다가 남성 위주인 분위기는 여전했지만 그곳에서 만난 보스이자 부사장이었던 에드워드 라일리Edward Riley는 나의 성실성을 높이 평가했고, 나를 개발 매니저로 훈련시켰다. 아시아 출신, 여성, 영어가 모국어가 아니라는 점을 개의치 않았다. '메리어트 호텔 그룹'의 다양한 브랜드와 하와이 리조트를 성공적으로 개발한 그의 선택에 누구도 이의를 제기하지 않았다. 그와 출장을 다니면서 호텔이라는 신세계가 비로소 눈앞에 펼쳐졌다. 미국 전역을 다니며 수많은 호텔과 리조트가 만들어지는 과정에 참여했고, 개발 및 운영 전반에 대해 최고의 전문가들과 협업을 해나갔다. 그 이력이 쌓여 약 12조 원 예산으로 진행하는 아부다비 사디야트Saadiyat 섬 문화지구 마스터플랜 프로젝트 수석 디자인 매니저로 일할 수 있었고, 역시 또 그 경험을 발판으로 미국 글로벌 호텔 그룹 아시아 기술 자문 총괄로 중국과 동남아시아를 종횡무진 누비고 다녔다. 이후에는 약 6천억 원 예산으로 진행하는 중국 최초의 웰니스 리트리트 개발부터 완공 그리고 오픈 뒤 초기 운영까지의 전 과정을 책임졌다.

엄청난 규모의 비즈니스를 성공시키는 것은 결코 쉽지 않았다. 새로운 도전 앞에서 나는 늘 편견과 마주해야 했다. 백인도 남성도 아닌, 영어를 모국어로 쓰지도 않는 나는 늘 이쪽과 저쪽 사이에 서 있는 경계인이었다. 나를 증명해 줄 것은 오직 일이었고, 그 일이 내게는 호텔이었고 리조트였다. 그러니 내게 호텔은 인생이다. 호텔 하나를 제대로 만들고 나면 새로운 삶이 내 앞에 펼쳐졌다. 만들기 전 나를 향했던 온갖 미심쩍은 눈초리는 사라지고, 새로운 기회의 발판이 되어 주었다.

2018년 뜻한 바가 있어 한국에 돌아와 일을 시작했다. 20대 초반, 그때로부터 약 30여 년이 지난 셈이다. 그 사이 호텔에 관한 한국 사회의 인식도 많이 달라졌고, 제대로 된 호텔 역시 속속 등장하고 있었다. 하지만 여전히 호텔은 베일에 가려져 있었고, 그래서인지 한국에 온 지 얼마 되지 않아서부터 몇몇 대학과 단체, 기관 등에서 호텔에 관한 이야기를 해달라는 요청을 받았다. 그 가운데 독서 모임 커뮤니티로 잘 알려진 '트레바리'의 제안도 있었다. '메리어트 호텔 그룹' 기술 자문 총괄로 한국에서 6곳 정도의 호텔 프로젝트를 마쳤고, 5곳의 호텔 오픈을 눈앞에 두고 있을 무렵이었다. 그동안 일해오면서 쌓은 경험을 일반인들과 나누는 것도 좋을 듯하여 기꺼이 시작했다.

독서 모임이니 책을 매개로 이야기를 나눠야 하는데 막상 호텔을 주제로 한 마땅한 책을 찾기가 어려웠다. 그나마 눈에 띄는 책들은 건물이나 인테리어에 주목한 책이거나 가볼 만한 곳을 소개하는 책이었다. 그밖에는 전공자들을 위한 교재가 대부분이었다. 이런 아쉬움에 더해 일반인들이 호텔에 대해 좀 더 넓고 깊게 바라보면 좋겠다는 바람을 담아 '페이스북'에 짧막한 글을 몇 번 올렸다. 그 글을 읽은 '혜화1117' 이현화 대표가 책을 내자는 제안을 해왔다. 호텔이 어떤 곳인지 제대로 알려 주는 책이 없다면 만들어야 한다고 생각했다. 다른 누군가가 했어도 좋았겠지만, 내가 해도 좋지 않을까 생각했다. 한국어로 긴 글을 써본 지가 언제인지 까마득했지만 일단 시작만 하면 끝이 날 거라고 스스로를 다독였다. 호텔도 시작할 때는 막막해도 언젠가 끝이 나게 마련이니까. 그렇게 시작해서 어느새 한 권의 책 출간을 눈앞에 두게 되었다.

나는 호텔을 만든다.
호텔은 자본주의의 첨단이며 상업 서비스의 정점이기도 하지만,
화려하고 찬란한 아이디어의 각축장이기도 하지만,
현장에서 땀 흘리는 수많은 노동자들의 성취이기도 하다.

나는 줄곧 호텔을 만든다. 잠재적 성장 가능성이 어느 나라보다 높은 한국의 호텔 시장이 앞으로 어떻게 펼쳐질지 흥미진진하다. 호텔은 자본주의의 첨단이며 상업 서비스의 정점이다. 화려하고 찬란한 아이디어의 각축장이다. 공간과 라이프 스타일의 실험실이다. 동시에 현장에서 땀 흘리는 수많은 노동자들의 성취이기도 하다.

나는 이 책에서 호텔이란 어떤 곳인지, 과연 어디로부터 왔으며 어디로 향하고 있는지를 살피고, 호텔을 이루는 수많은 입자들, 구성의 요소들을 하나하나 들춰보았다. 이런 시도는 이왕 한국의 호텔 산업이 새로운 도약점에 서 있으니 좀 더 많은 이들이 호텔을 제대로 알고, 제대로 누리기를 바라는 마음에서 비롯했다.

호텔은 늘 나를 새로운 세상으로 이끌어왔다. 이 책 역시 그럴 것이다. 이 책이 독자들과 만나 어떤 이야기를 만들어 나갈지, 지금 나의 최대 관심사는 바로 그것이다.

감사 인사를 빼놓을 수 없다. 독자분들께 먼저 양해를 구한다. 한국에 오기 전 함께 일한 동료와 친구들은 한국에서 내가 책을 내는 걸 자기 일처럼 기뻐해줄 것이다. 특별히 감사한 마음을 전하고 싶은 이들이 있으나 그들은 아쉽게도 한국어를 못하니 이 자리에서 영어로 마음을 전하는 것을 부디 이해해주시기 바란다.

I would like to express my sincere and deep gratitude to; Edward Riley(USA) for providing critical guidance on becoming a hospitality developer, Ken Greene(USA) for offering his infinite trust and support, Karen Kim(Hong Kong) for giving me hands-on help whenever I needed it. A very special thanks as well to Fredrick Tsao(Shanghai), Calvin Tsao(USA) and Mary Ann Tsao(Singapore) for expanding my horizon to a new realm of wellness and inviting me to be your lifelong friend. And special appreciation to Daniel Postaer(USA) for allowing me to conclude this book with the wonderful photos from Homage to Unsung Heroes Exhibition in Shanghai.

마지막으로, 오래전 다짜고짜 유학을 가겠노라 고집하던 어린 딸에게 길을 열어준 부모님과 인생의 롤러코스터를 탈 때마다 옆에서 손 잡아주고 웃게 해주는 남편 그리고 엄마 역할을 제대로 못했음에도 잘 자라준 딸에게 고마움을 전한다. 그분들 덕분에 존재하는 이 책을 그분들께 기꺼이 바친다.

2021년 초겨울
'원앙아리'에서

한이경

"호텔은 공간과 라이프 스타일의 실험실이다"

_한이경

일러두기

1. 이 책에 언급한 '글로벌 브랜드 스탠다드', '브랜드 스탠다드', '가이드라인', '기준' 등은 저자가 주로 진행한 글로벌 호텔 그룹의 신규 호텔 프로젝트에 적용하는 내용 중 일반적인 것을 바탕 삼았다. 글로벌 호텔 그룹들이 제시하는 기준은 크게 지켜야 할 사항과 권고사항으로 나뉘는 데, 이는 프로젝트의 조건 및 상황에 따라 조정을 거치기도 하고, 적용 여부를 달리 정하기도 한다. 즉, 모든 호텔이 동일한 기준을 적용하는 것은 아니라는 점을 부연한다.

2. 이 책에 언급한 주요 호텔명 및 업체명 등은 작은 따옴표로 표시하고 필요한 경우 원어를 병 기했다. 독자들에게 익숙한 경우 병기를 생략했다. 또한 한국어 표시 또는 번역이 자연스럽지 않은 경우 원어 그대로 노출하되 작은 따옴표로 표시하였다.

3. 이 책에 사용한 외래어는 국립국어연구원의 외래어 맞춤법 기준에 따랐으나, 업계에서 주로 사용하는 용어 또는 주요 회사명 및 호텔명은 관용으로 사용하는 것을 따랐다.

4. 책에 사용한 이미지는 대부분 저자가 촬영한 것으로, 본문에 구체적으로 언급한 특정 장소를 제외하고, 본문 내용의 이해를 돕기 위한 사례로 활용된 경우 해당 장소를 밝히지 않았다. 이는 실내외 디자인의 변화가 자주 일어나는 호텔의 특성을 반영한 것이기도 하다. 이밖에 기관 및 개인 소장 자료는 출처를 밝히거나 허락을 구했다. 위키미디어 공용 사이트의 저작권 만료 또는 사용 제약이 없는 퍼블릭 도메인 이미지는 출처 표시를 생략하였다. 이외에 추후 다른 절차 및 정보가 확인되는 경우 이에 따른 적법한 절차를 밟겠다.

5. 참고한 주요 문헌은 책 뒤에 목록을 수록하였다.

제 1 장

선택

Choice and Memory

우리는 언제부터
호텔을 만나기 시작했는가

생각해 보자. 우리의 일상생활에서 호텔이 등장한 것은 언제부터일까. 불과 30여 년 전만 해도 호텔은 일반인들에게는 어쩐지 먼 곳이었다. 다른 지역에 볼 일이 있으면 그곳에 살고 있는 친지의 집을 찾아가는 게 당연했다. 호텔까지는 아니어도 숙박업소에 묵는다는 건 아무도 아는 이 없는 지역에 갈 때만 해당하는 일이었다. 서울과 수도권 몇몇 지역을 제외하고는 오늘날 우리가 아는 호텔이라는 곳도 거의 없었다.

그 무렵 일반인들에게 호텔이란 주로 해외여행을 갈 때만 경험하는 곳이었다. 그렇다고 여행자가 스스로 호텔을 선택할 수는 없었다. 믿거나 말거나 우리나라에서 해외여행 자유화가 시작된 건 1989년 1월부터다. 여행을 가려면 대개 여행사에서 제시하는 '도쿄 3박 4일', '하와이 14박 15일' 같은 단체 패키지 여행 상품을 이용해야 했다. 여행지에서 묵는 호텔은 당연히 상품에 포함된 곳이었고, 심지어 정확한 호텔 이름조차 미리 안내 받지 못했다. 그래도 누구도 이의를 제기할 생각조차 못했던 시절이었다. 그나마 몇 년 지난 뒤부터 해외여행 상품의 경쟁이 치열해지고, 이용자들의 취향도 고급화되면서 여행사들은 패키지 상품에 몇 개의 호텔을 제시하고, 여행자들로 하여금 그 가운데 선택할 수 있게 했다. 그러나 여전히 대다수의 사람들은 어떤 곳이 자기 취향에 맞는 것인지 알 수 없어서 단순히 가격 비교나 여행사 직원의 권유로 결정하곤 했다.

가까이 하기엔 너무 먼 호텔

■

1990년대까지만 해도 호텔은 일반인들에게는 가까이 하기에는 너무 먼, 특별한 사람들만
가는 곳이거나 특별한 날에만 겨우 가보는 곳이었다. 사진은 위에서부터 1983년 서울시청에서
촬영한 플라자 호텔과 비슷한 시기 웨스틴 조선 호텔이다. 서울역사박물관 소장.

세월은 흘렀다. 여행의 양상도 다양해졌다. 여행자들은 단체 패키지 상품이 전부가 아니라는 걸 알게 되었다. 자유 여행 붐이 일었다. 외환 위기 직전인 1994~1997년 배낭여행은 흔한 말이 되었다. 이 중심에 20대가 있었다. 대학생들은 앞다퉈 해외로 나갔다. 초반에는 여행사에서 대표 관광지 중심으로 항공권과 숙소를 예약하고, 그날그날 일정만 자유롭게 다니는 방식이었다. 그러나 진취적이고 과감한 여행자들은 우리보다 일찍 자유 여행을 시작한 해외 유명 여행서의 번역본을 참고하여 직접 숙소를 알아보기 시작했고, 이들의 성공 경험담은 점점 퍼져 나가 어느덧 항공권은 물론 숙소까지 직접 예약하는 이들이 늘어났다. 이로써 여행자들은 서서히 여행사의 영향권 밖으로 나오기 시작했다.

나 역시 항공권과 초반 하루이틀 정도의 숙소만 확보한 뒤 여행지에 도착해서 그 도시의 서점을 찾아 여행 책자를 뒤져 적당한 숙소를 골라 공중전화로 예약하며 다녔다.

이 무렵 단기 어학 연수도 대중화되었다. 어학원에서 연결해 주는 현지인의 집에 머물며 학교나 학원을 다닐 수 있는 홈스테이가 일반적이었다. 단기 어학 연수 중 인근 도시로 여행을 다니면서 해외여행의 문턱은 더욱 더 낮아졌다. 이와 함께 여행 정보도 흔해져 숙소에 대한 선택권은 점점 더 넓어지기 시작했다. 인터넷의 등장은 여기에 불을 붙였다.

그 이전까지 여행사의 신문 광고, 단행본 여행서, 잡지 등을 통해 정보를 얻고, 항공권이나 숙박 예약은 여행사 사무실을 직접 찾아가거나 전화 또는 팩스 등을 이용했다면 인터넷 등장 이후에는 이 모든 것이 책상 위에서 가능해졌다. 정보는 홍수처럼 쏟아졌고, 원하는 날짜와 장소를 직접 선택해서 예약을 하는 것이 일반화되었다. 그 덕분에 언젠가부터 호텔은 더이상 패키지 여행 상품에 따라오는 옵션일 수 없었다. 여행지에서 마음에 드는 호텔을 고르는 것은 이미 자연스러워졌고, 오로지 호텔만을 즐기기 위해 여행지를 선택하는 사람들도 등장한 지 오래다. 그것만일까. 멀리 여행을 떠나지 못하는 이들은 점점 사는 도시 안에서 호텔의 다양한 서비스를 즐기는 이른바 '호캉스'를 즐기기 시작했고, 코로나19 시대를 통과하는 동안 멀리 여행을 못 떠나게 되자 오로지 호텔만을 목적지로 삼는 이들도 점점 늘어나고 있다.

호텔을
선택하는 흔하고 자연스러운 방법

여행이나 출장을 앞두고 머물 곳을 정하는 일은 의외로 쉽지 않다. 너무 많은 선택지가 눈앞에 펼쳐지기 때문이다. 그렇다면 다른 사람들은 어떤 기준으로 호텔을 고를까. 나만 궁금한 건 아니었나보다. 세계적인 온라인 여행 기업 '트립닷컴'Trip.com은 2019년 9월 한국인 여행자 1,174명을 대상으로 한국인의 호텔 선택 기준을 조사했다. 한국인들이 호텔을 선택할 때 중요하게 여기는 항목의 순위는 표1과 같았다.

결과를 놓고 보면 새로울 것은 없다. 위치나 요금, 시설 등을 기준으로 호텔을 선택한다는 사실이야 굳이 조사하지 않아도 누구나 다 아는 이야기다. 나는 이런 순위의 결과보다 누구나 호텔을 자신의 기준에 따라 선택할 수 있는 시대가 되었다는 사실, 그 자체가 이미 일상적인 행위로 여겨지고 있다는

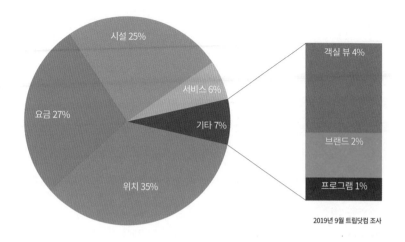

시설 25%

서비스 6%

객실 뷰 4%

요금 27%

기타 7%

브랜드 2%

위치 35%

프로그램 1%

2019년 9월 트립닷컴 조사

표1. 한국인의 호텔 선택 기준

점이 더 흥미로웠다. 다시 말해 해외여행 패키지 상품에 포함되어 있는 호텔에 무조건 묵어야만 했던 시대에서 불과 몇십 년 만에 각자의 취향과 판단의 기준에 따라 호텔을 선택하는 시대에 살고 있다는 점이 새삼스럽게 흥미로웠다. 그리고 이제 한 단계 더 나아가 호텔을 한층 더 깊이 있게 즐길 때가 왔다는 점 또한 다시 한 번 깨닫게 되었다.

우리는 어떤 이유로 길을 나설까. 구성원, 목적, 취향 등에 따라 이루 헤아릴 수 없이 다양한 이유가 존재한다. 여행의 유형은 시대의 변화에 따라 트렌드를 형성한다. 오늘날의 경향은 개인화, 세분화로 압축할 수 있다.

여기에 더해 코로나19를 겪으며 해외에서는 회복 여행regenerative travel이라는 테마가 떠오르고 있다. 미국 '세계 웰니스 연구소'Global Wellness Institute는 '코로나19 이후의 여행은 이전에 비해 목적이 있는 여행Purposeful Travel이 유행할 것'이라는 전망을 내놓았다. 무분별한 여행을 자주 떠나기보다 분명한 이유와 목적을 가지고 떠나는 이들이 늘어날 거라는 의미다. 코로나19로 인해 기후 변화, 지구온난화 등을 비롯한 인류 공동의 위기의식이 확산되면서 탄소 배출을 줄이고 지구를 보호해야 한다는 인식이 여행의 형식과 유형에도 영향을 미칠 거라는 전망이다. 여기에는 '나만 즐거우면 좋은' 것으로 그치지 않고, 여행지에 어떤 식으로든 긍정적인 기여를 하고 싶다는 여행자들의 선한 의지도 포함된다. 나 역시 이에 동의한다. 이런 추세라면 여행자들은 여행을 계획하고 선택하는 데 더 신중해질 것이다. 여기에 맞춰 여행지에서 머물 곳을 고르는 데도 더욱 더 공을 들일 것이다. 갈수록 더 까다로워질 것이라는 의미다.

　여행자들에게도 호텔을 고르는 일은 큰일이지만, 선택을 받아야 하는 호텔 입장에서도 이건 참 보통 일이 아니다. 새삼스러운 일은 아니다. 여행자들이 호텔을 직접 선택하기 이전부터 이미 호텔들은 고객들에게 선택 받기 위해 다양한 노력을 기울여 왔다.

선택 받기 위해
호텔들이 치르는 치열한 전쟁

여행 일정이 결정되면 곧바로 머물 곳을 정하기 위한 탐색의 시간이 시작된다. 각자 원하는 조건에 가장 적합한 곳을 찾는 여정은 꽤나 고단하다. 그러나 고단한 건 우리만이 아니다. 여행자들의 선택을 받기 위한 호텔들의 고군분투 역시 만만치 않다. 우리의 선택을 받기 위해 그들은 어떤 노력을 하고 있을까.

인터넷 등장으로 달라진 건 여행자들만이 아니다. 호텔 역시 영업 방식이 완전히 달라졌다. 인터넷 등장 이전까지 호텔들도 객실을 판매하기 위해 발로 뛰었다. 규모가 큰 여행사를 대상으로 객실을 선판매하거나 출장이 많은 기업을 대상으로 특별가를 제시하는 것은 물론 연회장 행사 유치를 위해 기업 및 관공서를 찾아다니며 영업을 했다. 고객들이 직접 전화로 예약해 오는 것도 무시할 수 없어서 예약 전담 직원을 따로 두었다. 하지만 인터넷이 등장한 이후 오늘날 호텔을 선택하려는 우리와 선택 받기를 원하는 그들이 만나는 곳은 주로 온라인 여행 플랫폼OTA, Online Travel Agent이나 호텔 웹사이트다. 여기에 우리에게는 생소하지만 해외여행자들은 부티크 온라인 여행 플랫폼도 자주 찾는다.

온라인 여행 플랫폼은 우리에게 이미 익숙한 '야놀자', '트립어드바이저', '익스피디아' 등을 떠올리면 된다. 다양한 종류의 숙소를 홍보, 마케팅함으로써 여행자로 하여금 원하는 조건의 객실을 고를 수 있게 한다. 국내는 물론 전 세계적으로 확장된 정보망을 통해 훨씬 더 방대한 정보 속에서 원하는 것을 찾을 수 있게 되었다. 발품은 옛말이 되었고, '손품', '마우스품'의 시대가 되었다. 말하자면 소비자와 공급자 모두 인터넷이라는 국경 없는 세계에서 24시간 끊임없는 거래를 이어나가기 시작한 것이다.

온라인 여행 플랫폼, 여행자들을 위한 온갖 서비스를 제공하다

온라인 여행 플랫폼의 시작은 1994년경으로 거슬러 올라간다. 출발은 역시

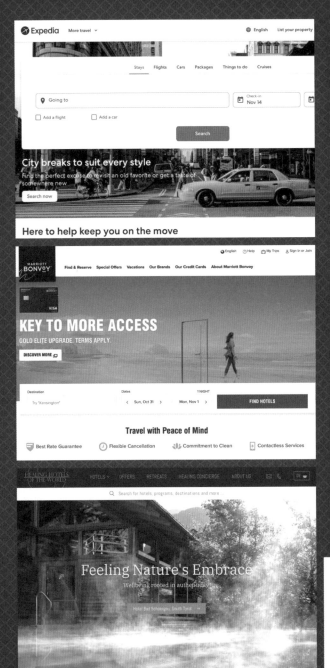

선택하는 자와 선택 받으려는 자가 함께 만나는 곳

■

온라인 여행 플랫폼, 호텔 웹사이트, 부티크 온라인 플랫폼 등은 호텔을 고르려는 고객과 선택 받기를 원하는 호텔들의 대표적인 만남의 장이다.

미국에서부터였다. '트레블웹닷컴'TravelWeb.com이라는 온라인 여행 플랫폼에서 전 세계 주요 호텔을 목록으로 제공한 뒤 웹사이트에서 소비자가 직접 예약할 수 있는 기능을 본격적으로 제공했다. 그 다음해인 1995년에는 '비아터 시스템즈'Viator Systems가 목적지Destination 중심 여행 상품을 온라인에서 판매하기 시작했고, 여행서의 대표 주자 『론리플래닛』Lonely Planet이 온라인 비즈니스를 시작했다. 시대의 흐름을 일찌감치 간파하여 종이 책 일변도에서 벗어나 온라인 여행 플랫폼 형태로 비즈니스의 성격을 전환하기 시작한 것이다. 온라인 여행 비즈니스가 탄력을 받기 시작하자 '마이크로소프트사'는 1996년 '익스피디아닷컴'Expedia.com을 탄생시켰다. '익스피디아닷컴'이 전 세계 수많은 사람들이 이용하는 대표적 온라인 여행 플랫폼으로 자리잡은 지는 이미 오래다. 온라인 여행 플랫폼은 기발한 아이디어에서 출발하기도 했다. 2000년 미국 매사추세츠의 한 피자 가게에서 식당이나 호텔을 비롯한 여행지 후기를 올리는 웹사이트에서 탄생해 오늘날 세계 최대 규모의 온라인 여행 플랫폼으로 성장한 '트립어드바이저닷컴'Tripadvisor.com이 대표적이다.

이밖에도 수많은 온라인 여행 플랫폼이 등장하고 또 사라졌다. 호텔의 객실이나 항공권은 상품이라는 측면에서 보자면 매우 독특한 특징을 지닌다. 날짜가 지나면 영원히 사라지고 만다. '오늘' 출발하는 항공권이나, '오늘' 숙박권은 '오늘'이 지나면 팔 수도 쓸 수도 없다. 따라서 어떻게든, 단돈 얼마를 받더라도 팔아야 이익이 발생한다. 이런 상품의 속성에 착안한 온라인 여행 플랫폼이 1998년부터 2000년 사이 특히 성업했다. 이런 곳에서는 날짜가 임박했으나 아직 팔리지 않은 재고 상품을 출발 직전에 헐값으로 내놓고 중점적으로 판매했다. 가격 비교를 중점적으로 내세우는 온라인 여행 플랫폼 역시 인기를 끌었다. 나 또한 미국 유학 중 방학이 되면 출발 직전 비행기표를 싼값에 구해 세계 곳곳으로 여행을 떠나곤 했다. 비단 나만의 경험은 아니었다.

온라인 여행 플랫폼의 상품은 갈수록 다양해졌다. 항공권과 숙박의 결합은 물론 렌트카까지 합세하여 한곳에서 한꺼번에 모든 걸 해결할 수 있는 편리함을 내세워 고객들의 유입을 극대화했다.

여기에서 잠깐 궁금한 부분이 생긴다. 이들 온라인 여행 플랫폼은 수익을 어떻게 확보할까. 얼핏 객실 판매 수수료가 이익의 대부분일 것 같지만 내용을 들여다보면 플랫폼마다 조금씩 차이가 있다.

여행지 후기 사이트로 시작한 모 유명 업체는 많은 여행자들이 찾긴 하지만 정작 이곳에서 호텔을 예약할 수는 없다. 대신 다른 유명 온라인 여행 플랫폼 배너 광고가 곳곳에 배치되어 있다. 이용자들이 이 배너를 클릭할 때마다 수익이 발생한다. 이런 방식을 CPCCost per Click라고 한다. 클릭 후 예약까지 이어지면 당연히 수익은 올라간다. 이런 방식으로 거둔 수익이 2016년 기준 이 업체 전체 수익의 약 63퍼센트를 차지했다. 나머지 수익은 다른 광고 등을 통해 이루어진다.

기존 여행사에서 하던 방식과 비슷한 업체도 있다. 즉, 예약 이후 수익이 발생한다. 이 사이트와 계약을 한 호텔들은 객실 판매가 이루어질 때마다 수수료를 지불한다. 여기에 더해 목록 순위에 따라 별도의 수수료를 지불해야 한다. 아예 처음부터 도매가로 호텔 객실은 물론 항공권, 렌트카 등을 미리 구매한 뒤 여행자들에게 되파는 곳도 있다. 초기에 투자한 만큼 판매 이후 수익도 높은 편이다. 국내에서는 비교적 인식이 좋지 않았던 모텔을 양성화시켜 성공한 곳도 있는데, 이 회사는 영역을 확장, 호텔 자산관리 시스템을 인수하여 고객들에게 더 나은 경험을 제공할 수 있도록 활동 반경을 넓혔다.

온라인 여행 플랫폼은 공급자인 호텔과 수요자인 여행자들을 대상으로 수익을 극대화하기 위한 노력을 멈추지 않고 있고, 이를 위해 늘 변화를 모색하고 있으며 나아가 경쟁 역시 갈수록 더 치열해지고 있다. 이들의 이러한 고군분투는 여행자가 선택할 수 있는 범위를 끝없이 확장시키고 있다.

변화하는 것은 온라인 여행 플랫폼만이 아니다. 새로운 개념의 숙박 모델이 혜성처럼 등장했다. 바로 에어비앤비다. 잠깐 머무는 여행지일지언정 현지인처럼 지내고 싶다는 여행자들의 취향은 MZ세대 성향과도 잘 맞아떨어지는 것이었다. 이런 모델까지 흡수함으로써 온라인 여행 플랫폼은 한층 더 다양하고 한층 더 편리하고 한층 더 가성비 좋은 여행을 가능하게 하는 만능 해결사가 되었고, 여행을 준비하는 이들에게 이보다 더 편리할 수 없는 세상은 없는 듯했다. 그러다 보니 여행업계 전체로 놓고 볼 때 온라인 여행 플랫폼의 시장 점유율은 갈수록 높아졌고 그 힘은 막강해졌다.

우리 고객은 우리 손으로,
호텔들, 주도권을 쥐기 위해 반격에 나서다

온라인 여행 플랫폼의 확장세는 누구에게나 반가운 소식일까? 플랫폼을 통해 상품을 판매하는 기업들은 처음에는 판매 창구가 다양해지는 것이 반가웠겠지만 갈수록 힘의 균형이 무너지는 걸 알아차렸다. 호텔을 비롯한 크고 작은 숙박 업체들 역시 마찬가지였다. 그들 입장에서 이런 현상이 달가울 리 없었다.

그도 그럴 것이 어느덧 전 세계적으로 많은 객실을 보유한 호텔들의 예약이 주로 온라인 여행 플랫폼을 통해 이루어지고 있었다. 가고 싶은 여행지의 호텔 목록을 보여주고 장단점부터 가격까지 한눈에 다 보여주는 검색 기능은 이용자가 호텔을 선택하는 데 더할 수 없이 편리했다. 하지만 공급자 입장에서는 온라인 여행 플랫폼을 통해 객실이 팔릴 때마다 수수료를 꼬박꼬박 지불해야 하는 데다, 판매가 주로 이곳에서 이루어지니 주도권마저 내준 것 같기도 하다. 실제로 모 호텔은 온라인 여행 플랫폼보다 객실 가격을 낮게 책정해서 자사 웹사이트에 올린 뒤 한 시간도 채 되지 않아 거래하던 온라인 여행 플랫폼 회사로부터 항의 전화를 받았다고 한다. 객실 가격을 올려야 한다는 강경한 요구가 이어진 건 물론이었다. 이런 상황을 반길 자 누가 있으랴.

온라인 여행 플랫폼은 일반적으로 비교적 싼값에 대량으로 객실을 미리 잡아둔 뒤 이윤을 붙여 판매한다. 그렇다 보니 호텔에서 직접 객실을 예약할 때보다 오히려 더 싼값일 때가 많다. 고객 입장에서야 좋겠지만 호텔 입장에서는 꼭 그렇지 않다. 객실이 팔릴 때마다 10~30퍼센트 내외로 수수료를 지불하기도 한다. 이곳에서 객실이 많이 팔릴수록 지불액이 커지는 셈이다. 호텔에서 직접 판매할 때보다 이익이 줄어드는 것을 감수해야 한다. 수수료도 규모에 따라 좌우된다. 규모가 큰 호텔들은 수수료를 협상하기도 하지만 새로 문을 열었거나 비교적 작은 규모라면 협상 테이블에 앉아보지도 못하고 제시하는 대로 따라야 한다.

2018년 중국 쑤저우에 웰니스 리조트 '상하 리트리트'Sangha Retreat를 오픈할 때의 일이다. 정식 오픈 전 판매 채널을 확보하기 위해 한 온라인 여행 플랫폼과 수수료를 놓고 협상을 시도했다. 나는 '상하 리트리트'가 중국 최초이자 당시로서는 유일무이한 웰니스 리조트라는 점을 내세워 글로벌 호텔 그룹과 비슷한 수준의 10~15퍼센트 내외를 기대했지만 오히려 그들은 새로운 브랜드, 글로벌 호텔에 비해 적은 객실 수라는 이유로 무려 20퍼센트에 육박하는 수수료를 요구해 왔다. 앞으로의 사업 확장 계획을 설명하는 것은 물론 오픈 예정인 호텔 객실 수를 모두 공개했지만 결국 협상은 실패했다. 그들에게 미래는 의미가 없었다. 당장 눈앞에 많은 객실 수를 내놓을 수 있을 때만 협상이 가능하다는 것을 실감했다.

신규 브랜드, 객실 수가 적은 호텔들이야 울며 겨자 먹기로 따를 수밖에 없겠지만 글로벌 호텔 그룹들이 이런 상황을 가만히 두고 볼 리 없었다. 이익을 지키기 위한 반격이 시작되었다. 늦은 감이 있긴 했지만 그만큼 반격은 공격적으로 이루어졌다.

우선 자사 웹사이트를 통한 회원 모집에 집중했다. 회원들에게는 다양한 혜택 제공을 통해 직접 예약direct booking을 유도했다. 온라인 여행 플랫폼에 지불하는 수수료를 절약하는 대신 고객들에게 더 나은 서비스를 제공하는 쪽을 선택한 셈이다. 보유하고 있는 여러 개의 호텔 브랜드를 통해 다양한 객실 상품의 조합이 가능하고, 기존 회원들을 통한 마케팅 채널이 어느 정도 구축되어 있으니 충분히 승산 있는 시도였다.

이러한 추세는 여전히 진행형이다. 흥미롭게도 코로나19로 인해 이러한 선택은 더 빛을 발하고 있다. 코로나19를 겪으면서 고객들은 청결에서 한발 더 나아가 방역에까지 신경을 쓸 수밖에 없었다. 호텔들은 웹사이트 및 회원 안내를 통해 이와 관련한 다양한 마케팅 자료를 적극적으로, 직접적으로 홍보했다. 방역 및 청결 부분에 대한 신뢰도를 높이는 것은 물론이고 세심하게 준비한 비대면 서비스를 내세워 온라인 여행 플랫폼에서 제시할 수 없는 슬로건을 고객들에게 직접 전달했다. 그 외에도 호텔과 특정 은행과의 협업을 통해 호텔 전용 신용카드를 발급, 신규 카드 발급자에게는 무료 숙박권 등의 혜택을 통해 자사 웹사이트 예약 시스템을 통한 직접 예약을 유도하는 등 공격적인 행보를 보이고 있다.

 팔을 걷어붙이고 나선 그들의 반격은 여기에서 그치지 않는다. 글로벌 호텔 그룹일수록 더 많은 회원 수를 확보하기 위해 온갖 노력을 다하고 있다. 그들의 노력을 단순히 적극적인 홍보를 통한 신규 회원 모집 수준으로 생각해서는 곤란하다. 그들의 보폭은 우리의 상상을 뛰어넘는다. 이들이 호텔 간의 인수 합병에 적극적으로 뛰어든 지는 이미 오래되었다. 노리는 바는 명확하다. 글로벌 호텔 그룹들의 더 많은 브랜드 확보는 곧 단시간 내에 더 많은 회원 수 확보를 의미한다. 많은 브랜드를 거느릴수록 훨씬 더 다양한 상품을 제공할 수 있다. 즉 고객들의 선택 범위는 그만큼 넓어진다. 선택의 범위가 넓어질수록 선택 받을 가능성도 커지는 것은 당연하다.

 글로벌 호텔 그룹 '윈담'Wyndham의 경우 내가 아시아 기술 자문 총괄로 일했던 당시 이미 위탁 운영이 아닌 프랜차이즈 계약을 확장했다. 위탁 운영과 프랜차이즈는 둘 다 호텔 소유주와 운영사의 계약 방식이다. 소유주는 호텔의 실질적인 주인이고, 글로벌 호텔 그룹은 운영사다. 위탁은 간단히 말해 운영사가 호텔을 직접 운영하는 걸 뜻한다. 운영사는 객실, 연회장, 식음료장의 매출 수익에 대한 일정 비율을 이익으로 가져간다. 이에 비해 프랜차이즈는 호텔의 소유주가 운영사 브랜드를 사용하여 운영한다. 이런 경우 운영사는 객실 판매 매출 수익에 대한 일정 비율을 이익으로 가져간다.

글로벌 호텔 그룹과 프랜차이즈 방식으로 계약하는 것은 소유주 입장에서 분명한 장점이 있다. 그 가운데 하나가 바로 글로벌 호텔 그룹이 확보하고 있는 회원 정보의 공유다. 회원들은 곧 호텔의 잠재적인 고객이자 그 자체로 막강한 판매 채널이다. '조선호텔 판교 그래비티', '아주 그룹 홍대 라이즈 호텔' 등은 소유주가 직접 운영하고 있지만 '메리어트 호텔 그룹'의 '오토그래프 컬렉션'Autograph Collection이라는 브랜드와 프랜차이즈 계약을 맺었다. 이를 통해 전 세계 약 1억 명이 넘는 '메리어트 호텔 그룹' 자체 회원제인 '본보이'Bonvoy 시스템을 적극 활용할 수 있게 되었다.

위탁과 프랜차이즈 외에 또 다른 계약 방식으로는 마스터 리스master lease가 있다. 운영사가 호텔을 통째로 임대한 뒤 소유주에게 일정 금액의 월세를 지불한다. 국내에서 주로 선호하는 방식인데 특히 자산운용사가 호텔의 소유주일 때 이 방식을 요구하는 경우가 많다. 그도 그럴 것이 자산운용사는 투자자들에게 일정한 수익을 확보해 줘야 한다. 하지만 대부분 글로벌 호텔 그룹 운영사는 일정한 수익 보장을 하지 않는다. 때문에 중간에 국내 호텔 운영사가 등장하기도 한다. 이 운영사는 소유주자산운용사에 보장된 월세를 지급하고, 이후 호텔 운영에서 수익을 올릴 방안을 찾는다. 수익이 높은 경우 운영사 입장에서는 유리하다. 하지만 코로나19를 겪으며 호텔 수익률은 바닥까지 떨어졌다. 고정 월세는 어디나 부담스러울 수밖에 없다. 이런 경험을 통해 마스터 리스가 썩 좋은 옵션이 아니라는 인식이 널리 퍼지고 있는 것이 달라진 변화라면 변화라고 할 수 있다.

결과적으로 위탁, 프랜차이즈, 마스터 리스 등 세 가지 계약 방식 중 글로벌 호텔 그룹 운영사 입장에서는 프랜차이즈 방식이 객실 수를 가장 빠르게 확장하는 데 유리하다는 말은 과장이 아니다. '윈담'이 중국에 프랜차이즈 계약을 확장한 것도 다 이런 이유에서다. 즉, 호텔의 객실 수를 빠른 시간 안에 늘리기 위한 전략이었다. '윈담'은 여기에 한 가지를 더했다. 브랜드 중 하나인 '하워드존슨', '데이즈 인' 등을 중국에 신규 오픈하면서 중국에 한한 프랜차이즈 전권을 중국인들에게 맡기는 전략을 취한 것이다. 결과적으로 중국 안에서 기하급수적으로 객실 수가 늘어났다. 또한 '윈담'은 국경을 초월한 지속적인 인수 합병을 통해 브랜드를 꾸준히 확장해 나감으로써 세대별 취향까지도 모두 아우르는 전략도 동시에 구사했다. 스페인 '멜리아Melia 호텔 그룹' 가운데 비교적 젊은 고객들 취향에 맞춘 브랜드 '트리프'Tryp 인수를 통해 새로운 고객층을 흡수한 것이 그 한 예라 할 수 있다. 인수와 함께 제휴에도 적극적이었다. 인기 있는 호텔 브랜드 '플래닛 할리우드'Planet Hollywood와의 제휴를 통해 통합 포인트 제도를 도입한 것 역시 이런 시도의 일환이다. 선택할 수 있는 호텔 상품을 다양화해 가며 회원을 확보해 나갔고, 그렇게 확보한 회원들에게 여러 혜택을 제공함으로써 경쟁력을 유지해 나가는 것 역시 잊지 않았음은 물론이다.

호텔들의 인수 합병은 눈에 보이지는 않지만 흡사 전쟁터를 방불케 한다. 프랑스 '아코르Accore 호텔 그룹'이 2016년부터 2021년 초반에 걸쳐 인수 합병 또는 파트너사 제휴를 맺은 브랜드는 약 27개에 이른다. 이런 과정을 통해 '아코르 호텔 그룹'은 2021년 현재 약 39개 브랜드를 운영하고 있다. 이런 비슷한 예는 쉽게 찾아볼 수 있다. 미국의 '메리어트 호텔 그룹'은 같은 기간 동안 약 10개 브랜드를 추가, 현재 30개 브랜드를 운영하고 있으며 미국 '하얏트 호텔 그룹'은 8개 브랜드를 추가해서 16개 브랜드를 운영하고 있다. 내로라

하는 호텔 그룹마다 영역 확장에 전력을 쏟고 있음을 알 수 있다. 전력을 쏟는다는 말은 과장이 아니다. 실제로 '메리어트 호텔 그룹'이 '스타우드Starwood 호텔 그룹'을 인수하기 위해 쓴 돈이 무려 우리 돈으로 15조 원이 넘는다. 이들이 호텔 인수에 이렇게 공을 들이는 것은 무대를 넓힐수록 객실 판매 전쟁에서 유리한 고지를 차지할 수 있기 때문이다. 즉 주도권을 더이상 다른 곳에 넘기지 않고, 직접 손에 쥐고 있겠다는 의미이다.

국내에는 아직 생소한, 그러나 여행자를 위한 또다른 선택지

온라인 여행 플랫폼이나 글로벌 호텔 그룹들의 웹사이트만이 선택지의 전부는 아니다. 이른바 부티크 온라인 플랫폼이 있다. 아직 국내에는 생소하지만 해외여행자들에게는 또 다른 선택지로 인기를 끌고 있다. 즉, 대중적인 인기와는 거리가 있지만 독특한 콘셉트의 호텔을 선호하는 이들을 위한 곳이라고 할 수 있는데, 'Small Luxury Hotels of the World', 'The Leading Hotels of the World', 'Fischer Travel', 'PRIOR' 등을 예로 들 수 있다.

'Small Luxury Hotels of the World'의 경우 약 90개국에 걸쳐 520여 개 호텔이 가입되어 있다. 호텔마다 두드러진 개성을 갖춤으로써 어디서나 색다른 경험을 할 수 있는데, 예를 들면 이곳을 통해 예약할 수 있는 'Andrea Quartucci'는 이탈리아 시칠리아 지역의 유서 깊은 빌라를 호텔로 개조한 곳으로, 호텔의 오너가 자신의 집안 대대로 내려오는 가풍을 반영하여 운영한

몇몇 부티크 온라인 플랫폼 웹사이트

■

어지간한 외제차 한 대 값은 쓸 생각을 해야 하니 선뜻 마음을 먹긴 어렵지만 서비스의 질과 내용은 더할 수 없이 만족스럽다. 여행의 세계에는 이런 세상도 존재한다.

다. 때로는 오너가 어린 시절 놀던 바닷가로 손님을 초대해 자신의 보트로 뜻밖의 경험을 즐길 수 있게 하기도 한다.

　부티크 온라인 플랫폼은 대부분 가입비가 꽤 비싼 편이라 진입 장벽이 높다는 게 단점이다. 하지만 지나치게 가성비만을 따지는 온라인 여행 플랫폼이나 한정된 서비스를 받을 수밖에 없는 호텔 웹사이트에 비해 차별화된 서비스를 받을 수 있다는 점은 확실한 장점이다. 여기에 더해 24시간 맞춤 서비스를 비롯한 다른 곳에서 누릴 수 없는 각별한 혜택도 인기를 끌고 있는 요인 중 하나다. 예를 들어 부티크 온라인 플랫폼 중 가장 고급 서비스를 제공하는 곳은 미국 뉴욕의 'Fischer Travel'이다. 비회원은 웹사이트에서 아름다운 사진과 회사 소개 정도만 볼 수 있다. 하지만 회원에 가입한 뒤에는 사뭇 다르다. 개인의 취향을 고려한 여행 일정을 제시하고, 여행이 시작되면 24시간 핫라인과 직원을 배정한다. 여행 중 갑자기 아이가 치과를 가야 한다면 여행지에서 가장 평판이 좋은 치과를 바로 찾아 연결해 준다. 여행지를 변경하고 싶다면 언제든 원하는 곳으로 변경 가능하다. 여행 중 개인 비서이자 '우렁각시'다. 한 번 경험해 본 이들의 충성도는 두말하면 잔소리다. 다만 공짜는 아니다. 어지간한 외제차 한 대 값은 쓸 생각을 해야 한다. 이처럼 우리가 상상할 수 없는 세상은 호텔업계에도 존재한다. 참고로 우리나라 '롯데 시그니엘'과 '신라 호텔'이 부티크 온라인 플랫폼 중 하나인 'The leading hotels of the World'에 포함되어 있다.

　여행 계획을 세울 때 전방위적으로 호텔을 찾는 고객들의 선택을 받기 위해 공급자인 호텔 역시 치열한 경쟁을 펼친다. 그렇게 보자면 우리의 선택이 반드시 온라인 여행 플랫폼에서 제시하는, 최고의 가성비를 내세운 광활한 목록 안에서만 이루어질 필요가 없다. 시선을 조금만 돌리면 이전과는 다른 선택지가 우리 앞에 펼쳐져 있음을 알 수 있다.

평소 눈여겨보던 글로벌 호텔 그룹 웹사이트 회원 가입도 그 중 하나다. 가입만으로도 때로 온라인 여행 플랫폼에서 1~2만 원 저렴하게 '득템'한 것보다 훨씬 나은 서비스를 받을 수 있다. 호텔마다 다르긴 하지만 어떤 곳에서는 회원들을 대상으로 누적 포인트로 무료 숙박권을 제공하기도 하고, 가장 저렴한 호텔 객실 요금 보장, 무료 객실 업그레이드, 조식 서비스는 물론 항공 마일리지와 호텔 포인트 연계, 신용카드와 호텔 포인트 연계 등 실용성 있는 혜택들을 제공하는 곳도 많다.

그러니 위치나 요금, 시설만을 주로 살펴 온라인 여행 플랫폼에서 머물 곳을 정했다면 이제는 호텔을 통해서 즐길 수 있는 경험이 어디까지일까를 살핀 뒤 정하는 것도 방법이다. 호텔 웹사이트를 찾아 회원 가입을 한 뒤 온갖 포인트를 합산해 평소 갈 수 없던 곳을 큰맘 먹고 가보는 것도 해볼 만하다. 호텔에서 제공하는 고품격 서비스를 누리는 맛은 남다르다. 온라인 여행 플랫폼의 상단 목록에서만 정하지 말고 옵션을 다양화해서 아예 지역의 작은 숙소를 이용해 보는 것도 권한다. 일반적인 호텔 서비스와는 다르지만 그곳에서만 누릴 수 있는 각별한 즐거움을 뜻밖에 만날 수 있다. 이런 다양한 경험이 쌓일수록 분명해지는 자신만의 선택 기준은 '다음' 호텔을 고를 때 취향과 목적에 더 잘 어울리는 곳으로 우리를 안내할 것이다.

호텔이라 부르는 그곳,
우리가 알고 있는 곳들은 다 같은 호텔일까?

우리가 흔히 부르는 호텔이라는 용어는 어디에서 어디까지를 의미하는 걸까. 푸껫 바닷가에서 머무는 곳도, 서울 도심 한가운데 있는 곳도 보통 사람들에게는 모두 호텔이다. 심지어 장기 출장을 가게 되어 머무는 곳도 호텔이다. 물론 틀린 말은 아니지만, 정확하게 그 의미를 따지자면 조금씩 차이가 있다. 즉, 집이 아닌 곳에서 우리가 묵는 숙소의 종류는 기준에 따라 여러 방식으로 구분할 수 있는데, 호텔업계에서는 크게 호텔, 리조트, 리트리트, 장기 투숙용 숙소로 나누는 게 일반적이다.

간단한 설명을 먼저 하면 이렇다. 우선 전통적으로 호텔은 도시의 숙박 시설을 뜻한다. 피트니스 센터나 수영장, 식당, 카페 등의 부대시설이 있긴 하지만 주 목적은 숙박에서 비롯한 곳이다. 공간의 효율성을 극대화하기 위해 대부분 수직적인 고층 건물이다.

리조트는 경치가 좋은 산이나 바다 등 도시가 아닌 곳의 숙박 시설을 의미한다. 애초에 투숙객의 휴양을 목적으로 한 곳이어서 건물 구조 및 형태가 수직적이라기보다 좀 더 편안한 느낌을 주는 저층 구조로, 수평적인 공간 구성이 일반적이다. 대부분 객실 안보다 외부에서 시간을 많이 보내기 때문에 조경 디자인이 매우 중요하다. 그럼에도 불구하고 국내에서는 조경 디자인을 부차적인 것으로 인식하는 경우가 많다. 건축물 중심이기 때문이다. 단지 호텔이나 리조트에 국한하는 이야기가 아니다. 건축 관련 프로젝트라면 어디든

도심 한복판에 우뚝 솟은 호텔 전경

■
우리가 흔히 호텔이라고 부르는 곳은 도심에 위치하고 있다. 공간 효율성을 위해 대부분 수직적인
고층 건물에 객실부터 부대시설까지 집약 배치하는 것이 일반적이다. 서울 포포인츠 호텔.

도시를 벗어난 곳에 자리한 리조트 전경

∎

주로 휴양을 목적으로 한 리조트는 도시 바깥에 위치한다.
주로 저층 구조에 수평적인 공간 구성이 일반적이다. 중국 쑤저우 상하 리트리트.

비슷하다. 심지어 공사 막바지에 이르러서야 조경 디자인에 대한 고민을 시작하기도 한다. 조경은 마스터플랜 단계부터 건축가와 조경 디자이너가 협업을 통해 공간과 장소의 특징에 맞는 디자인을 구현해 나가야 한다. 해외에서는 언급할 필요도 없을 만큼 지극히 일반적인 진행 방식이다. 초반 설계 단계에서 조경은 물론 야외 조명과 음향, 필요한 가구의 유형과 위치 및 디자인을 함께 고려하고, 건물 주변 산책로와 인접 도로의 관계까지도 세심하게 살펴 반영한다. 건물 안팎의 세심하고 조화로운 결과가 어떤 효과를 가져오는지 한 번이라도 제대로 경험해 보면 그 중요성을 누구나 공감하게 될 것이다.

국내 리조트는 이제 시작 단계라고 할 수 있다. 진정한 의미의 리조트를 만들어 가야 할 때다. 우리에게 리조트는 대부분 가족 중심의 공간이다. 아름다운 산책로, 야외 수영장, 아이들의 놀이터가 필수다. 외국에서 리조트는 가족만을 염두에 두고 있지 않다. 오로지 어른들만을 위한 곳도 많다. 숙박비에 식사는 물론 모든 부대시설 이용료가 포함된 곳부터 시술이나 치유 서비스, 웰빙 관련 전문 프로그램을 제공하는 웰니스 리조트까지 성격도 다양하다.

리트리트Retreat는 국내에서는 아직 낯선 개념이다. 자연 속으로 깊이 들어가 몸과 마음의 치유에 집중하는 곳이다. 마음 치료부터 관계 개선까지 다양한 심리 상담 프로그램을 병행한다. 해외에서는 고정 고객이 점점 늘어나는 추세로, 그동안 관심을 두지 않던 글로벌 호텔 그룹까지도 리트리트 전문 브랜드를 특화해서 점차 시장에서의 입지를 확보해 나가는 중이다.

장기 출장이나 한곳에서 오래 머무는 여행자들을 위한 장기 투숙용 숙소도 있다. 흔히 레지던스라고도 하는데 업계에서는 서비스 아파트Serviced Apartment로 부르는 게 더 일반적이다. 객실 하나에 1~3개의 방, 부엌과 세탁기 구비는 기본이다. 숙박비에 전기세, 수도요금, 인터넷 비용까지 다 포함되어 있다. 개인 가구를 들고 입주할 수 없다는 점이 아쉽긴 하지만 수건 교체를 비롯한 청소 서비스를 항상 받을 수 있고, 상주 직원이 있어 문제가 생기면 즉시 해결할 수 있는 장점을 누리면서 개인 공간을 장기간 확보할 수 있다는 점이 매력적이다.

다만 레지던스라는 말은 다르게도 쓰인다. 분양형 레지던스가 그 예다. 대구의 '메리어트 레지던스'나 해외에서 주로 볼 수 있는 '리츠 칼튼 레지던스'의 경우 레지던스라는 말이 붙긴 하지만 이 경우 소유주가 실거주를 하기도 하고, 사용자에게 월세를 받기도 하니 서비스 아파트 개념의 레지던스와는 조금 다르다.

장기 투숙용 숙소, 즉 서비스 아파트는 해외 주재원이나 장기 출장자들이 많이 오가는 세계적인 대도시에서는 이미 일반화되어 있다. 계약도 하루 단위가 아닌 3~6개월 단위 이상을 선호한다. 계약의 단위부터 공간의 크기까지 필요에 따라 선택의 폭도 다양하다. 2011년 상하이에서 약 6개월 남짓 일할 때 '타임스퀘어 아파트'라는 레지던스에 머물렀다. 모던한 공간 디자인도 좋았지만, 퇴근 후 돌아가면 항상 깨끗하게 청소가 되어 있는 점이 좋았다. 정리 정돈까지도 깔끔하니 그냥 쉬기만 하면 되었다. 게다가 아무리 사소한 문제라도 24시간 서비스를 받을 수 있으니 더이상 좋을 수 없었다.

국내에서도 아직 본격적으로 활성화되었다고 말하긴 어렵지만 서울 여의도 '메리어트 이그제큐티브 아파트먼트 서울', '서머셋팰리스', '오크우드 프리미어 코엑스', '오라카이 인사동 스위츠' 등등 몇몇 곳을 통해 이런 서비스를 경험할 수 있게 되었다.

몸과 마음의 치유에 집중하는 리트리트

■ 국내에는 아직 낯선 개념이지만 리트리트는 휴식과 치유에 집중하기 위해 쾌적하고 편안한 시설을 특히 강조한다.

편리함과 효율성에 집중하는 서비스 아파트

부엌과 세탁기 등을 제한된 공간 안에 효율적으로 배치하여
주거지처럼 일상생활을 누리면서 필요한 서비스를 제공 받을 수 있다.

호텔의 기준,
무궁화 몇 개가 전부일까?

우리가 뭉뚱그려 호텔이라고 부르긴 하지만 용도와 목적에 따라 이렇듯 부르는 이름이 다르다. 여기에서 한발 더 들어가 호텔이라고 부르는 곳은 여러 기준에 따라 다시 또 나뉜다.

다양한 유형의 호텔이 없는 국내에서는 1971년부터 특1급, 특2급, 1등급, 2등급, 3등급 등 총 5등급으로 나눠 등급마다 무궁화 개수로 나눴다가 2016년부터는 성급으로 나눠 1~5개의 별 개수로 호텔을 나누고 있지만 호텔의 세계에서 구분 방식은 그보다 훨씬 세밀할 뿐만 아니라 구분의 방식조차 한 가지가 아니다. 무엇을 중요하게 보느냐에 따라 그 구분법도 매우 다양하다.

그렇다면 가장 단순한 기준으로 호텔을 구분해 보기로 하자. 바로 부대시설의 정도에 따라 나누는 것이다. 연회장은 물론 2개 이상의 레스토랑, 수영장, 피트니스 센터를 비롯한 일반적인 부대시설을 갖춘 곳은 풀서비스 호텔이다. 국내에서는 '신라호텔', '롯데호텔', 'JW메리어트 반포', '하얏트 호텔' 등을 예로 들 수 있다. 이에 비해 조식 제공은 가능하지만 연회장은 갖추지 않고, 필요하다면 소회의실을 제공할 수 있는 곳은 리미티드 서비스 호텔이다. 각종 부대시설을 최소화함으로써 운영비를 줄이고, 그만큼 객실 단가 역시 낮춘 곳이다. 흔히 비즈니스 호텔이라고도 한다. 역시 국내에서 예를 찾자면 '페어필드'Fairfield, '목시'Moxy, '홀리데이 인' 등을 들 수 있다.

이번에는 조금 더 복잡한 기준으로 나눠 보자. 흔히 럭셔리, 업스케일Up-scale, 미드 스케일Midscale 등으로 부르는 구분법이다. 시설의 정도에 따라 호텔을 구분하는 것으로, 호텔업계 종사자들이 주로 쓰는 구분법이기도 하다. 객실 크기, 욕실 구성 요소, 회의실 수준, 수영장, 피트니스 센터, 스파 시설 유무, 그리고 각 공간의 크기를 기준으로 나눈다.

럭셔리 호텔, 럭셔리라고 다 같은 럭셔리가 아니다

'럭셔리 호텔에 가서 하루만 푹 쉬고 오면 좋겠다!'

이런 푸념 속 럭셔리 호텔은 매우 주관적이다. 내게는 럭셔리급이어도 다른 사람에게는 아닐 수 있다는 의미다. 호텔업계에서 말하는 진정한 럭셔리급이란 무엇일까. 일단 객실 크기부터 남다르다. 보통 45~60제곱미터는 기본이다. 욕실 구성 요소 역시 4~5개 픽스처fixture가 기본이다. 호텔을 구분할 때 욕실 구성 요소는 매우 중요하다. 우선 집 안에 있는 욕실을 떠올려 보자. 욕실에는 뭐가 있을까. 일반적으로 변기, 욕조 또는 샤워실, 세면대가 기본 구성이다. 호텔도 마찬가지다. 호텔업계 전문 용어로 이 각각의 기본 구성 요소를 픽스처라고 한다. 비데는 어떨까? 픽스처에 포함하지 않는다. 각 나라의 문화에 따라 설치 여부가 달라지기 때문에 필수라기보다 선택 사항으로 여긴다.

럭셔리 호텔 욕실은 보통 4~5개 픽스처로 구성한다. 5개 픽스처는 샤워실,

욕조, 변기 그리고 세면대 2개다. 세면대가 2개인 이유는 한 방에 머무는 2사람이 각각 사용할 수 있게 하기 위해서다. 5개 픽스처에서 세면대 하나를 빼면 4개 픽스처다. 부대시설로 2~3개 식음료장, 연회장, 수영장, 피트니스 센터, 스파는 기본이다.

럭셔리라고 또 다 같은 럭셔리가 아니다. 럭셔리 안에서도 등급은 또 나뉜다. 이른바 럭셔리의 '끝판왕'은 어떤 호텔일까. 전문 용어로 우버UBER 럭셔리라고 한다. 표준화 되지 않은 디자인, 어느 지역에 있거나 누릴 수 있는 최고의 서비스가 특징이다. 들어가는 순간 감탄사가 절로 나온다. '메리어트 호텔 그룹'의 '리츠 칼튼 리저브', '불가리', '아만 호텔 그룹'의 '아만', '오베로이 호텔 그룹'의 '오베로이', '페닌슐라 호텔 그룹'의 '페닌슐라' 정도는 되어야 우버 럭셔리라고 할 수 있다. 이들 브랜드는 세계적인 대도시마다 쇼케이스 같은 호텔들을 내세워 그 자체로 브랜드의 상징처럼 활용한다. 전 세계적으로 개수 자체가 많지 않다.

그 다음은 역시 전문 용어로 어퍼UPPER 럭셔리다. 우버 럭셔리보다는 흔한 편이다. 무척 럭셔리하지만 우버 럭셔리만큼의 감탄사가 나올 정도는 아니다. '리츠 칼튼', '세인트 레지스'St. Regis, '로즈우드'Rosewood, '포시즌'Four Seasons, '만다린 오리엔탈'Mandarin Oriental 등 많이 들어본 호텔들이 여기에 속한다.

럭셔리의 마지막은 아무것도 안 붙은 럭셔리다. 우버나 어퍼에 비해 위압감은 덜하고 비교적 편안하다. 다만 위치에 따라 호텔의 상태, 디자인, 서비스 등에 차이가 있을 수 있다. 가장 많이 들어본 브랜드 호텔들을 떠올리면 쉽다. '럭셔리 컬렉션', 'W', 'JW메리어트', '에디션', '파크 하얏트', '페어몬트', '안다즈', '바이스로이'Viceroy, '콘래드'Conrad 등이다.

없는 것 없이 모든 게 다 있을 것만 같은 한국에는 아직 우버, 어퍼 럭셔리 호텔이 들어와 있지 않다. 아무것도 안 붙은 럭셔리 호텔이 우리가 국내에서 경험할 수 있는 최고급 럭셔리 끝판왕이다. 앞에서 예로 든 어퍼 럭셔리 브랜드 중 '리츠 칼튼'이나 '포시즌'이 있긴 하지만 이들을 두고 진정한 어퍼 럭셔리라고 하기에는 다소 무리가 있다. 예를 들어 '메리어트 호텔' 그룹의 브랜드 중 하나인, 지금은 없어진, 서울 강남에 있던 '리츠 칼튼'의 경우 50~60제곱미터의 객실 크기와 최소 2.7미터의 천장 높이 등 이 브랜드가 갖춰야 할 기본 조건을 충족하지 못한 탓에 본사에서 논란이 일기도 했다.

그렇다면 국내에는 왜 우버나 어퍼 럭셔리 호텔이 없는 걸까. 한마디로 적절한 시기가 오지 않았기 때문이다. 그렇다면 적절한 시기란 언제이고, 그것은 누가 판단할 수 있을까.

적절한 시기란 의외로 간단하다. 판단의 기준도 단순하다. 어떤 호텔이든 투자 대비 수익을 얻을 수 있다면 그때가 바로 적절한 시기다. 우버나 어퍼 정도의 호텔을 짓기 위해서는 엄청난 투자가 필요하다. 설계 단계에서부터 이른바 세계적인 건축가와 인테리어 디자이너와의 협업을 요구 받는다. 이들과 일하려면 설계비로만 몇십 억 원을 들고 시작해야 한다. 설계비가 이 정도라면 이후 비용은 가히 천문학적인 숫자일 것이 분명하다. 이처럼 초기 투자비가 높으니 당연히 객실의 가격 또한 높게 책정이 되는 것이 수순이다. 이미 형성된 우버 또는 어퍼 럭셔리 호텔들의 일반 객실은 약 60만 원, 스위트룸은 약 200만 원을 훌쩍 넘긴다. 이에 비해 국내 1박 숙박료의 최고가는 이제 갓 40만 원을 넘기기 시작했다. 이마저도 1박에 40만 원을 일상적으로 소비할 수 있는 국내 고객층은 그리 두텁지 않다. 게다가 어디나 호텔 이용자들 중에는

럭셔리 호텔의 구석구석

객실의 구성 요소,
부대시설 종류 등에 따라 호텔의
등급을 구분하긴 하지만
같은 등급이라고 해도 누가 어떻게
디자인하느냐에 따라 분위기는
각양 각색이다. 다양한 호텔을
즐긴다는 것은 어쩌면 다양한
분위기를 즐긴다는 의미이기도 하다.

출장객들의 비중이 높은 편인데, 우리나라는 이마저도 여의치 않다. 어지간한 곳은 아침 일찍 출발해서 KTX나 비행기를 이용하면 밤 늦게 집에 돌아올 수 있다. 이처럼 일일 생활권으로 묶이다 보니 호텔 수요층을 두텁게 만드는 데 한계가 있다. 이러한 여러 이유로 외부에서 보기에 한국의 우버 또는 어퍼 럭셔리 호텔에 대한 시장성을 긍정적으로 평가 받기는 이른 감이 있다. 다만 최근 들어 '메리어트 호텔 그룹'의 '럭셔리 컬렉션' 브랜드인 '조선팰리스', '롯데 시그니엘' 등이 40만 원 이상으로 가격을 책정하는 등 본격적인 럭셔리 호텔 행보에 나서고 있으니 관련 업계 종사자로서 앞으로 국내 호텔업계에 어떤 일이 일어날지 흥미진진하게 지켜보는 중이다.

럭셔리 호텔, 그 다음은 업 스케일 그리고 미드 스케일

럭셔리 다음은 업Up 스케일이다. 여행이나 출장을 가는 이들이 가장 선호하는 유형이다. 국내에서는 '조선호텔 그룹'이 운영하는 '웨스틴 조선, '라이즈 오토그래프 컬렉션', '더플라자', 2020년 문을 연 '그래비티 서울 판교 오토그래프 컬렉션' 등을 꼽을 수 있겠다. 한편 '신라호텔 그룹'은 2020년 6월 베트남 다낭에 해외 진출을 목표로 런칭한 '신라모노그램'의 첫번째 문을 열었다.

업 스케일은 어퍼 업Upper Up 스케일과 업Up 스케일로 다시 나뉜다. 럭셔리 호텔들보다는 그 차이가 확연하다.

우선 어퍼 업 스케일 객실 크기는 35~45제곱미터, 4개 픽스처 욕실샤워실,

미드 스케일 호텔 객실의 예

있을 건 다 있지만 공간을 효율적으로
배치하여 최소한의 자본으로
호텔 운영을 가능하게 하는 것이
미드 스케일 호텔의 특징이다. 뉴욕 목시.

업스케일 호텔 객실의 예

객실 구성 요소는 같지만 배치에 따라 얼마든지 다른 느낌을 줄 수 있다.

욕조, 변기, 세면대 1개, 2~3개 식음료장, 연회장, 수영장, 피트니스 센터 등의 부대시설이 기본이다. '메리어트 호텔 그룹'의 '르네상스', '오토그래프 컬렉션', '메리어트', '웨스틴', '힐튼', '윈담', '킴튼'Kimpton, '조이데베어'Joi de Vire, '신라모노그램' 등을 예로 들 수 있다.

이에 비해 업 스케일 객실 크기는 18~30제곱미터, 3픽스처 욕실샤워실 또는 욕조, 변기, 세면대 1개, 1개 식음료장, 소연회장, 피트니스 정도의 부대시설을 갖춘다. '포포인츠'Four Points, '코트야드'Courtyard, 'AC' 컬렉션', '래디슨'Radisson, '크라운플라자'Crown Plaza, '힐튼가든인'Inn, '어로프트'Aloft, '신라스테이' 등을 예로 들 수 있다.

럭셔리, 업스케일의 뒤를 잇는 것은 미드 스케일이다. 여타의 부대시설 없이 호텔이 갖춰야 할 가장 기본적인 요소에 집중함으로써 비교적 최소한의 자본으로 설립 및 운영이 가능하고, 바로 이런 점 때문에 가성비가 뛰어나 젊은 여행자들이 선호한다. '메리어트 호텔 그룹'의 '목시'와 '페어필드', '할리데이인', '라마다', '베스트 웨스턴' 등을 꼽을 수 있다.

이 외에도 럭셔리, 프리미엄, 미드 스케일, 이코노미로 나누기도 하는데, 이는 곧 호텔을 나누는 방법이 그만큼 다양하다는 것을 뜻한다.

호텔 선택,
곧 여행지의 추억을 선택하는 일

보통 집에 들일 작은 가전제품 하나도 그냥 사지 않는다. 가격부터 디자인, 기

이곳을 생각하면 함께 떠오르는 추억

여행지도 좋지만 때로는 머문 곳이 곧 추억이 되기도 한다. 호텔을 선택한다는 건
추억을 선택하는 일이기도 하다. 아부다비 카사알사랍 수영장과 객실.

능, 브랜드 할 것 없이 꼼꼼하게 살피고 비교한다. 최선의 선택을 위해 시간과 노력을 들인다. 가전제품 회사들은 선택을 받기 위해 무수히 많은 정보를 제공하고, 좋은 이미지를 주기 위해 온갖 노력을 다 기울인다.

호텔은 집을 떠나 몸을 누이는 공간이다. 낯선 곳에서는 그곳이 곧 집이자 나만의 공간이다. 마음에 드는 물건 하나를 고르기 위해서도 그렇게 노력을 하는데, 하물며 잠시 거주할 공간을 고르는 일에는 얼마만큼의 노력을 기울여야 할까.

호텔이라는 공간은 낯선 곳에서 몸을 쉬게도 하지만 때로는 그 자체로 잊지 못할 시간을 갖게 한다. 10여 년 전 우리 가족은 아부다비 '엠티쿼터'Empty Quarter 사막을 여행했다. 그때의 추억을 나눌 때 빠지지 않는 것이 '카사알사랍'Qasr Al Sarab 리조트에서 보낸 행복한 시간이다.

'카사알사랍'은 사막의 궁전이란 뜻으로 이름처럼 사막 한가운데 아랍 궁전의 전통건축 양식으로 지어진 리조트다. 발코니의 문을 열면 눈앞에 아름다운 모래사막이 펼쳐진다. 잠들기 전 바라본 사막은 밤사이 부는 바람에 이리저리 쓸려 눈을 뜨면 또다른 풍경을 펼쳐 보인다. 밤하늘의 별빛은 더 말할 것도 없다. 사막을 찾았으나 그곳에서 머문 공간을 더 기억하게 하는 힘. 다음에 만날 낯선 곳의 호텔 역시 언젠가 우리의 기억 속에 그렇게 특별한 기억으로 남을 수 있다. 그러기 위해 우리가 할일은 무엇일까. 무엇보다 호텔이란 어떤 곳인지 제대로 살펴볼 필요가 있지 않을까?

제 2 장
정의

Birth & Evolution

호텔이란
어떤 곳일까, 어디에서부터 시작했을까

호텔 로비 라운지에서 즐기는 커피 한 잔, 나이트클럽의 여흥, 중요한 만남이나 세미나, 특별한 날을 기념할 뷔페에서의 식사, 호캉스, 결혼식, 여행지 숙소……

호텔은 잠만 자는 공간이 아닌 지 오래되었다. 호텔로 향하는 발걸음은 다양하다. 어떤 발걸음이든 일상 속에서 이루어지는 자연스러운 행위라기보다 어쩌다 한 번, 특별한 이벤트 장소로 활용되는 곳이 호텔이다. 어떤 시설이든 결코 싼값에 누릴 수 있는 공간이 아니다. 이 때문에 호텔은 고급스럽고 비싸면서 최고의 서비스를 받을 수 있는 곳으로 여겨지곤 한다. 동시에 '자본주의의 가장 화려한 산물'이자 모든 상업 시설의 최상위 대접을 받는 것도 어제 오늘 일이 아니다.

처음부터 이런 대접을 받았던 건 아니다. 세상이 달라지면서 새로운 필요가 등장했고, 시대와 지역의 요구에 대응하고 반영하며 오랜 시간에 걸쳐 오늘에 이르렀다. 그렇다면 새삼스럽게 질문을 해보자. 호텔은 어떤 곳일까. 호텔에 관한 정의는 어떻게 내려야 할까. 호텔을 비롯한 모든 숙박업을 포괄하여 부르는 전문 용어는 호스피탈리티Hospitality다. 영어 사전에 의하면 다음과 같다.

"the friendly and generous reception and entertainment of guests, visitors, or strangers."

즉, 방문객이나 손님, 친구, 낯선 이들에게 친절하고 편안한 숙식을 제공하는 곳이다. 어떤 곳인지 알고 싶다면 그 기원을 먼저 찾아보는 게 순서다. 호텔의 역사는 어디에서 비롯했을까.

호텔, 머나먼 그리스와 로마 시대에 싹을 틔우다

호텔의 기원까지는 아니어도 낯선 곳을 찾는 이들이 어디에선가 숙식을 해결하는 풍경은 아주 오래전부터 익숙한 것이었다. 기원전 9세기 호메로스의 장편 서사시로 유명한 『일리아스』와 『오디세이』에서 신은 종종 여행자 또는 이방인들로 변장하여 인간을 찾는다. 때문에 낯선 이에 대한 태도는 기본적으로 환대여야 했다. 낯선 이를 대접하는 일에 소홀하면 신에 대한 모욕으로 여겨 벌을 받는다는 속설이 있었다. 기원전 1세기 말에서 기원후 1세기에 걸쳐 로마에서 활약한 오비디우스의 『변신 이야기』에 보면 이런 분위기를 짐작할 수 있는 이야기가 나온다. 제우스와 헤르메스가 나그네로 변신하여 인간 세상을 여행할 때의 일이다. 초라한 행색의 나그네들을 마을 사람들이 박대했다. 하지만 신앙심 깊은 바우키스와 그녀의 남편 필레몬은 이들을 극진히 대접했다. 이에 제우스가 훗날 이 부부에게 큰 상을 내리고 다른 이들에게는 벌

바우키스와 필레몬 집의 제우스와 헤르메스
■
화가 루벤스가 1620~1625년경 그린 작품으로,
이 이야기를 그림으로 그린 화가는 루벤스 외에도 많다.

을 내렸다는 내용이다. 이 이야기는 이후로도 내내 전해져 17세기 화가 루벤스가 화폭에 담아두기도 했다.

로마 시대에 이르면 좀 더 본격적으로 호텔의 기원이라고 할 만한 흔적을 찾을 수 있다. 로마인들은 제국의 확장과 지배를 위해 길을 닦는 데 열심이었다. 군대도 이동해야 하고 물자도 수송해야 하니 이들에게 길은 무엇보다 중요했다. 로마인들은 길마다 말뚝을 박아 거리를 표시했는데, 군대 행군 단위인 1천 보가 단위였다. 1천 보의 단위는 오늘날 거리 단위의 하나인 마일Mile의 유래가 되었고, 보통 사람이 하루에 걸을 수 있는 거리를 20마일로 산정했다. 그렇게 산정한 20마일마다 여행자들이 먹고 잘 수 있는 공간을 마련했는데, 미국 보스턴 칼리지 경영대학원 브래드 포드 허드슨Bradford Hudson 교수는 이를 곧 호텔의 유래로 설명한다. 로마인들이 만든 길은 제국의 멸망 이후에도 중세를 거쳐 오늘날까지 여전히 존재한다. 남아 있는 건 길만이 아니다. 로마인들의 길 대신 철도가, 고속도로가 들어선 곳에도 여행자들이 하루를 달려 휴식이 필요한 곳에는 어김없이 호텔이 들어서 있으니 로마 시대의 자취는 그렇게 오늘날에도 우리 곁에 남아 있는 셈이다.

중세 시대에도 이동하는 이들은 여전히 존재했다. 처음에는 순례자나 수도자들을 위한 수도원이 호텔 역할을 했다. 그러다 다양한 목적으로 여행을 하는 이들이 늘어나자 여행자들이 묵을 수 있는 곳들이 따로 생겨나기 시작했다. 대부분 걷거나 마차를 타고 이동했으니 이러한 숙소에 마구간은 필수였다.

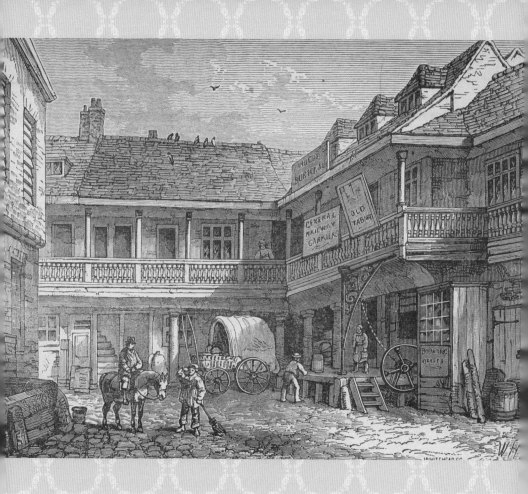

중세 시대 여관 모습을 그린 일러스트 ■

1900년 앤드류 윌리엄스의 『Historic byways and highways of Old England』에 실린 그림이다. 그림이 실린 책에는 순례자와 여행자를 포함한 다양한 사람들이 이곳에 묵었다고 되어 있다.

출발은 영국에서, 발전은 미국에서

그렇다면 호텔의 본격적인 역사는 언제부터 시작되었을까. 공식적으로는 15세기 이후로 보고 있다. 이 무렵 영국에서 여관업Inn 등록이 제도화되면서 약 600여 개 등록 여관이 객실은 물론 주방, 공용 공간, 마구간, 창고 등을 갖추고 본격적인 영업을 시작했다. 이후 영국에서 호텔이라는 단어는 1769년 엑서터Exeter 지역에 문을 연 숙박업소가 1770년 사용한 광고 문구에 처음 등장했다.

"New Coffee-house, Inn, and Tavern, Or, **The Hotel**, In St. Peter's Church-yard, Exeter".

이곳은 아예 1801년부터 '로열 클래런스Royal Clarence 호텔'이라는 이름을 쓰면서 숙박 공간 외에 방문자들에게 커피를 즐기게도 했고, 무도회나 집회, 콘서트 등을 개최하기도 했다. 이후로 호텔은 여행자들을 위한 숙소 기능에 더해 다양한 서비스를 제공하는 곳으로 여겨졌고, 도시의 엘리트들이 문화생활을 위해 모이는 곳으로 인식되기에 이르렀다.

19세기에 접어들면서 호텔은 본격적으로 활성화하기 시작했다. 짐작하겠지만 산업혁명으로 인한 변화였다. 인류 역사에서 전대미문의 사건으로 여겨지는 산업혁명으로 증기선, 철도가 급속도로 일상 속으로 들어왔다. 이전과 차원이 다른 혁신적인 교통수단을 확보한 사람들은 앞다퉈 다양한 이유로 길

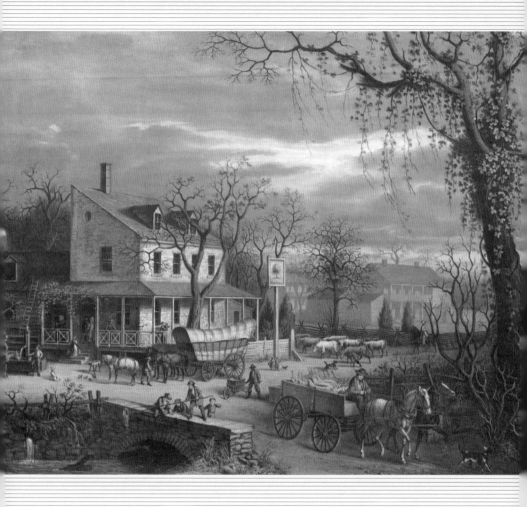

1872년 당시 여관 풍경

■

다양한 이유로 여행자들이 늘어나면서 잠자리와 끼니는 물론 마차와 말을 보살펴주는 곳들이 등장했다.
그림은 미국 국회도서관 소장품으로 작가는 알려져 있지 않다.

로열 클래런스 호텔 초기 모습

■

영국에서 호텔이라는 단어를 처음 쓴 이 호텔은 오늘날에도 여전히 영업 중이다.
2016년 화재를 겪어 오늘날 모습은 초기와는 사뭇 다르지만 사진으로 그 당시 분위기를 엿볼 수 있다.
미국 국회도서관 소장.

을 떠나기 시작했다. 급증한 수요에 따라 호텔 역시 기하급수적으로 늘었으며 보편화되었고 나아가 다양해졌다.

1829년 미국 보스턴에 등장한 '더 트레몬트 하우스'The Tremont House는 객실 안에 최초로 프론트 데스크와 소통할 수 있는, 즉 오늘날 객실 전화기 역할을 하는 호출기와 화장실, 도어 록 등을 갖추고 코스별로 따로따로 음식을 주문할 수 있는 알 라 카르트A la Carte 서비스를 제공하기 시작했다. 당시로서는 초호화 럭셔리 호텔이 등장한 셈이다. 그러더니 1832년 문을 연 뉴욕의 '더 홀츠The Holt's 호텔'에서는 최초로 엘리베이터를 갖춰 여행자들이 짐을 편하게 옮길 수 있게 했다. 그야말로 획기적인 변화가 호텔 안에서 하루가 멀다 하고 이루어지고 있었다.

이러한 호텔의 변화를 더욱 가속화시킨 것은 1950년대 들어 개발에 불이 붙은 미국의 고속도로다. 미국의 주와 주 사이를 연결하는 고속도로가 본격 개발되면서 가족 단위로 떠나는 자동차 여행 행렬이 줄을 이었다. 자동차로 몇 시간을 달려도 끝이 없는 광활한 영토 덕분에 여행자들은 중간중간 먹고 잘 곳이 필요했고, 고속도로 인근에는 이런 수요를 눈치챈 호텔들이 잽싸게 들어섰다. 이전까지의 호텔은 주로 개인 사업자가 운영해 왔다. 하지만 이 무렵부터 글로벌 호텔 그룹이 등장, 호텔 운영의 새로운 역사를 쓰기 시작했다. 오늘날 전 세계 약 6,200여 개 호텔을 운영하는 '힐튼 호텔 그룹'은 1919년, 전 세계 8천여 개의 호텔을 운영하는 '메리어트 호텔 그룹'과 약 1천여 개의 호텔을 운영하는 '하얏트 호텔 그룹'은 1957년에 그 역사를 시작했다.

바야흐로 그리스, 로마, 중세 시대를 거쳐 싹을 틔워온 호텔의 역사는 산업혁명과 미국 고속도로 시대를 거치면서 역동적으로 발전을 거듭하기 시작했다.

더 트레몬트 하우스 외관

■

산업혁명의 영향을 받아 19세기 중반 호텔을 둘러싼 변화는 하루가 멀다 하고 획기적으로 이루어지고 있었다.
보스턴의 더 트레몬트 하우스는 객실 안에 최초로 화장실과 도어 록을 갖춘 특급 호텔이었다.

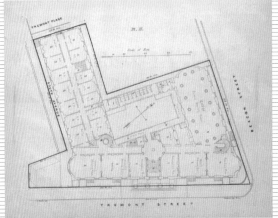

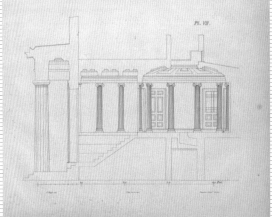

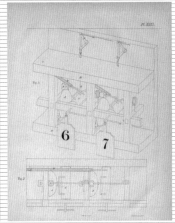

더 트레몬트 하우스 내부 관련 도면

■

1829년 보스턴에 등장한 더 트레몬트 하우스의 설계 도면은 한 권의 책으로 남아 있다.
이를 통해 당시 호텔의 규모 및 세부를 자세히 살필 수 있다. 그 가운데 호텔 평면과 단면,
스테인드글라스와 호텔 호출기 설비 관련 자료를 발췌 수록했다.

더 홀츠 호텔 외관
■
미국 대도시에 등장한 호텔은 그 자체로 신문물의 집약이었다.
더 홀츠 호텔에서는 최초로 엘리베이터를 호텔 안에 설치한 것으로 기록된다.

1957년 처음 문을 연 최초의 메리어트 호텔

워싱턴 D.C.로 진입하는 도로 인근, 하루 약 12만 5천 대의 자동차가 지나다니던,
공항과 가까운 곳에 자리한 이 호텔은 이후 전 세계 약 8천여 개 호텔 그룹의 출발지이기도 하다.

그러나 이 당시까지 호텔은 어디까지나 '잠을 자는 곳'이라는 기본 역할에 매우 충실한 장소였으며 서비스를 제공하는 사람도, 이용하는 사람도 마찬가지 인식에 머물러 있었다.

잠만 자던 곳에서 휴식과 휴가를 즐기는 곳으로

사회가 발전하고 경제 규모가 커지면서 이전에 비해 사람들은 훨씬 더 부유해졌다. 삶은 한결 더 분주해졌고, 노동은 일상이 되었다. 사람들은 앞다퉈 휴가를 원했다. 이동 중에 잠만 자는 곳이 아닌 일상을 떠나 휴식을 취할 곳을 찾기 시작했고, 그러자 이제 호텔들은 고속도로 옆이나 도시 한복판뿐만 아니라 산이나 바다 가까이에 들어서기 시작했다. 가급적 길로부터, 도시로부터 멀리 떨어질수록 좋았다. 이른바 리조트의 등장이다. 20세기 후반 이후 급증하기 시작한 리조트의 구성은 호텔과는 완전히 달라야 했다. 우선 이곳 안에서 모든 것이 해결 가능해야 했다. 휴가를 온 사람들이 쉴 수 있는 호텔은 물론, 음식점, 바, 엔터테인먼트 센터, 쇼핑, 실내외 수영장, 스파 등 리조트 단지에 들어오기만 하면 떠날 때까지 다른 곳으로 전혀 나갈 필요가 없어야 했다. 1971년 플로리다에 오픈한 '월트 디즈니 월드 리조트', 1968년 바하마에 오픈한 '아틀란티스 파라다이스 아일랜드'Atlantis Paradise Islands 등을 예로 들 수 있다.

새로운 개념 역시 등장했다. 바로 타임쉐어Timeshare다. 1년 중 일정 기간을

호텔의 개념을 확장한 새로운 형식의 등장

■

도시 가까운 곳에서 편리한 숙식을 제공하던 호텔은 이제 도시와 멀리 떨어진
곳에서 휴식과 휴가를 즐길 수 있는 곳으로 변화했다.
사진은 아틀란티스 파라다이스 아일랜드 전경과 중국의 한 리조트 전경.

정해 두고, 여러 지역의 다양한 호텔을 이용할 수 있게 하는 타임쉐어는 우리나라에는 도입되지 않았지만 콘도와 비슷하다고 보면 된다. '메리어트 호텔 그룹', '윈담 호텔 그룹', '힐튼 호텔 그룹' 등이 앞다퉈 타임쉐어 시장을 주도했고, 이 가운데 '메리어트 호텔 그룹'은 한발 더 나아가 고객들 대상으로 대출 등의 금융 서비스를 제공하면서 수익을 극대화했다.

이러한 서비스를 거쳐 바야흐로 호텔의 역사에서 주목할 만한 신개념이 탄생했다. 이미 우리에게도 익숙한 콘도 호텔, 즉 분양형 숙박업이 그것이다. 이는 곧 소유형 부동산과 숙박업의 접목이 최초로 시도되었음을 의미한다. 공사비를 순조롭게 조달하기 위한 방책으로 시작했지만, 결과적으로 기존에 상상하지 못한 새로운 숙박 형태를 출현시킨 셈이다. 미국에서는 법적으로 주거용 부동산으로 입증만 된다면 건물의 일정 부분의 공사를 진행한 뒤 모델하우스를 통해 분양이 가능하다. 성공적으로 분양이 이루어질 경우 그 수익으로 은행의 대출을 해결할 수 있는데, 이러한 이점을 숙박용 건물에 적용시킨 것이다.

콘도 호텔은 콘도미니엄 호텔이라고 부르는데, 개인이 구입한 콘도미니엄은 계약서에 명시한 일정 기간은 주인이 이용하되, 나머지 기간은 호텔 운영팀이 일반 고객들에게 객실을 판매하듯 제공한다. 이로 인해 발생한 이익은 회사와 주인이 나눠 갖는다. 주로 스키장이나 골프장 옆에 들어서곤 하는데, 이로써 세컨드홈의 성격을 부여받는다.

이런 특징은 당연히 호텔의 디자인에도 영향을 미친다. 호텔과 주거가 결합된 형태인 만큼 객실 안으로 들어가면 잠시 머물고 가는 숙소라기보다 마치 집에 온 것 같아야 했다. 여기에 더해 개별 콘도미니엄마다 주인이 자기 물건들을 넣어둘 수 있는 별도의 공간owner's closet을 마련했다. 머물지는 않아도 이곳에 올 때 사용할 물건들을 보관할 수 있어야 하기 때문이다.

20세기 후반에 접어들면서 호텔은 더이상 잠만 자는 곳이 아닌, 휴식과 휴가를 즐기는 장소라는 새로운 임무를 부여받았고, 호텔의 변화에는 속도가 붙었다.

휴식과 휴가를 즐기던 곳에서
라이프 스타일을 반영한 곳으로

변화란 대개 수요자의 지향과 같은 방향을 바라본다. 호텔의 변화는 고객이 지향하는 쪽으로 향하게 마련이다. 글로벌 호텔 그룹이 운영하는 전형적인 호텔 구성과 서비스에 언젠가부터 고객들은 싫증을 내기 시작했다. 어디를 가도 똑같은 로비, 똑같은 객실에 머물다 보니 때로는 지금 어디에 와 있는지 구분이 어려울 정도였다. 고객들은 점점 머무는 곳이 특별하기를 원했다. 이왕이면 머무는 곳의 지역적인 특징이 두드러지기를 바랐다. 그런 곳에서 머문 시간을 각별한 기억으로 오래 간직하고 싶어 했다. 호텔의 변화를 앞당긴 것은 바로 이러한 고객들의 지향이자 요구였다. 이른바 글로벌 호텔 그룹들이 제공하는 전형적인 서비스와 디자인에 싫증을 내기 시작한 고객들의 변화를 눈치챈 호텔업계는 1980년대로 접어들면서 인테리어업계의 스타 디자이너들과 손을 잡았다. 그로 인해 호텔의 내외부를 이전에 볼 수 없던 세련된 디자인으로 장착한 부티크 호텔이라는 새로운 장르가 런던, 뉴욕, 샌프란시스코 등을 무대로 탄생했다. 이들은 기존의 단조로운 호텔 인테리어 디자인에 과감한 패턴, 대범한 컬러, 그 자체로 작품으로 여겨지는 가구들을 전진 배치함으로써 호텔 디자인의 패러다임을 완전히 바꿔 놓기 시작했다. 그러자 대중의 눈길을 끄는 트렌드세터, 인플루언서, 연예인들이 앞다퉈 즐겨 찾았고, 이들의 취향을 따르는 일반 대중으로까지 매우 빠른 속도로 전파되었다.

부티크 호텔이라는 새로운 장르의 대표적인 선두 주자로는 이안 슈레거Ian Schrager와 스티브 러벨Steve Rubell이 1984년에 만든 뉴욕 모건Morgan 호텔(현재는 폐업)이 꼽힌다. '스튜디오54' 나이트클럽으로 이미 그 아이디어의 참신함을 시장에서 증명해낸 이안 슈레거는 연극 무대 같은 어쩐지 드라마틱한 분위기의 호텔을 대중에게 선보였다. 이후 호텔 디자인의 기존 문법을 뛰어넘는 이단아이자 부티크 호텔의 대부로 등극한 그의 명성은 여전히 유효하다. '메리어트 호텔 그룹'과 손을 잡고 런칭한 브랜드 '에디션'Edition은 보수적인 것으로 유명한 '메리어트 호텔 그룹'과 디자인의 혁신을 주도하는 이안 슈레거의 협업 그 자체로 눈길을 끄는 데 성공했다.

그 외에도 이탈리아 '페라가모' 패밀리가 런칭한 '런가르노Lungarno 컬렉션', 뉴욕의 '크로스비 스트리트Crosby Street 호텔', 서울의 '라이즈 오토그래프 컬렉션' 등 여러 부티크 호텔 브랜드들이 시장을 더 흥미롭게 만들고 있다.

변화는 멈추지 않았다. 이번에는 호텔 안에 고객들의 라이프 스타일을 반영하는 것으로 이어졌다. 라이프 스타일의 반영은 인테리어 디자이너가 설계한 새로운 공간을 경험하는 것에서 머물지 않고 더 앞으로 나아갔다. 참신한 인테리어를 경험하는 것이 이전 버전이라면 업데이트 이후 버전은 경험 그 자체를 디자인하는 방식이었다. 좀 더 포괄적인 라이프 스타일 공간으로 진화

호텔의 또다른 변화, 부티크 호텔
■

오른쪽 페이지 상단 오른쪽과 하단은 이안 슈레거가 참여한 것으로
화제를 불러일으킨 브랜드 에디션 상하이 호텔이다.

한 셈이다. '아만 호텔' 홍보용 동영상은 그런 면에서 상징적이다. 분명히 호텔을 홍보하는 영상인데, 호텔 모습은 거의 나오지 않고, 이곳에 머물면서 누릴 수 있는 이국적이고 아름다운 라이프 스타일로만 화면을 채우고 있다.

미니멀리즘 라이프 스타일 제품으로 전 세계적인 인기를 끈 무인양품, 즉 무지MUJI가 런칭한 '무지 호텔'은 일본이 아닌 중국 선전과 베이징 등에서 먼저 선보인 뒤 도쿄에 들어섰다. 호텔에서 사용하는 거의 모든 물건은 무지 제품이다. 이로써 대중들이 선호하는 라이프 스타일에 충실한 물건을 생산하는 것에서 나아가 그것을 호텔이라는 공간과 접목시켜 고객들로 하여금 새로운 방식으로 경험하도록 유도한다. 이들은 나라와 도시를 가리지 않고 어디나 자신들이 지향하는 가치를 호텔 안에 명확하게 반영하고 있고, 호텔 안의 무지 스토어에서 판매하는 물건, 식당의 음식에까지 그 가치를 반영함으로써 이곳에서 하루를 보내는 이들은 머무는 내내 자신의 취향에 어울리는 라이프 스타일을 충분히 경험할 수 있다.

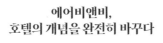

에어비앤비, 호텔의 개념을 완전히 바꾸다

호텔의 변화는 뜻밖의 곳에서 지각 변동을 일으키고 있었다. 2008년 미국 샌프란시스코의 브라이언 체스키와 조 게비아의 기상천외한 시도는 기존 글로벌 호텔 그룹이 주도하던 판 전체를 뒤흔들었다. 두 사람은 샌프란시스코에서 열리는 콘퍼런스를 찾아오는 이들이 호텔을 구하기 어렵다는 점에 착안,

공간을 구하는 이들과 빌려줄 수 있는 이들을 직접 연결할 수 있게 해주면 어떨까 생각했다. 이를 위해 그들은 예약 플랫폼을 만들었는데, 이것이 바로 에어비앤비의 출발이다. 그뒤의 결과는 우리 모두가 다 아는 그대로다.

여행하는 동안 판에 박은 듯한 호텔에 머무는 대신 그 지역 현지인들의 집에 머무는 경험에 열광한 것은 바로 밀레니얼 세대들이었다. 에어비앤비는 '로컬'과 그 문화를 선호하는 이들 취향에 제대로 맞아떨어졌고, 폭발적인 인기를 끌면서 단박에 급성장세를 보였다. 심지어 글로벌 호텔 그룹 고위 임원들은 '에어비앤비와 경쟁할 수 없다면 함께 생존할 방안을 모색해야 한다'고 강조하고 나섰고, 실제로 '하얏트', '힐튼', '메리어트' 등의 글로벌 호텔 그룹들은 에어비앤비에 대응하기 위해 홈 렌탈 비즈니스 플랫폼 업체들과 손을 잡기에 이른다.

이를 통해 이들은 에어비앤비와 유사하지만 전문적인 청소를 통한 청결 보장, 체크인 직전 예약 취소 방지 등 에어비앤비의 취약점을 보완한 홈 렌탈 비즈니스 모델을 만들어 시장을 공략하고 나섰다. 홈 렌탈 비즈니스 모델은 글로벌 호텔 그룹의 기준에 의해 선별한 개인 숙소를 고객들이 이용할 수 있게 하되, 호텔 기준에 맞는 청소 및 어메니티 서비스 등을 제공하는 방식이다. 현지인들의 숙소에 머물고 싶지만 청소나 보안 등의 문제로 에어비앤비를 선뜻 선택하지 못한 이들에게는 더할 수 없이 반가운 소식이었다. 이런 발빠른 대응으로 글로벌 호텔 그룹의 홈 렌탈 비즈니스 모델은 비교적 빠른 확장세를 보이고 있는데 기존 호텔 영역 밖에서 시장성을 확인 받은 뒤 콧대 높은 기존 호텔의 문턱을 넘어 정식 서비스로 채택되었다는 점에서 주목할 만하다.

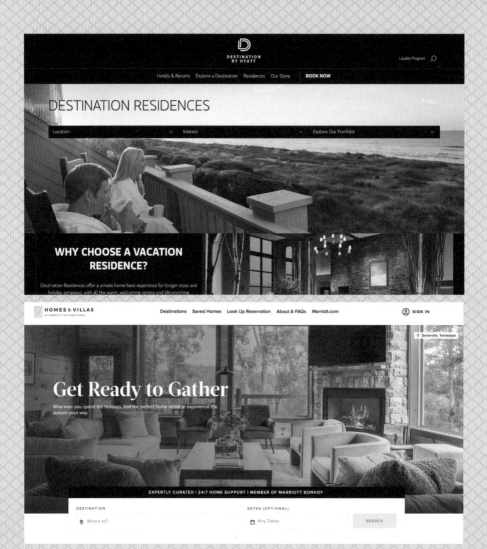

호텔에서 새로운 호텔을 경험하다

호텔은 이제 잠자리를 해결하는 기능적인 역할에서 완전히 벗어나 평소에 접할 수 없는 새로운 라이프 스타일을 제안하는 데까지 이르렀다. 이를 위해 호텔 밖의 서비스를 과감히 받아들이고 있다.
사진은 글로벌 호텔 그룹 브랜드의 홈 렌탈 서비스 웹사이트.

한국 호텔의 시작,
언제부터, 누가, 어떻게

호텔이라는 기원을 서양에서 찾고, 그 변천의 과정을 살펴보긴 했지만 우리나라에도 비슷한 서비스의 역사는 오래전부터 시작되었다. 물론 서구식 호텔의 역사야 일제강점기와 맞물리는 근대 시기 시작되었고, 해방 이후 미국의 영향을 받아 오늘에 이르긴 하지만 집을 떠나 낯선 곳을 다니는 이들에게 잠자리와 먹을 것을 제공해 주던 공간은 이미 고려 시대 출간된 『삼국사기』에서부터 기록을 찾아볼 수 있다.

> "9년(487) 3월, 비로소 사방에 우역을 두고, 관청에 명하여 관도官道를 수리하
> 게 하였다."_김부식, '소지 마립간', 「신라본기」, 『삼국사기』권3

우역郵驛은 신라, 고려, 조선 시대에 공문서를 전달하거나 관물을 운송하는 등의 공무를 집행하는 관리의 숙박을 제공하던 국가의 관리 시스템이다. 관리들이 부임지로 이동할 때 잠자리와 먹을 것은 물론 말 등의 교통수단을 제공하기도 했다. 약 30리 단위로 설치한 것으로 알려져 있다. 이외에도 고려 시대에는 역이나 객사, 조선 시대에는 역이나 원院, 여각旅閣, 객주客主라고 불리는 곳들이 비슷한 역할을 했고, 국가 차원이 아닌 민간에서도 숙소와 식사를 제공하는 곳들이 성행했던 것으로 알려져 있다.

이를 우리나라 숙박업의 시초라고 본다면 이후 주목할 만한 변화는 시간을

조선 시대 주막 풍경

■

위는 여행 중에 중년 부부가 간이주막에서 요기하는 광경을 그린 것으로 김홍도의 그림이다. 《단원 풍속도첩》, 국립중앙박물관 소장. 아래는 다양한 신분의 사람들이 주막에서 술과 요기를 즐기는 모습을 그린 것으로 신윤복의 풍속화 중 하나다. 〈주사거배〉, 《혜원 전신첩》, 간송미술관 소장.

일제강점기 등장한 여관

일제강점기 본격적으로 등장한 여관은 주로 일본 상인들을 대상으로 영업했고,
그 형태 역시 일본풍이 많았다. 사진은 모두 국립중앙박물관 소장.

홀쩍 뛰어넘어 1876년경 강화도 조약 이후 일어난다. 당시 조선은 일본과 체결한 조약에 의해 닫아걸었던 빗장을 풀고 항구의 문을 열어야 했다. 닫혀 있던 조선 항구의 문이 열리자 여기저기에서 외국인들이 순식간에 몰려들었고, 당장 이들이 머물 곳이 부족해, 이들을 위한 숙박 시설들이 우후죽순 들어서기 시작했다. 하지만 초기에 들어선 숙박 시설이라고 해봐야 대부분 여관이었다. 주로 일본인 상인들을 대상으로 영업을 했다. 1910년대 이후에는 일제의 식민지 정책으로 도시가 발달하면서 근대식 여관도 번성하였는데 초반에는 주로 일본풍이었다가 점차 서양풍 여관도 생기고, 또한 일본에서 전해온 근대식 여관에 자극을 받아 한국식 여관도 등장했다.

최초의 호텔부터
우리 손으로 직접 지은 호텔까지

오늘날 우리가 흔히 호텔이라고 부르는 곳과 비슷한 시설이 등장한 것은 1888년의 일로, 개항지 인천에 세워진 '대불호텔'이 그것이다. 공식적으로 최초의 호텔로 인정받은 '대불호텔'은 일본인 사업가 호리 규타로堀久太郎가 오늘날 인천 중구 중앙동 인근에 세운 것으로 3층짜리 유럽식 건축 양식의 벽돌 건물이었다. 이 당시 일본에서는 이미 유럽식 건축 양식의 건물, 특히 호텔이 등장한 지 오래여서 일본인에게는 낯선 시도가 아니었을 것이다. 다만 일본에서는 일본인들이 전략적이고 조직적으로 자국의 여러 도시에 서구식 호텔을 지어 올린 것과는 달리 조선에서 서구식 호텔을 짓기 시작한 이들은 주로

한국 최초의 호텔, 대불호텔

공식적으로 인정받은 한국 최초의 호텔은 1888년 개항지 인천에 일본인 사업가가
3층짜리 유럽식 건축 양식의 벽돌 건물로 지은 대불호텔이다.

외국인이며 그들이 소유자이자 경영자이기도 했다. '대불호텔' 이후 인천에는 중국인 이태怡泰의 '스튜어드 호텔'Steward Hotel, 오스트리아계 헝가리인 스타인 벡Joseph Steinbech이 주인이었던 '꼬레 호텔'Hetel de Coree 등이 생겨나기도 했다.

이에 비해 서울에 호텔이 등장한 것은 다소 늦은 감이 없지 않다. 1901년 오늘날 정동 덕수궁 대한문 앞에 프랑스인이 만든 '팔레 호텔'이 서울 최초의 호텔로 알려져 있고, 서대문 인근 '스테이션 호텔' 역시 비슷한 시기에 등장했다고 알려져 있다. '팔레 호텔'은 2층 높이 벽돌 건물에 1층에는 잡화점이 있었다고 하는데, 아직 목욕 시설이 완비되지 못해 투숙객들의 불만이 높았다고도 한다. 그리고 등장하는 것이 바로 유명한 '손탁 호텔'이다. 독일인 여성 손탁Antoinett Sontag이 1902년 서울 정동 29번지에 2층짜리 러시아식 건물을 지어 올렸는데, 그녀는 여기에 자신의 이름을 붙여 호텔을 개업했다.

이 무렵 조선의 호텔은 외국인들이 머무는 곳이기도 했지만, 조선의 정치·경제·문화계 인사들을 비롯한 상류층들의 문화 살롱 같은 역할을 하기도 했고, 무엇보다 커피 문화를 처음 알린 곳이기도 했다.

한국 고급 호텔의 초석은 '조선호텔'이 놓았다. 1910년 한일병합조약을 체결한 뒤 조선 통치를 본격화한 일본은 일본이나 해외에서 온 귀빈들을 위한 호텔을 짓기로 하고, 환구단의 일부를 헐어 1914년 5층짜리 서양식 건물을 지어 올렸다. 조선총독부 청사를 설계한 게오르크 데 랄란데Georg De Lalande의 솜씨로 300명 동시 수용이 가능한 식당, 바, 독서실, 당구장, 무도장 등을 갖춤으로써 당시로서는 최고급 공간을 만들어냈다. 이후 1938년 문을 연 '반도호텔' 역시 고급 호텔의 맥을 이었는데, 일본인 사업가 노구치가 홍콩 '페닌슐라 호텔'을 염두에 두고 지었다고 전해진다. '조선호텔'과 '반도호텔' 모두 일제강점기 근대 경성 엘리트 집단의 대표적인 사교 문화 장소 역할을 했음은 물론이다.

한편 철도가 개통되면서 역사 주변을 중심으로 국영 호텔이 들어서기 시작했다. 1912년 부산 철도 호텔이 철도국 직영으로 개업했고, 같은 해 신의주, 1915년 금강산, 1918년 내금강, 1925년 평양 등에 철도 호텔이 연달아 문을 열었다. 앞서 언급한 '조선호텔' 역시 조선총독부 철도국에서 운영한 것이다. 이처럼 해방 이전까지 국내 호텔이 대부분 관 주도로, 철도 개통과 발맞춰 영업을 시작했던 점은 주목할 만하다.

이러한 분위기는 1945년 해방 이후 일본이 물러가고 미국이 들어오면서 대거 물갈이가 이루어진다. 이전까지만 해도 관이 주도해서 운영하다 보니 대부분 호텔 경영자나 투숙객들은 주로 일본인들이었다. 하지만 해방 이후에는 여러 나라에서 온 외국인들이 그 자리를 차지했다.

한국 호텔의 역사는 1961년 박정희 전 대통령의 '경제 개발 5개년 계획'의 일환으로 본격화되었다고 볼 수 있겠다. 이 무렵 정부 주도로 관광, 숙박업소 개발 사업이 급물살을 타면서 1963년 '워커힐 호텔'이 문을 열었고, 1967~1969년 '조선호텔'이 다시 지어졌으며 1973년에는 '호텔 롯데 주식회사'가 '반도호텔'을 인수한 뒤 재건축을 진행했다. 당시 지어진 호텔들은 일본인들이 선호하던 유럽식 건축 양식에서 벗어나 미국식 건물의 외양을 갖춤으로써 바야흐로 한국에도 미국식 호텔의 시대가 열리게 되었다. 이후로 한강이남으로 강남 개발이 이루어지고, 1988년 서울올림픽 유치를 계기로 호텔의 수요는 급증했으며 호텔의 역사는 오늘날까지도 현재진행형이다. 미국식 호텔의 시대가 그대로 이어지고 있음은 물론이다.

MISS SONTAG HOTEL, SEOUL, COREA - VERANDA

손탁 호텔의 안팎 모습

■

이 무렵 조선의 호텔은 외국인들이 머무는 곳이기도 했지만, 조선의 정치, 경제, 문화계 인사들을 비롯한
상류층들의 문화 살롱 같은 역할을 하기도 했고, 무엇보다 커피 문화를 처음 알린 곳이기도 했다.
국립민속박물관 소장.

조선호텔의 안팎 모습
■

1914년 일본에서 지어 올린 조선호텔은
조선총독부 철도국에서 운영했다.
일제강점기 엽서에 단골로 등장했는데,
'조선 명소 시리즈'로 제작한
우편엽서(위, 국립민속박물관 소장)와
조선총독부 철도국에서 발행한
엽서(가운데, 서울역사박물관 소장)에는
외관이 실렸고,
내부 선룸 사진(국립민속박물관 소장)이
실린 것도 있다.
가운데 사진에는 원구단의 황궁우도 보인다.

반도호텔 전경
■

1938년 문을 연 반도호텔 역시
근대 경성 엘리트 집단의
대표적인 사교 장소였다.
서울역사박물관 소장.

1963년 당시 워커힐 호텔 전경

■

1961년 '경제 개발 5개년 계획'은 한국의 호텔 역사에도 영향을 미쳤다. 정부 주도로 관광,
숙박업소 개발 사업이 급물살을 탔고, 1963년 워커힐 호텔의 탄생 역시 그 일환의 하나라고 할 수 있다.

가치의 변화,
호텔의 질적 변화를 이끌다

얼마 전까지만 해도 호텔이라는 단어를 들으면 많은 사람들은 글로벌 호텔 그룹 또는 국내 대표적인 몇몇 호텔의 이미지를 떠올렸다. 천문학적인 마케팅 비용이 거둔 효과다. 하지만 최근에는 그 양상이 조금씩 달라지고 있다. SNS로 인해 흥미로운 현상들이 곳곳에서 나타나고 있다.

유명 호텔의 예약이 하늘의 별 따기처럼 어려운 시대는 저물어가고, 이제는 개인이 운영하는 작은 숙소가 일종의 팬덤을 형성, 몇 달 전부터 서두르지 않으면 그곳에서 머무는 것은 꿈도 못 꿀 지경이 되었다. 이들 숙소 주인장들은 개인 감성을 흠뻑 발휘하는 SNS 채널은 기본이고, 누구나 쉽게 접근 가능한 효율적이고 편리한 예약 시스템 플랫폼을 활용하여 더 많은 여행자들의 마음을 이끌어내고 있다. 운 좋게 예약에 성공한 뒤 찾아가면 주인장은 마치 집에 놀러온 손님을 대하듯 반갑게 맞아준다. 그 집만의 로컬 문화, 그곳에서만 할 수 있는 특별한 경험이 준비되어 있어 그 자체로 매력적인 곳들이 점점 늘어나고 있다. 이는 곧 우리가 화려하지는 않지만 소박하고 정겨운, 따뜻하고 진심이 담긴 응대에 마음이 반응하는 시대에 살고 있음을 의미한다.

이러한 형태가 처음은 아니다. 일본의 료칸은 이미 유명하고, 유럽에는 고성을 개조한 작은 호텔이 인기를 끌었다. 가정집에서 숙소와 아침 식사를 제공하는 B&BBed& Breakfast, 해외여행을 가는 젊은 여행자들이 많이 찾던 현지 민박 등에서도 비슷한 경험을 할 수 있었다. 료칸에서는 서비스를 받는 상

대에 대한 마음까지 배려한 오모테나시おもてなし의 친절함을 느낄 수 있고, B&B에서는 그 집 주부의 손맛이 고스란히 담긴 팬케이크나 머핀 등을 맛보는 것은 물론 저녁에는 주인장과 즐거운 대화를 나눌 수도 있다. 하지만 지금까지 이런 곳들은 대개의 경우 가성비를 고려한 선택이었다.

새롭게 불고 있는, 일종의 팬덤을 형성하고 있는 작은 숙소는 가성비 면에서는 비교가 곤란하다. 일반 호텔에 치르는 1박 숙박비보다 때로는 훨씬 높은 비용을 치러야 하기 때문이다. 그럼에도 불구하고 찾는 사람이 많다는 것은 시장 변화의 방향이 어디로 향하고 있는가를 상징하는 장면이 아닐 수 없다.

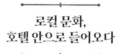

로컬 문화,
호텔 안으로 들어오다

호텔업계에서 성공 여부는 당일 객실 판매 비율은 물론 재방문 고객의 비율로 판단하는 것이 일반적이다. 그러나 오늘날 각 지역에서 활발하게 운영 중인 소규모 숙소에 같은 기준을 적용하는 것은 맞지 않는다. 대규모 마케팅을 통한 동시 투숙객의 숫자라는 것이 의미가 없기 때문이다. 그보다는 개인적이고 감성적인 감동을 얼마나 어떻게 남겨주느냐가 성공 여부를 가르는 기준이다. 소박하지만 세련된 하룻밤을 통해 투숙객의 마음을 어떻게 움직였는가, 이들이 각자의 채널에서 어떤 소감을 발신하느냐가 무엇보다 중요하다. 이러한 지점이 바로 최근 소비의 주요 집단으로 떠오른 MZ세대의 특성과 잘 맞아떨어졌고, 이는 곧 다양하고 특색 있는 숙소들의 부상으로 이어지고 있다.

MZ세대들은 자신이 하고 싶은 일이 무엇보다 중요하다. 원하는 것이 있다면 행동에 나선다. 취직도 좋지만 이전 세대에 비해 조직 밖에서 원하는 방식으로 일하는 것에도 훨씬 긍정적이다. 다른 사람들과의 협업에도 익숙하고 일을 통해 관계를 맺는 데도 능숙하다. 노트북 하나만 있으면 어디든 사무실이 되는 상황에 거리낌이 없다. 공유 오피스가 이들 세대의 호응을 이끌어낸 데에는 이런 경향의 탐구가 전제되어 있기 때문이다.

로컬 문화, 로컬에서의 각별한 경험에 탐닉하는 MZ세대의 특징을 글로벌 호텔 그룹들이 외면할 리 없다. 이들이야말로 가장 눈에 띄게 부상하는 소비 집단이기 때문이다. 호텔업계의 큰손으로 여겨지는 글로벌 호텔 그룹들은 체질을 변형해 이들 세대 특성을 호텔 서비스에 반영하기 시작했다. 가장 먼저 눈에 띈 변화는 로비에서 일어나고 있다. 최근 호텔 로비에 가보면 예전에 비해 홀로 앉아 있는 이들이 부쩍 늘었음을 알게 된다. 음료를 한 잔 사면 하루 종일 앉아 있을 수 있게 된 덕분이다.

전통적인 호텔의 공용 공간에서 가장 수익을 내지 못하는 부분이 바로 로비였다. 가장 넓은 공간을 차지하지만, 호텔의 진입부에 있어 인상을 좌우하기 때문에 공을 많이 들이기는 하지만 대부분 체크인/아웃을 전후로 잠시 잠깐 머물기만 하는 공간으로 여겨져 이곳에서는 어떤 수익도 창출할 수 없다는 것이 그동안의 인식이었다. 하지만 몇몇 호텔들은 바로 이 공간에 공유 오피스 개념을 도입하는 것은 물론 세련되고 경쾌한 분위기를 연출함으로써 이전의 지루하고 형식적인 공간을 벗어나 이미지의 변화는 물론 수익 창출까지 이루어냈다.

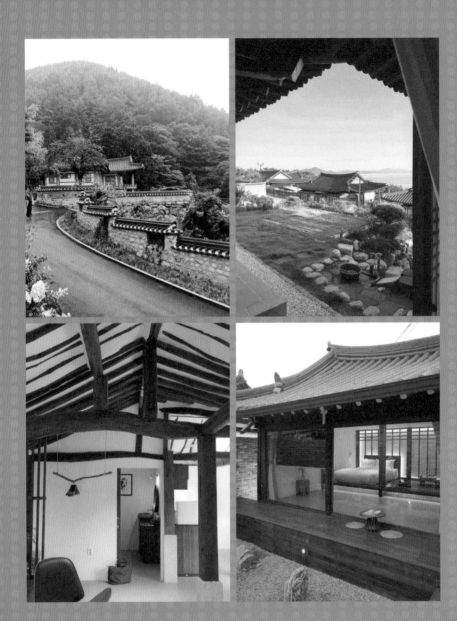

로컬 숙소의 개성과 특징

■
로컬 문화를 내세우는 작은 숙소에서의 경험은 대형 호텔과는 개념부터 다르다. 완벽하게 혼자만의 시간을 누리면서 동시에 잠깐이지만 사적인 친밀감을 느낄 수 있다. 위쪽부터 시계 방향으로 완주 아원고택, 장흥 에어비앤비, 전주 사로와 무렵.

중국 여행지에서 누린 각별한 휴식 ∎

중국 황산 인근의 돼지여관은 명나라 때 지은 가옥을 개조한 곳으로 절대 쾌적하거나 편한 숙소는 아니었다.
하지만 이곳 주인장이 베푼 소박한 점심과 따뜻한 인심은 다른 불편함을 모두 잊게 했다.
몇 년이 지난 지금도 이곳을 생각하면 언제라도 꼭 다시 가보고 싶다는 마음이 일곤 한다.
로컬의 경험은 뜻밖의 지점에서 감동을 안긴다.

호텔에서 이루어지는 발상의 전환
■

로컬에서의 각별한 경험에 탐닉하는 MZ세대의
특징을 호텔이 외면할 리 없다.
호텔마다 체질을 변형해 이들 세대 특성을
서비스에 반영하기 시작했다. 가장 눈에 띄는
변화는 로비에서 일어나고 있다.
어떤 호텔 로비는 마치 도서관 같은
풍경을 연출하기도 한다.

웰니스,
21세기 호텔의 새로운 장르

지난 역사를 되짚어 보면 호텔은 잠자는 곳이었다가 휴식하는 곳으로 변화했다. 휴식하는 곳에서 라이프 스타일을 반영한 곳으로 다시 변화하더니 이번에는 호텔이라는 공간에서의 경험을 강조하기 시작했다. 경험은 다각도로 이루어지고 있다. 개념 자체를 뒤흔든 것으로 평가 받는 에어비앤비를 통한 로컬 경험은 전초전이었다. 더 적극적인 경험의 제안이 호텔을 통해 이루어지고 있다.

그 경험의 정점에는 치유가 있다. 사람들은 이제 호텔을 통해 단순히 숙박의 해결, 쾌적한 휴식, 취향의 확인 및 공유를 넘어 진정한 휴식과 재충전을 꿈꾼다. 지친 몸과 마음을 회복시켜 줄 무엇인가를 호텔이라는 공간에서 찾기 시작한 것이다. 이런 고객들의 새로운 요구need에 맞춰 호텔들이 선택한 화두는 바로 웰니스wellness다.

사회의 급속한 변화에 발맞춰 살아가야 하는 현대인들은 늘 피곤하고 분주하다. 이를 반영하듯 남들 눈에 드러나는 성공보다 몸과 마음을 살펴 진정한 행복을 추구하는 웰빙well-being이 2000년대 들어 전 지구적인 관심사로 떠올랐다. 웰빙 트렌드의 확산과 함께 등장한 신조어가 바로 웰니스다. 웰빙well-being, 행복happiness, 건강fitness의 합성어로 몸과 마음은 물론 사회적으로도 건강한 상태를 추구한다. 사람들의 관심이 집중되자 온갖 분야에서 이와 관련한 상품과 서비스가 속출하기 시작했다. 호텔 역시 예외가 아니었다. 현대인들이 추구하는 가치 변화에 대한 답으로, 기존 호텔 서비스에 웰니스라는 트렌드를 결합해 이전에 없던 새로운 장르인 '웰니스 호텔'을 내놓았다.

웰니스 호텔은 힐링 호텔healing hotel, 웰니스 리트리트wellness retreat를 비롯해 불리는 이름도 다양하다. 하지만 들여다보면 모두 다 비슷하다. 근래 도입하기 시작한 국내에서는 명상, 요가, 싱잉볼 테라피 등을 접목하는 정도지만 이미 오래전부터 시작한 해외에서는 갈수록 더 정교한 프로그램으로 업데이트가 진행되고 있다.

따지고 보면 웰니스라는 개념의 뿌리는 고대로부터 비롯한다고 해도 과언이 아니다. 실제로 미국 '세계 웰니스 연구소'는 웰니스의 기원을 기원전 3000~500년경에 발전한 인도 아유르베다를 비롯해 수천 년 동안 이어져 내려온 동양 한의학, 인체를 둘러싼 내부와 외부의 균형이 깨진 것을 질병의 원인으로 지목한 히포크라테스의 정의, 로마 제국이 질병의 예방과 감염병 확산을 막기 위해 도입한 상하수도와 목욕탕 시설 등에서 찾고 있다. 여기에 더해 이미 1950년대 미국의 일부 의료진과 학계에서는 현대인의 고질병인 고혈압과 당뇨 등의 예방과 완화를 위해 웰니스 개념을 도입하기도 했다. 1979년 미국의 '캐니언 랜치'Canyon Ranch, 1931년 스위스 '라 프레리'Clinique La Prairie 등에서 일찌감치 관련 프로그램을 시작, 유명세를 타기도 했다. '캐니언 랜치'에서 약 10여 년 동안 일한 웰니스업계의 산 증인 도리스 로페즈 팔라조Doris Lopez Palazzo는 이곳의 처음을 이렇게 회고했다.

"의료인들은 환자 치료에 집중하느라 정작 자신들의 몸과 마음 상태를 잘 모릅니다. 스스로 얼마나 지쳐 있는지 의식하지 못하죠. 처음 그들에게 프로그램을 제안했을 때만 해도 모두들 관심을 보이지 않았어요. 겨우겨우 설득해서 60명의 의사들과 그 가족을 대상으로 프로그램을 진행했죠. 끝난 뒤에 그들은 고맙다고 인사를 하고 떠났어요. 그리고 얼마 지나지 않아 그들의 가족들, 환자들이 '캐니언 랜치'를 찾아왔죠. 그게 시작이었어요."

헬스 케어 전문가였던 그녀는 의학과 영성을 통합한 프로그램을 만들어 의료인들에게 소개했고, 결과적으로 대성공을 거뒀다. 오늘날 '캐니언 랜치'는 세계적인 웰니스 리트리트로 우뚝 섰다. 그리고 전 세계적으로 웰니스는 어마어마한 기세로 확장세를 보이고 있다.

호텔업계에서 웰니스라는 개념을 본격적으로 접목하기 시작한 것은 2000년대 이후부터다. 그 당시만 해도 대표적인 서비스로 내세운 건 메디 스파medi spa를 비롯한 노화 방지 프로그램이었다. 2008년 스페인의 '샤'SHA가 선두에 섰다.

최근에는 여기에 더해 양자역학이 업계를 이끌고 있다. 호텔에 무슨 물리학인가 싶겠지만, 양자역학은 과학계는 물론 심리학을 확장시키는 노에틱Noetic, 지력知力 사이언스, 차세대 리더십이라 부르는 콴툼Quantum 리더십 등 여러 분야에 많은 영향을 미치기 시작했고, 호텔의 변화에도 매우 유용하게, 적극적으로 활용되고 있다. 간단히 말하자면 양자역학은 과학의 세계에서는 금기시했던 기나 에너지에 대한 인식을 전면적으로 전환시켰다. 이를 바탕으로 몸과 마음, 영성, 에너지의 조화를 이루는 것이 진정으로 건강한 상태라는 새로운 개념이 등장했다.

이러한 개념을 눈여겨본 서양의 웰니스 호텔들이 동양에서 주로 쓰는 부

21세기 호텔의 새로운 장르, 웰니스

■
적극적인 경험의 제안이 호텔을 통해 이루어지고 있다. 사람들은 이제 호텔을 통해 진정한 휴식과
재충전을 꿈꾼다. 지친 몸과 마음을 회복시켜 줄 무엇인가를 호텔이라는 공간에서 찾기 시작한 것이다.
이런 고객들의 새로운 요구에 맞춰 호텔들이 선택한 화두는 바로 웰니스다.
중국 상하 리트리트.

황, 침 시술은 물론 명상, 요가, 사운드 힐링 등 다양한 프로그램을 도입하기 시작하였는데, 이는 의학적인 치료법만으로 현대인이 가진 문제점을 해결하는 데 어려움을 겪었던 호텔업계로서는 새로운 돌파구와 같았다. 이들은 더 적극적으로 기의 원리 및 치료 효과를 활용하는 통합적인 프로그램을 개발하여 시장에 내놓기 시작했고, 코로나19를 겪으면서 사람들의 관심은 더욱 증폭되고 있다. 그 결과 오늘날 호텔들마다 앞다퉈 내놓는 서비스는 더욱 더 다양해지고 있는 추세이고, 웰니스 호텔을 굳이 표방하지 않더라도 기존 호텔 역시 고객들의 선호에 맞춰 마사지 중심이던 스파 프로그램에 웰니스 콘셉트를 반영한 요가, 명상, 파동 치료 프로그램을 접목하는 등 다양한 변화를 시도하고 있다.

이러한 발전 가능성을 염두에 둔 수많은 웰니스 호텔, 웰니스 리조트는 이 순간에도 전 세계적으로 속속 등장하고 있다. 앞서 언급한 '세계 웰니스 연구소'에 따르면 전 세계 웰니스 시장 규모는 우리 돈으로 치면 약 5천 조 원에 달한다. 물론 추정치이기는 하지만 시장의 크기가 어느 정도인지 가늠하기는 충분하다. 이는 곧 새로운 가치가 만들어내는 부가가치의 크기다.

서양 자본이 주도했던 이 시장의 왕좌를 차지하기 위해 가장 맹렬하게 달려나가는 건 중국 재벌과 기업들이다. 중국 최초의 홀리스틱 웰니스holistic wellness 리트리트는 약 18만 제곱미터가 넘는 부지에 우리 돈으로 약 6천억 원의 예산을 들여 커뮤니티라는 의미를 담은 산스크리트 어로 이름을 붙인 '상하 리트리트'Sangha Retreat를 만들었다. 이 프로젝트를 진행할 때만 해도 웰니스 개념을 도입한 리조트는 무척 생소한 시도였다. 중국 안팎에서도 이 프로젝트 자체를 낯설어 하는 시선이 역력했고, 이 프로젝트를 맡아 진행한 나에게도 미심쩍은 시선이 향하곤 했다. 하지만 이제는 완전히 달라졌다. 기업체와 사업가들이 앞다퉈 공격적인 비즈니스를 시도하고 있고, 실제로 '클럽메드'를 포함한 100개의 자회사를 가진 중국의 '푸싱'Fosun 그룹, 중국판 웰니스 호텔을 시작한 '아난디 호텔 그룹', 오스트리아 'FX Myre'의 중국 판권을 가진 사업가 등이 중국 지역 정부와 콜라보 형식을 취하는 등 상상할 수 있는 모든 방법을 동원하여 주도권을 쥐기 위해 분투하고 있다. 중국 이외에도 싱가폴의 'COMO그룹', 태국의 'GOCO Hospitality' 등도 관련 업계에서 두각을 나타내고 있다.

웰니스 시장에서 우리는 어디쯤?

그렇다면 질문이 없을 리 없다. 우리는 어디까지 왔느냐 하는 것이다. 아직까지 국내에 제대로 된 웰니스 콘셉트를 반영한 호텔이나 리조트는 찾아볼 수 없다. 부분적인 시도가 있긴 하지만 그것만으로는 업계에 명함을 내놓기 어렵다. 웰니스 호텔이나 리조트는 명상, 사운드 힐링, 마인드풀니스Mindfulness 등의 단발성 프로그램으로 진정한 가치를 만들어낼 수 없기 때문이다. 웰니스 호텔은 일반 호텔의 객실 판매와는 개념이 완전히 다르다. 객실과 웰니스 프로그램을 하나로 묶어 판매하는데, 이는 곧 고객들로 하여금 치유라는 새로운 경험을 누리게 하고, 그 경험 자체를 가치화하는 것이다. 때문에 프로그램의 형식과 유형이 아닌 그 안에 담긴 진정성이 무엇보다 중요하다. 진정성이란 고객의 상태를 제대로 진단하고, 이를 통해 잘못된 라이프 스타일의 개선을 돕겠다는 의지에서 출발한다. 실제로 오늘날 웰니스 리조트 분야에서 정상을 차지하고 있는 '아만 리조트 스파 웰니스' 총책임자 유키 기요노는 웰니스 리조트의 가장 중요한 점은 바로 '설득력 있는 좋은 진단을 통해 잘못된 라이프 스타일을 고칠 수 있도록 의지를 가지고 돕는 것'이며, '진단 과정에서 고객에 대한 설득이 잘 이루어지면 평소 잘못된 생활 습관을 고치는 여정을 시작하는 것이 한결 쉽다'고 말한다.

그의 말대로 진단과 의지가 맞아떨어지면 어떻게 될까. 이는 곧 고객의 신뢰로 이어진다. 신뢰가 이루어진 뒤에는 누구나 생활 습관을 고치는 일은 단발성으로 해결할 수 없음을 알고 있으니 정기적인 방문으로 이어지게 된다. 유키 기요노 역시 '잘못된 생활 습관을 고치기 위해서는 정기적인 방문이 효과적'이라는 점을 빼놓지 않고 언급했다.

호텔의 성공 여부는 앞에서도 말했듯 한 번 찾은 고객이 다시 찾아오는 비율로 판가름된다. 그런 면에서 보자면 정기적인 방문이 자연스럽게 이루어지도록 질 높은 프로그램을 운영한다면, 웰니스 호텔, 웰니스 리조트야말로 성공적인 비즈니스 모델의 유전자를 이미 확보한 셈이다. 이는 곧 특별한 이벤트의 장소로 여겨지던 호텔이 이제는 일상에서 누릴 수 있는 고가의 서비스로 전환되었음을 뜻하기도 한다. 수많은 호텔업계 리더들이 웰니스에 주목하고 시장의 왕좌를 차지하기 위해 보이지 않는 전쟁을 치르는 데는 다 이유가 있는 셈이다.

다시 질문으로 돌아와 한국에서의 웰니스는 어떻게 구현할 수 있을까. 결론부터 말하자면 가능성은 이미 충분하다. 베트남 출신 틱낫한 스님이 만든

'플럼 빌리지'Plum Village는 치유를 위한 곳이다. 전 세계인들이 미국, 유럽, 호주, 아시아 곳곳에 있는 이곳을 찾는다. 명상 등을 통한 치유 경험을 하기 위해서다. 그런 특징으로만 놓고 보자면 한국의 템플 스테이는 한국형 웰니스의 좋은 기반이 될 수 있다. 그뿐만이 아니다. 웰니스 산업 종사자들이 새로운 가능성을 찾아 나설 때 가장 먼저 염두에 두는 것은 지리적인 특징이다. 자연환경과 지리적 특징이 만들어내는 독특한 분위기, 성스러운 기운이 느껴지는 곳이라면 최적지다. 그런 시각으로 우리 안을 돌아보면 눈에 들어오는 지역이 한두 곳이 아니다. 전 세계 고인돌의 약 70퍼센트가 모여 있다는 고창, 염전으로 유명한 신안, 산세의 독특함이 눈길을 끄는 진안의 마이산을 비롯해 흥미로운 곳을 열거하자면 끝이 없다. 이런 곳에 한의학과 그 지역에서 생산하는 식재료, 한국의 문화 콘텐츠를 결합한다고 상상해 보자. 세계 어느 곳에도 뒤지지 않는 저력이 우리 안에 있고, 이미 이런 가능성을 염두에 둔 외국인들의 관심이 증폭되고 있다. 늦지 않게 한국이 웰니스 시장에 합류한다면, 전 세계적으로 새로운 가능성을 지닌 곳으로 주목받을 것이며, 나아가 다채로운 한국의 지역 문화를 세계에 널리 알릴 기회를 얻게 될 것은 자명하다.

코로나19,
세상을 변화시키듯 호텔도 변화시키다

코로나19는 예외 없이 호텔 산업의 패러다임 자체를 흔들어 놓았다. 코로나19 발생 초기에는 투숙객이 순식간에, 완전히 사라졌다. 뷔페 레스토랑도 한

동안 문을 닫았다. 어떻게든 객실 하나라도 팔아야 하는 호텔에서는 그동안의 콧대를 꺾고 홈쇼핑 채널에 진출했고, 헐값 광고가 온라인 여행 플랫폼에 줄을 이었다. 오후 체크인, 오전 체크아웃이라는 공식도 무너졌다. 싸구려 모텔이나 여관 등에서나 볼 수 있던 객실 대실 개념이 럭셔리 호텔에도 등장했다. 물론 표현은 여전히 고급스럽다. 또다른 파격도 이어졌다. 호텔에서 24시간, 또는 36시간을 머물게 함으로써 2박 객실을 1박 반의 가격으로 판매한다.

해외 호텔들 역시 고육책을 내놓았고 스페인에서는 하루 사용료만 내면 호텔 객실을 개인 사무실로 쓸 수 있게 했다. 영국에서는 아예 객실에 사무용 책상을 전면 배치하고, 전담 직원을 배정해서 고객의 요구를 들어주는 버틀러 서비스Butler Service를 시작했다. 미국에서는 원격 수업을 하는 아이들을 위한 특별 상품을 내놓기도 했다. 부모와 함께 아이들이 호텔 객실에서 수업에 참여할 수 있도록 책상은 물론이고 수업 준비물, 도시락, 간식 등을 서비스한다. 여기에 객실 와이파이 비밀번호를 아이 이름으로 설정해 두는 등 아이들의 마음을 사로잡기 위한 세심한 배려도 잊지 않았다.

코로나19 이전 상황으로 돌아가서 누군가 2년 후 이런 일이 일어날 거라고 예견했다면 믿을 사람이 과연 얼마나 될까. 호텔업계로서는 지각 변동이나 마찬가지 상황이 실제로 일어난 셈이다. 그렇다면 이런 지각 변동은 앞으로 어떤 현상으로 이어질까.

코로나19를 겪으면서 전 인류가 공동으로 느끼는 위기의식의 수위는 한결 높아졌다. 인간의 무분별한 이기심이 초래한 재앙이라는 것에 누구도 이의를 달 수 없게 되었고, 온난화로 인한 기후 변화 앞에서 환경 보호는 지구적 캠페인의 대상이 되었다.

Sustain Responsible Operations

▷ **GOAL: Reduce environmental footprint by 15% | 30% | 45% | 50% across the portfolio by 2025** (from a 2016 baseline; for water/carbon/waste/food waste)

Water: Reduce water intensity by 15%

Carbon: Reduce carbon intensity by 30%
  - Commit to analyze the opportunity to set a science-based target

Waste: Reduce waste to landfill by 45%. Reduce food waste by 50%

Renewable energy: Achieve a minimum of 30% renewable electricity use

▷ **GOAL: 100% of MI hotels will have a sustainability certification, and 650 hotels will pursue LEED certification or equivalent by 2025**

Sustainability Certifications:
  » By 2025, 100% of hotels will be certified to a recognized sustainability standard
  » By 2025, 650 open or pipeline hotels will pursue LEED certification or equivalent

Sustainable Building Standards:
  » By 2020, LEED certification or equivalent will be incorporated into building design and renovation standards, including select service prototype solutions for high growth markets*
  » By 2020, 100% of all prototypes will be designed for LEED certification*
  » By 2025, MI will partner with owners to develop 250 adaptive reuse projects
  MI's new global HQ will achieve a minimum of LEED Gold certification

▷ **GOAL: Responsibly source 95% in our Top 10 priority categories by 2025**

Responsible Sourcing: By 2025, responsibly source 95%, by spend, of its top 10 categories

환경 보호에 앞장서겠다는 호텔들의 선언
■

글로벌 호텔 그룹들마다 다양한 정책을 담은 보고서를 채택함으로써 환경 개선을 위해
호텔의 근본적인 운영 방침을 바꾸겠다고 선언했다. 이는 곧 지구 환경 보호에 앞장서겠다는 선언이기도 하다.

IHG HOTELS & RESORTS

Reduce our energy use and carbon emissions in line with climate science

Our 2030 commitments

- Implement a 2030 science- based target that delivers:
  - 15% absolute reduction in our direct operations
  - 46% per m² reduction in franchise operations

- Target 100% new build hotels to operate at very low/zero carbon emissions by 2030
- Maximise/optimise the role of renewable energy

호텔업계 역시 이에 동참하는 것은 물론 좀 더 근본적인 변화를 고민하고 있다. 전 세계 지도를 펼쳐 보면 '윈담 호텔 그룹'이 운영하는 호텔은 약 9천 개다. '메리어트 호텔 그룹'은 약 8천여 개다. 여기에 '하얏트', '힐튼', '아코르' 등 소위 글로벌 호텔 그룹들의 숫자를 합하면 어마어마하다. 이 호텔들이 하루에 쏟아내는 온갖 쓰레기, 탄소 배출량, 사용하는 전력, 물, 에너지 등은 가늠조차 할 수 없다. 수도 없이 이루어지는 신축 공사, 리노베이션 현장 등에서 나오는 폐기물은 생각만으로도 아찔하다.

때문에 아이러니하게도 호텔들의 동참은 그 파급력 또한 어마어마하다. '힐튼 호텔 그룹'은 'Travel With Purpose'라는 이름의 ESG 리포트를, '하얏트 호텔 그룹'은 '2020 지속적 환경 보호를 위한 정책'Environmental Sustainability Strategy을, '메리어트 호텔 그룹'은 2019년 '지속 가능한 정책'Sustainable Policy 등을 내걸며 환경 개선을 위해 호텔의 근본적인 운영 방침을 바꾸겠다고 선언했다. 지구 환경 보호에 앞장서겠다는 선언이기도 했다. 대체적인 방향은 크게 에너지와 물 절약과 쓰레기와 이산화탄소 배출량을 줄이겠다는 것이었다. 여기에 더해 책임 있는 구매 정책을 포함시켰다. 이런 내용을 호텔 전체 운영 매뉴얼에 반영하고, 직원 교육을 시행하겠다고 나섰다. 이러한 호텔들의 움직임은 연쇄적으로 납품 업체들의 변화 역시 촉구했다. 호텔에 음식이든 물건이든 계속해서 납품을 하려면 친환경 요소를 추가하라는 요구가 당연시되었다.

또한 코로나19는 호텔의 근본적인 개념을 변화시킬 것이다. 화려하고 찬란하고 편리한 서비스를 우선 추구하던 것에서 인류의 공존이라는 대의를 장착한 새로운 가치를 지향하는 모습으로 거듭날 것이다.

코로나19 이전까지만 해도 여행의 목적은 즐기는 데 있었다. 쇼핑이든 식도락이든 풍경이든 체험이든 여행자의 즐거움을 극대화하는 것이 가장 중요했다. 하지만 코로나19를 겪은 뒤의 여행은 사뭇 달라질 것이라고 관련 업계는 내다보고 있다. 이와 관련해 여행업계에서도 여러 가지 전망이 속출한다. 그 가운데 눈길을 끄는 건 재생 여행regenerative tourism이다. 즉, 그저 즐기는 것이 주요 목적이었던 이전에 비해 여행지의 자연 환경 보호 또는 복원을 위해 어떻게든 기여를 하고 돌아오는 걸 목적으로 삼는다. 우리가 다녀온 곳에 남기고 돌아온 어마어마한 쓰레기를 생각하면 쉽게 고개가 끄덕여질 것이다.

『워싱턴 포스트』에서는 이런 경향을 발빠르게 포착, 실제로 재생 여행에 관한 스토리텔링이 가능한 인플루언서를 찾는다는 광고를 내보냈다. 뽑힌 사람에게는 『워싱턴 포스트』의 뉴스룸 인프라와 편집자는 물론 피디까지 제공한다는 내용이 포함되어 있었다. 이런 분위기라면 환경 보호라는 전 지구적 캠페인과 맞닿아 있기도 하니, 머지 않아 어느 해변가의 플라스틱 쓰레기를 치우러 가는 여행 상품이 등장할 수도 있겠다. 그렇게 되면 머무는 호텔 역시 친환경을 모토로, 지역의 건축 재료를 최대한 활용하여 지어야 한다는 요구 역시 자연스럽게 이어지지 않을까.

중국 티베트 근처 쓰촨성의 '등룽운허삼림학교'는 폐허가 된 전통 가옥을 개조한 곳이다. 이곳에서는 여행객들을 대상으로 그 지역의 문화를 접하고 직접 농사를 지어 보는 프로그램을 운영하고 있다. 지역민들이 여행객들을 안내한다. 이곳을 다녀간 여행객들은 쓰촨성의 문화를 직접 경험하면서 동시에 독특한 문화와 자연을 보존하는 데 일조했다는 자부심도 느낀다. 물론 지역민들에게는 수익이 확보되니 더 좋은 일이다. 이런 선순환의 장점을 알아차린 미국 '포드'Ford 재단에서는 이곳을 에코투어리즘의 쇼케이스로 선정하

등룡운허삼림학교
■

중국 티베트 근처 쓰촨성의 등룡운허삼림학교는 폐허가 된 전통 가옥을 개조한 곳이다. 이곳을 다녀간 관광객들은 쓰촨성의 문화를 직접 경험할 수 있고 독특한 문화와 자연을 보존하는 데 일조했다는 자부심도 느낀다. 물론 지역민들에게는 수익이 확보되니 더 좋은 일이다.

장기 투숙객을 위한 호텔의 객실

■
호텔의 서비스는 이용하면서 익숙한 일상의 공간
으로 활용할 수 있는 객실 형태가 앞으로는 더
늘어날 것이라는 전망이 우세하다.

기도 했다.

　눈에 띄는 전망은 더 있다. 이후에는 여행을 자주 가지는 않지만 한 번 가면 오래 머물다 오게 될 것이라는 예측이다. 이는 곧 호텔에 머무는 기간이 길어진다는 걸 의미하고, 나아가 장기 투숙형 객실이 많이 필요해질 거라는 뜻이기도 하다.

　실제로 출장객이 많이 모이는 대도시의 일부 호텔에서는 장기 투숙객을 위해 별도의 객실 형태를 마련, 작은 주방이나 세탁기를 포함시켜 왔다. 호텔의 서비스는 이용하면서 동시에 익숙한 일상의 공간으로 활용할 수 있게 하는 셈이다. 이는 확장해 설명하면 호텔과 주거의 접목이 이미 가시권 안으로 들어와 있다는 의미이기도 하다. 이런 추세가 확산된다면 호텔과 주거를 접목한 레지던스는 더 늘어날 것이 분명하다. 이미 국내에도 신세계의 대전 '오노마 호텔'에서 이와 같은 서비스의 접목을 시작했다.

호텔,
끝없는 실험과 변화의 길 위에 서 있는 그 무엇

길 떠나온 과객에게 소박한 잠자리를 내주던 것에서 공무를 집행하는 관리들을 위한 국가 차원의 서비스를 거쳐 철도와 고속도로의 개발, 자동차 보급과 경제 성장에 발맞춘 여행 산업의 증가로 인한 호텔의 등장과 업계의 발전을 거쳐 우리에게 익숙한 호텔의 이미지가 만들어졌다. 이후 인터넷을 기반으로 이전에 없던 신속하고 편리한 온라인 여행 플랫폼이 등장했고, 글로벌 호텔 그룹의 번영기, 참신한 아이디어와 MZ세대의 감성에 맞아 떨어지는 개성 넘치는 숙소의 시대까지 호텔이 걸어온 길은 참으로 변화무쌍하다.

나아가 잠시 머무는 공간이라는 기능에 충실했던 때로부터 휴식과 휴가의 장소로 그 역할이 확장된 호텔은 이제 또다른 가치의 창출로 엄청난 규모의 시장 잠재력은 물론 현대인들의 잘못된 라이프 스타일 개선의 대안으로까지 떠오르고 있다.

이렇듯 우리가 1년에 한두 번 큰마음 먹고 찾는 호텔이라는 공간은 우리 일상과 저만큼 떨어져 존재하는, 온통 화려함으로만 무장한 공간이라기보다 과거로부터 지금까지 소비자들의 요구를 반영하면서 새로운 가능성을 향해 한발 앞서 전진해 온 공간이다. 그리고 지금 우리 눈앞의 호텔은 지금껏 상상하지 못한 새로운 가치의 구현을 향해 여전히 전진 중이다. 불과 얼마전까지 별개로 여겨지던 주거, 업무, 치유 등의 기능이 호텔과 접목하여 새로운 형태의 공간이 등장하고 있고, 무형의 경험이 유형의 서비스로 가시화되고 있다. 그러나 이것이 끝이 아니다. 호텔이라는 곳이 기존의 공간과 개념을 바탕으로 새로운 가치와 개념을 어떻게 소화해서 어떤 식으로 접목해 무엇을 보여줄지는 아무도 모른다. 어쩌면 호텔이란 '공간'이라는 하드웨어와 '인간의 경험'이라는 소프트웨어를 시대 변화에 맞게 발 빠르게 조합, 실험하는 곳이라고 할 수 있겠다. 그렇게 보자면 호텔의 정의는 새로운 실험 또는 끝없는 변화라는 길 위에서 늘 달라지는 것일지도 모르겠다.

제 3 장
진입

Arrival & Sensory Experience

호텔과의 첫만남,
언제 어디서부터?

낯선 곳에 이제 막 도착해 멀리서 익숙한 호텔 로고를 발견할 때를 떠올려 보자. 다 왔다는 안도감에 저절로 휩싸인다. 드디어 호텔 안으로 진입하는 순간이다. 대개의 투숙객들은 서둘러 프론트 데스크로 직진한다. 객실을 안내 받고 엘리베이터를 타고 방으로 들어가는 것이 물 흐르듯 자연스럽게 이어진다. 하지만 호텔 로고를 발견하는 순간부터 객실로 들어가기 전까지, 그 찰나의 순간을 잠깐 돌이켜보자. 수많은 전문가가 바로 '당신'을 위해 준비한 특별함이 그 순간에 집약되어 있다.

호텔과 만나는 최초의 순간은 언제일까. 눈에 잘 보이는 곳에서 반짝이는 호텔 로고를 발견한 바로 그때다. 이른바 외부 간판이다. 그것은 우연히 거기에 있는 게 아니다. 지극히 당연하게도 바로 그 자리에 있어야 하는 이유로 인해 그곳에 존재한다.

호텔 로고 하나를 밖에 설치하기 위해 수많은 논의와 기준이 총동원된다. 일반적으로 외부에 설치하는 로고는 호텔 건물 정면 또는 측면 꼭대기에 설치한다. 도보 또는 대중교통으로 이동하는 경우의 수는 물론 자동차로 오는 고객들이 멀리서도 쉽게 볼 수 있게 하는 것이 존재의 이유다.

호텔 가까이로 다가갈수록 외부 로고는 시야에서 사라진다. 그리고 곧 이어지는 입구부터 등장하는 안내판은 정확하게 정문으로 우리를 자연스럽게 안내한다. 설치 높이는 당연히 세심한 조율을 거친다. 입구 안내판은 자동차로

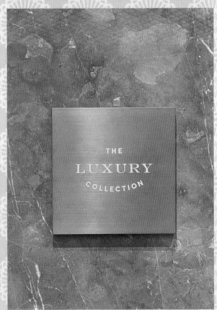

저 멀리 반짝이는 호텔 로고들

호텔 로고 하나를 밖에 설치하기 위해 수많은 논의와 기준이 총동원되는 것은 물론이다.
로고는 보는 사람의 눈높이를 고려하여 설치한다. 멀리서도 쉽게 볼 수 있게 하는 것이 존재 이유이기 때문이다.

들어오는 이들의 눈높이에 맞춘다. 즉 앉아서 들어오는 이들의 눈높이다. 그 부근에는 조형 안내판이 서 있게 마련이다. 이번에는 걸어서 들고나는 이들을 고려한다. 즉 서 있는 이들의 눈높이다. 호텔 안으로 들어가면 주요 공용 공간을 안내하는 안내판이 자연스럽게 이어진다. 이른바 방향 표시다. 낯선 공간에서 길을 잃지 않도록 어디로 가면 어디가 나오는지 말없이 안내한다.

글로벌 호텔 그룹의 경우 한 호텔 안의 모든 안내판은 브랜드 성격에 맞춰 정해둔 기준에 따라 제작된다. 이를 위해 서체, 크기, 마감재, 색깔 등을 아우르는 매우 엄격하고 세부적인 기준을 마련해 둔다. 그래야만 고객들이 어떤 도시, 어떤 나라에 가더라도 같은 브랜드의 호텔을 쉽고 직관적으로 찾을 수 있다.

이런 기준에서 벗어나는 경우도 없지는 않다. 주로 다른 건물의 몇 개 층만 사용할 때다. 건물 외관에 설치하는 호텔 로고는 협상을 통해 건물주의 승인을 받아야 한다. 협상의 결과에 따라 위치가 조금씩 달라지기도 한다. 때로는 외부에 설치하는 로고의 개수를 조정할 때도 있다. 도시 관공서의 엄격한 기준을 따라야 할 때가 그렇다.

호텔을 짓고 만드는 건 혼자 할 수 없다. 단계마다 조력자가 필요하다. 첫 단계부터 함께 할 파트너는 바로 브랜딩 에이전시다. 이들은 무슨 일을 하는가. 쉽게 설명하자면 추상적인 개념을 구체화시키는 일을 한다. 즉 구상 단계에서 누군가의 머릿속에 있는 호텔을 다양한 시장 분석을 통해 글과 이미지, 동영상 등으로 구체적으로 구현한다. 이른바 호텔의 지향점을 정립해 눈앞에 제시한다. 어떤 브랜딩 에이전시를 만나느냐에 따라 결과물은 사뭇 달라진다. 때문에 브랜딩 에이전시와 계약할 때는 결코 화려한 이력이나 비용만을 고려하지 않는다. 오너는 아날로그 분위기를 선호하는데 브랜딩 에이전시에서는 첨단의 디지털 감성을 추구한다면 그 호텔은 산으로 갈 공산이 크다. 오너가 생각하는 스토리텔링의 결을 이해하는 브랜딩 에이전시와의 궁합은 무척 중요하다. 호텔의 브랜드 전반을 구축하는 내내 수많은 선택과 결정의 과정을 거치기 때문이다.

이런 존재가 꼭 필요한지 되묻는 이들이 간혹 있다. 규모가 일정 이상 되는 호텔 프로젝트에서 브랜딩 에이전시에 지불하는 비용은 대략 2~5억 원 내외다. 결코 적지 않은 비용이다. 하지만 이들은 호텔의 브랜드 정의, 브랜드 포지셔닝은 물론 경쟁 호텔 분석을 통해 비즈니스 전략과 방향을 제시하고, 고객들이 이 호텔에서 누릴 수 있는 특별한 서비스, 주요 예상 고객 분석, 브랜드 상징 요소 등을 구체화된 형태로 제시한다. 즉, 시장에서 호텔 브랜드를 보여주는 시각 자료 일체를 책임진다. 하는 일은 더 있다. 이전 단계에서 완성한 브랜드 포지셔닝을 이 호텔만의 언어로 표현하는 작업이다. 브랜드 경험이다. 쉽게 말해 브랜드 개념을 호텔 디자인 언어로 해석하고 나아가 고객이 이 공간에서 누릴 수 있는 경험을 묘사하여 제시한다. 즉, 비용을 치를 만한 이유가 있으니 치르는 것이다.

공간과 고객이 누릴 경험을 시각적으로 구현하는 작업이 끝나면 세부 작업에 들어간다. 즉 일정한 콘셉트를 반영한 호텔 이름, 로고, 홍보용 자료들의 서체, 사진 스타일, 간판 및 안내문의 디자인 등 브랜드 아이덴티티 수립을 위한 세부 작업이다. 이 과정에서 앞으로 호텔에서 지켜야 할 무수히 많은 가이드라인이 산출된다.

이 가이드라인에 따라 건물 내외부 디자인, 어메니티amenity, 운영 방향 등 많은 부분이 진행되어야 함은 물론이다. 즉, 브랜드 아이덴티티가 호텔의 모든 공간부터 눈에 보이지 않는 고객 서비스에 이르기까지 철저하게 녹아들어 실행되는 것까지가 이들의 할 일이다. 즉, 브랜딩 에이전시는 곧 호텔 브랜드의 초석을 닦는 역할을 한다. 하지만 국내에서는 단지 로고를 만드는 곳으로 가볍게 치부하는 경향이 있다. 안타까운 일이다.

다시 하던 이야기로 돌아와, 이번에는 로고 설치 과정을 간략히 살펴보기로 하자. 이를 위해서는 호텔을 둘러싼 다양한 주체들을 먼저 이해해야 한다. 호텔 하나를 만들기 위해서는 여러 주체가 존재한다. 우선 호텔의 오너, 즉 소유주가 있다. 호텔의 실질 주인이다. 호텔을 제대로 짓기 위해 단계별로 컨설턴트가 있다. 그리고 호텔 건물을 짓는 시공사가 있다. 컨설턴트와 시공사는 대개 소유주가 지정한다. 그리고 완공 후 호텔을 운영하는 운영사가 있다. 이 운영사가 글로벌 호텔 그룹인 경우 운영사는 소유주에게 호텔 전반에 관한 가이드라인, 즉 브랜드 스탠다드를 제공한다. 여기에는 호텔의 로고를 어떻게 만들어 설치할까에 관한 모든 기준이 제시되어 있다.

로고의 첫 단계는 컨설턴트팀에서 운영사 기준에 맞게 시안을 만드는 것으로 시작한다. 이를 운영사가 서체, 색깔, 크기, 위치 등 모든 것을 기준에 맞는지 꼼꼼하게 검토한 뒤 승인한다. 승인을 받은 뒤 소유주 또는 시공사는 제작을 진행하고 설치를 마무리한다. 설치가 다 끝난 뒤 운영사는 다시 점검을 거쳐 이상 유무를 확인한다. 문제가 없다면 이걸로 로고 설치는 완료다.

건물 안팎의 로고 및 안내판은 대부분 오픈 직전에 설치한다. 고객들에게 호텔 곳곳의 길잡이 역할을 제대로 하기 위해서는 세심한 주의가 필요하다. 하지만 나를 비롯해 오랜 시간 호텔을 준비해 온 모두에게는 또다른 의미가 있다. 건물 안팎에 로고 및 안내판을 설치한다는 것은 바로 이 지난한 작업이 드디어 완료되었다는 사인이다. 호텔 하나가 문을 열기 위해서는 준비 기간부터 짧게는 1년 반 길게는 4년 정도의 시간이 필요하다. 그러니 호텔은 그 자체로 기나긴 여정의 결과물인 셈이다. 수많은 사람들이 수많은 변수를 함께 헤쳐 나가야만 비로소 호텔 하나의 문을 열 수 있다. 때문에 오픈 직전 안팎에 설치하는 로고며 안내판은 이제 드디어 끝났구나, 하는 사인이자 이제 마음을 놓아도 좋다는 상징이기도 하다.

문이 열리기 전,
이미 진입

다시 정문으로 돌아가 보자. 우리가 경험할 곳은 글로벌 호텔 그룹 중 하나다. 규모가 클수록 정문에 각별히 신경을 쓰게 마련이다. 호텔 정문의 정확한 용어는 포티코쉐어Porte Cochère다. 건물 진입 전 마차가 통과할 수 있을 정도의 지붕을 갖춘 공간을 뜻하는 프랑스어에서 온 말이다. 루이 14, 15세 시절 궁전 등에서 흔히 볼 수 있던 것으로, 뜻밖에 호텔에서 그 기능을 활용하고 있다. 마차는 아니지만 자동차에서 내린 손님들이 비나 눈을 맞지 않고 정문을 통과할 수 있게 하기 위해서다.

글로벌 호텔 그룹은 상위 브랜드에 최소한 2~3차선을 포티코쉐어로 확보할 것을 요구한다. 정차된 차에서 손님이 내릴 때 다른 차들의 동선을 방해해서는 안 되기 때문이다. 서울에서 이런 포티코쉐어를 갖춘 곳은 명동의 '롯데호텔', 반포 'JW메리어트', 명동 '웨스틴 조선', 광장동 '그랜드 워커힐'과 '비스타 워커힐', '조선팰리스' 등을 꼽을 수 있다. 그렇다고 모든 호텔의 정문에 전형적인 포티코쉐어를 둘 필요는 없다. 예를 들어 호텔 정문이 지하 1층인 경우 굳이 지붕 형태를 고수할 이유가 없기 때문이다. 대기 차량과 통과 차량의 충돌이 일어나지 않을 정도의 공간만 확보해도 호텔 정문으로서는 별 문제가 없다.

땅값이 비싼 도심의 호텔에서 2~3차선의 공간을 할애하는 건 만만치 않다. 하지만 글로벌 호텔 그룹이라면 자동차에 오르고 내리는 그때부터 접객이 시작된다는 걸 알고 있다. 때문에 값비싼 땅을 할애하는 것에 주저하지 않는다. 그도 그럴 것이 모처럼 찾은 호텔 정문에서 오도가도 못하고 꼼짝없이 차 안에 갇혀 있어야 한다고 생각해 보라. 한 번 그렇게 불편한 경험을 하고 나면 호텔의 인상은 완전히 달라질 수밖에 없다. 다시 방문할 기회를 스스로 버리는 셈이다. 고객의 첫 도착 지점을 옹색하게 만들어 고객을 잃는다면 어느 쪽 손해가 더 클까. 호텔들이 도로와 같거나 또는 높은 위치에 포티코쉐어를 두어 비바람 치는 날씨에도 상관없이 기분 좋게 정문으로 들어갈 수 있도록 배려하는 이유가 따로 있다.

차에서 내리면 대기하던 벨맨이 환영 인사를 건네며 짐을 받는다. 벨맨이야말로 호텔의 가장 중요한 존재다. 호텔과 손님의 첫번째 최접점에 그들이 있다. '포시즌 호텔' 창립자 이사도어 샤프 역시 벨맨이야말로 호텔의 첫인상

이용자에 따라 변화하는 포티코쉐어

■

말과 마차가 드나들던 공간은 자동차가 드나들면서 달라질 수밖에 없다. 위는 1910년 미국
'The Mount Washington Hotel'의 입구를 그린 것이고, 아래는 같은 곳의 리모델링 이후 사진이다.

옛날과 오늘, 서양과 동양의 포티코쉐어

전형적인 서양 건축물의 포티코쉐어와
오늘날 호텔의 포티코쉐어다.
생긴 건 달라도 존재 이유는 비슷하다.
위는 1864년 미국 코네티컷 주 노워크의
'Lockwood-Mathews Mansion' 입구이고,
아래는 조선팰리스 호텔 입구다.

벨맨 데스크와 벨맨 접객 모습

■

같은 일을 해도 어떤 태도로 하느냐에
따라 호텔의 첫인상이 달라진다.
그 때문에 벨맨의 중요성은 아무리 강조
해도 지나침이 없다.

을 좌우하는 중요한 존재라고 특히 강조했는데, 나 역시 이에 동의한다.

자동차 주정차 서비스, 조명, 배경 음악, 카트 보관소, 벨맨 데스크까지 정문을 통해 그 호텔의 인상을 좌우하는 요소는 한둘이 아니다. 각기 다른 역할, 성격을 지닌 이 요소들의 배치는 그래서 늘 신중해야 한다. 직원들의 서비스 동선이 꼬이거나 손님들로 하여금 번잡한 느낌을 갖게 하는 배치는 최악이다. 같은 일을 해도 직원들의 업무 태도는 여유 있고 능숙해 보여야 하고, 어떤 일이 일어나도 효율적이고 신속하게 대응할 수 있을 듯한 인상을 주는 것이 중요하다. 어떤 게 최고의 배치일까. 호텔들마다 최고의 배치를 위해 매번 치열하게 고민하고 있지만 아쉽게도 정답은 없다.

호텔 로비,
이곳에서 누릴 모든 경험의 서막

정문을 지나면 곧 로비다. 호텔의 규모에 따라 로비의 이미지는 사뭇 다르지만 정문에서 받은 다양한 느낌은 보통 로비로 들어오면서 증폭된다. 럭셔리급 호텔은 마치 드레스라도 차려 입고 파티장에 들어가는 것 같기도 하다. 위층과 연결하는 원형 계단이 자연스럽게 떠오른다. 글로벌 호텔 그룹 기준으로 천장 높이는 최소 4.7미터가 확보되어야 한다.

비즈니스 호텔 로비는 군더더기 없이 기능에 충실한 디자인이 공간을 구성한다. 젊은 세대 취향의 호텔이라면 로비에 들어선 순간부터 어쩐지 들썩들썩한 분위기다. 로비는 호텔의 유형이나 규모에 맞게 각각의 브랜드 기준에 맞게 연출된 무대 세트 또는 사교 클럽 연회장 같은 곳이다. 겉모습은 다르지만 모든 호텔 로비의 궁극적인 목적은 이것이다.

'각자의 방식으로 고객을 맞이하고 환영하되, 일상적이지 않은 공간 경험의 시작일 것.'

호텔에서 좋은 공간을 경험한 고객이라면 재방문 비율이 높게 마련이다. 이는 곧 수익과 직결된다. 따라서 호텔마다 공간 경험의 효과를 극대화하기 위해 온갖 노력을 다하고 있다. 공간 경험의 효과는 무엇으로 극대화할 수 있을까? 오감의 감동이다. 호텔이라는 공간을 통해 시각, 청각, 촉각, 후각, 미각으로 나뉘는 오감 전체를 한꺼번에 자극할 수 있다면, 그런 경험을 갖게 한다면 고객들은 이성이 아닌 감성으로 공간을 오래 기억하게 된다. 그렇게 기억한다면 다시 찾을 가능성은 저절로 상승한다. 그렇다면 호텔 로비에서는 어떻게 오감의 감동을 만들어 낼 수 있을까? 태국 푸껫 'JW메리어트 호텔' 로비에 들어서면 마치 액자에 담긴 것 같은 바다가 가장 먼저 눈에 들어온다. 오랜 비행으로 지친 손님을 자연 그 자체로 환대하는 느낌이 감동적이다. 눈이 시원해지고 가슴이 편안해진다. 중국 상하이 '더 풀리The Puli 호텔' 로비에 들어서면 도심의 복잡함과는 대조적으로 간결하고 반듯한 디자인, 아름다운 고가구, 시선 끝에 자리한 대나무 정원이 단정하게 기획되어 있다. 복잡하고 시끄러운 머리를 단번에 진정시킨다. 마천루로 가득한 뉴욕의 거리를 걷다 들어간 '비크만Beekman 호텔' 로비는 아름다운 주철 디테일로 가득한 아트리움이었다. 분주하고 정신없는 도시의 오아시스 같기도 하고, 마치 19세기 영국 빅토리아 시대로 돌아간 것처럼도 느껴졌다.

눈에 보이는 것의 효과가 이렇다면 귀에 들리는 것은 어떤 느낌을 줄 수 있을까. 어떤 공간에서나 음악의 역할은 매우 크다. 공간의 인상을 좌우하는 것은 물론이고 다양한 감정을 일으키기도 한다. 누군가의 기억을 불러일으키기도 하고, 또 누군가의 기분 전환을 돕기도 한다. 음악을 통해 호텔의 이미지를 강렬하게 각인시키기도 한다.

호텔마다 배경 음악 선곡은 무척 신중하게 이루어진다. 서울 익선동의 호텔 '목시'는 젊은 세대를 주 고객층으로 삼았다. 이런 브랜드 이미지를 강렬하게 드러내기 위해 입구 그래피티와 함께 나이트클럽에 온 것 같은 분위기의 음악을 주로 선곡한다.

호텔 로비에서 음악을 틀기 시작한 것은 1920년대부터였다. 지나치게 고요하고 조용한 분위기를 가리기 위해서였다. 하지만 지금은 음악 그 자체가 가져오는 효과의 극대화에 집중한다. 음악 전문가를 통해 로비뿐만 아니라 공간마다 성격에 맞는 각기 다른 장르의 음악 목록을 구성하기 시작한 것도 오래되었다. 예를 들면 이런 식이다. 로비에서는 환영의 의미를 담은 음악을 선택하되 아침, 점심, 저녁의 선곡이 달라진다. 레스토랑에서는 음식 먹는 속도가 빨라지도록 약간 빠른 템포의 음악을 선택함으로써 테이블 회전율을 높이려고 하고, 피트니스 센터에서는 비트가 섞인 음악을 통해 활동감을 극대화한다.

호텔 로비에서 촉각의 경험이라면 낯설게 여겨질 수도 있겠다. 하지만 호텔의 서비스는 고객이 미처 염두에 두지 않는 부분까지 고려한다. 로비에 들어서는 문의 손잡이, 라운지에 잠시 앉았다 일어서는 소파 패브릭, 찻잔, 테이블 등 손에 닿는 모든 것에서 느끼는 촉감은 사전에 검토를 끝낸 세심한 설계

화려함의 전형을 보여주는 호텔 로비
누가 누가 더 화려한가, 누가 누가 더 찬란한가. 특급 호텔들이 펼치는 특급 진검승부.

화려함이 아닌 단정함으로

도심의 복잡함은 잊으라는 듯 간결하고 반듯한 디자인과 시선 끝의 대나무 정원이 이곳의 승부수다.

현란한 그래피티로 드러낸 지향점
■
눈으로 보고 있자니 쿵쾅거리는 음악 소리가 들리는 것 같다.
호텔 로비라는 전형에서 어떻게든 벗어나겠다는 의지의 표현.

호텔 로비 구성의 숨은 뜻
■
호텔 로비의 구성에도 강조할 것과 그렇지
않은 것의 조화가 필요하다. 적절한 리듬이
없다면 손님들은 로비에서 길을 잃는다.

로비에서 만나는 오감 포인트
■

호텔마다 빛과 향, 음악과 가구 등을
세심하게 고려하여 배치한다.
호텔마다 그곳 로비의 오감 포인트가
어디일지 살펴보는 것도 흥미롭다.

의 결과물이다. 미각도 예외는 아니다. 체크인을 기다리는 동안 호텔에서 내주는 음료 한 잔에도 세심한 의도가 담겨 있다. 동남아시아 지역 호텔에 가면 꽃잎으로 장식한 과일 음료를 대접받곤 한다. 웰니스 호텔이라면 건강에 좋은 재료로 만든 음료를 제공한다. 웰컴 드링크 하나에도 도시와 지역, 나아가 그 호텔만의 특징이 고스란히 배어 있다. 혀끝에 스치는 고유한 맛의 경험은 호텔과 고객의 은밀한 교감의 순간이다. 이 교감이 순조롭게 이루어진다면, 나아가 좋은 기억을 남긴다면 호텔에 관한 고객의 호감도는 단숨에 올라간다.

시각, 청각, 촉각, 미각은 어쩌면 이미 익숙한 것일 수도 있다. 호텔에서 제시하는 오감의 경험 중 후각은 어떨까. 특정한 향은 사람은 물론 공간까지도 오래 기억할 수 있게 하는 마법을 가졌다. 호텔에서 로비를 채우는 향에 신경을 쓰기 시작한 것이 낯선 일은 아니지만 여기에서 나아가 일부 호텔에서는 아예 호텔 브랜드의 지향을 담아낸 시그니처향을 내놓고 있다. 서울 '조선팰리스' 호텔에서는 들어서는 순간부터 떠날 때까지 특정한 향을 경험하게 된다. '라스팅 임프레션'Lasting Impression이다. '조선팰리스' 호텔이 개발한 향이다. 이 호텔에 머문 고객이라면 이곳을 떠올리면 이 향이 덩달아 코끝에 스치는 것 같을지도 모른다. 혹시라도 다른 곳에서 이 향을 맡게 된다면 저절로 '조선팰리스' 호텔을 떠올릴 수도 있다.

이런 시그니처향으로 호텔 주요 공용 공간을 채우기 위해서는 특별한 설치가 필요하다. 바로 호텔 곳곳으로 이어지는 배기관 끝에 향을 분사하는 장치를 붙여 두어야 한다. 그런 뒤 주기적으로 공간을 향해 향을 내뿜게 만들어야 한다. 이렇게 되면 호텔의 어느 공간이나 호텔의 의도에 따라 고객들이 자연스럽게 향에 노출이 된다. 물론 문제점이 없지 않다. 필연적으로 향에 대한 고객들의 호불호가 있게 마련인데, 호텔에서 일방적으로 분사하는 향에 대해 고객들이 선택할 수 없으니 향이 마음에 들지 않는 고객들에게는 최악의 서비스를 제공하는 셈이다. 이 때문에 호텔마다 향의 도입 및 분사는 호텔 이미지 구축 회의에서 민감한 사안으로 종종 논의되곤 한다.

이렇듯 시각, 청각, 촉각, 미각에 후각까지 손님들의 오감을 자극하는 특별한 경험을 위한 호텔들의 세심한 설계가 존재한다는 것을 알았다면 정문을 통과하여 로비로 들어선 뒤 직진하듯 프론트 데스크로 곧장 향하기보다 그곳에서 경험할 수 있는 오감의 느낌은 어떤지 천천히 음미해 보는 것도 좋겠다. 그자체로도 물론 즐겁지만, 누적된 경험은 각자의 취향을 업그레이드하는 데도 도움이 된다. 호텔이 자신의 브랜드를 표현하는 동시에 나를 위한 접객의 공간이라면, 전문가들의 손길을 통해 베풀어진 오감의 경험을 통해 나의 집에서 누군가를 접대할 때 효과적으로 나를 표현하고 손님들을 세련되게 맞이할 수 있다. 즉, 호텔을 통해 각자의 공간에 오감의 경험을 배치하는 유용한 팁을 얻을 수도 있다는 의미다.

프론트 데스크, 그 이면에 흐르는 효율적인 시스템

호텔 로비는 풍성한 경험의 집약 공간이기도 하지만 고객들의 편의를 위해 다양한 역할을 수행하는 곳이라는 점도 간과할 수 없다. 대체로 호텔 로비의 기본 구성은 프론트 데스크 구간, 로비 라운지, 로비 바로 이루어진다. 하지만 규모와 등급, 공간 디자인에 따라 조금씩 달라지기도 한다. 프론트 데스크 공간과 로비 라운지만 갖춘 곳도 있고, 기본 구성 외에 레스토랑까지 배치한 곳도 있다. 최근 몇몇 부티크 호텔이나 비즈니스 호텔들에서 로비 라운지, 뷔페 레스토랑, 로비 바를 혼합하여 시간대에 따라 다른 용도로 사용하는 곳들이 종종 보인다. 1층 공간이 좁거나 스카이 로비를 염두에 둔 곳은 호텔 정문에 들어서면 작은 안내 데스크로 도착 로비를 두고, 다른 층 또는 꼭대기 층 로비로 안내하기도 한다.

로비 가운데 프론트 데스크는 특히 기능적인 면에서 신경을 써야 한다. 많은 사람들이 신속하고 효율적으로 체크인과 체크아웃을 할 수 있게 하고, 이 밖에 다양한 문제를 해결하는 것이 이 공간의 존재 이유이기 때문이다.

간혹 단체 관광객이 몰려들기라도 하면 순식간에 북새통을 이루는 곳들이 있다. 그런 풍경을 기억하는 이들이라면 그 호텔에 대해 호의적인 시선을 갖기 어렵다.

하는 일이 이렇다 보니 여행을 갈 때마다 호텔 프론트 데스크의 흐름을 지켜보곤 한다. 아무리 많은 사람이 몰려와도 우아하고 자연스럽게 손님들을 응대하는 풍경을 볼 때면 그 시스템의 아름다움에 경탄하게 된다. 그러기 위해 보이는 듯 보이지 않는 요소들이 곳곳에 배치되어 있다는 것, 일어날 수 있는 거의 모든 가능성에 대비하여 수많은 서비스들이 세심하게 설계되어 있다는 것을 짐작할 수 있기 때문이다.

그러니 호텔 로비에 들어서면 전체 공간에서 차지하는 프론트 데스크의 모습을 한걸음 떨어져서 살펴볼 것을 권한다. 프론트 데스크야말로 호텔 로비의 퀸이기 때문이다. 호텔의 수익 모델이 다양화하고 있는 추세이긴 하지만 가장 큰 수익은 객실 판매를 통해 창출된다. 때문에 투숙객이야말로 호텔의 가장 중요한 고객이다. 이들을 응대하고 객실을 안내하는 역할을 맡고 있는 프론트 데스크가 로비의 퀸이자 중심이어야 하는 것은 당연하다.

로비에서 프론트 데스크 위치 설정의 기본 중 기본은 누구라도 가장 쉽게 찾을 수 있는 곳이어야 한다는 점이다. 위치도 그렇지만 공간 구성 자체도 눈에 쉽게 띄어야 한다. 때문에 호텔에서 프론트 데스크와 그 주변 공간은 대부분 가장 높고, 크고, 화려하게 디자인한다. 성인들의 평균 키 높이 이상의 미술품 설치, 눈에 띄는 장식, 화려한 조명 등으로 강렬한 존재감을 뿜내는 것은 기본이다.

독특한 형식으로 전형을 깨는 곳도 있다. '메리어트 호텔 그룹'의 '목시'의 프론트 데스크는 로비 바에 있다. MZ세대를 주요 고객으로 삼고 있는 이 호텔에서는 칵테일 한 잔을 마시며 호텔 체크인을 하는 풍경이 전혀 낯설지 않다. '시티즌 M'의 프론트 데스크는 아주 작다. 공간 규모로만 보자면 동의할 수 없다. 하지만 이 호텔의 체크인 방식은 다른 곳과 확연히 다르다. 키오스크로 고객이 직접 체크인을 하는 시스템이다. 때문에 프론트 데스크 주변에는 직원들뿐만 아니라 키오스크가 줄 지어 서 있다.

앞서 말한 것처럼 호텔 로비에는 여러 요소들이 각각의 역할을 부여받고 혼재한다. 이러한 요소들이 각각 맡은 바 역할을 잘해내려면 개별 요소마다의 중요도를 부여한 뒤 그에 맞는 강약의 박자를 고려한 디자인이 반드시 전제되어야 한다. 간단히 요약하면 기본은 이것이다.

'중요한 곳은 가장 잘 보이게, 덜 중요한 곳은 덜 보이게'

마치 오케스트라 지휘자가 아름다운 선율을 위해 모든 악기를 조화롭게 지휘하듯이 로비 디자인 과정에도 적절한 리듬을 반영하는 감각이 필요하다. 그렇지 않으면 많은 손님들이 로비에서 길을 잃고 만다. 예를 들면 로비에서 프론트 데스크는 강强이다. 데스크 앞에서 고객들이 순서를 기다리는 동안 앉아 있는 곳은 약弱이다.

프론트 데스크에서 우리가 마주하는 건 상냥하고 친절한 미소로 응대하는 직원들이다. 우리와 그들이 마주하는 풍경을 떠올려 보자. 컴퓨터 등장 이전에는 그들과 우리 사이에 뭐가 있었을까. 아무것도 없었다. 모든 것은 얼굴을 마주하며 수기로 이루어졌다. 컴퓨터의 등장 이후부터 얼마 전까지만 해도 커다란 컴퓨터 모니터가 우리 사이에 버티고 있었다. 호텔 직원들은 모니터 앞쪽을, 손님들은 모니터 뒷면을 바라보며 대화를 나누곤 했다. 지금도 오래된 호텔 프론트 데스크에서는 이런 풍경이 낯설지 않다.

좋은 접객 방식일 리 없다. 할 수만 있다면 서로 눈을 마주 보고 응대하는 것이 좋다. 글로벌 호텔 그룹 운영사들이 이 점을 간과할 리 없다. 이들 호텔의 프론트 데스크 컴퓨터 모니터는 대부분 45도 각도로 배치되어 있다. 이렇게 하니, 손님이 컴퓨터 모니터 뒷면 대신 직원들과 얼굴을 마주하고 대화를 할 수 있는 환경이 조성되었다.

그렇다면 그들이 일하는 데스크에는 컴퓨터 모니터만 있을까. 그렇지 않다. 보통 2인 1조로 직원이 상주하는 프론트 데스크의 뒤쪽은 생각보다 많은 것이 촘촘히 배치되어 있다. 대표적인 것으로만 꼽으면 이렇다.

'투숙객 체크인, 체크아웃할 때 필요한 신용카드 단말기, 소형 금고, 프린터,

쓰레기통, 객실 키 기계, 전화기, 그밖의 다양한 필기도구들.'

데스크 자체도 예사롭지 않다. 그냥 책상 하나 가져다 써도 된다고 여기는 이들이 꽤 많지만, 보기에는 단순해 보여도 제작은 생각보다 복잡하다. 글로벌 호텔 그룹 가이드라인은 이 부분도 치밀하게 기준을 제시한다. 각 장비에 맞게 서랍의 가로 세로 높이를 지정하고, 전기 콘센트, 전화선, 인터넷 연결장치 등이 어떤 위치에 몇 개씩 배치해야 하는지도 철저하게 따지고 살핀 뒤에 도안을 그려 제작 업체에 의뢰한다. 하나라도 어긋나면 다시 제작해야 하는데, 이는 단순 사고가 아니다. 데스크 제작이 늦춰지면 이어지는 일정에 줄줄이 착오가 생긴다. 실제로 모 호텔에서 프론트 데스크의 제작을 마치고 설치를 다 한 뒤에 컴퓨터가 들어갈 자리가 맞지 않아 처음부터 다시 제작을 하는 일이 발생했다. 그러자 프론트 데스크를 맡을 직원들 교육 일정에 차질이 생겼다. 모든 장비의 세팅이 완료된 뒤에야 예약, 체크인, 체크아웃 관련 트레이닝을 시작할 수 있는데 데스크 자체가 늦어졌으니 펑크 난 일정을 맞추느라 진땀을 흘린 기억이 선하다.

최근 문을 여는 일부 호텔에서는 아예 노트북이나 태블릿 PC에 맞춰 프론트 데스크를 제작한다. 여기에 더해 온라인을 통한 체크인, 아웃이 점점 도입되고 있다. 비대면 서비스 확산으로 인한 결과다. 코로나19로 인해 앞당겨진 미래다. 이러한 추세는 아이러니하게도 호텔의 상징적인 서비스의 하나인 '직원들의 친절한 접객'과 대치되는 풍경이다. 그러나 어쩌다 보니 친절한 서비스보다 신속하고 안전한 체크인/아웃이 더 필요한 시대를 살게 되었다. 그렇다 보니 누구 한 사람과도 직접 만나지 않고 호텔을 들고날 수 있는 세상이 머지 않았다. 이를 테면 이런 식이다. 호텔 예약 후 모바일 애플리케이션을 통해 체크인을 한다. 당일 객실이 준비되었다는 문자 안내를 받는다. 호텔에 도착한 뒤 정문을 통과해서 엘리베이터를 타고 객실로 직행하면 끝이다. 생각보다 가까운 미래에 오늘날의 프론트 데스크 디자인은 지금과는 완전히 다른 모습으로 우리를 맞이할 듯하다.

프론트 데스크의 직원, 그들의 데스크까지만 해도 우리가 눈으로 얼핏 볼 수 있다. 그러나 프론트 데스크 영역의 구성은 이게 다가 아니다. 데스크 바로 뒤쪽, 또는 아주 가까이에는 보통 프론트 데스크 지원 공간이 어김없이 자리한다. 바로 프론트 오피스다. 객실 예약 또는 룸매니저 등 직원들의 사무 공간이자 24시간 룸서비스 등을 포함한 객실의 모든 전화 응대 전담 직원의 상주 공간이다. 여기에 온갖 관련 문서를 보관하는 수납장, 복사기를 비롯한 사무 관련 가구와 용품들이 비치되어 있기도 한다. 일반 고객들에게 잘 보이지는 않지만 프론트 오피스에도 24시간 직원이 상주한다. 룸서비스를 제외한 고객들의 불편은 이곳에서 주로 해결한다. 귀중품 보관도 중요한 역할이다. 신용카드도 온라인 결제도 없던 시절, 고객들이 체크아웃을 하며 지불한 현금을 보관하던 금고도 이 안에 있었다. 요즘도 러시아나 중국에서 온 고객들 중에는 현금을 다발로 가지고 여행하는 이들이 꽤 있다. 이들은 객실 금고보다는 프론트에 맡기는 걸 선호한다. 문제가 생겼을 때 호텔의 책임을 분명하게 물을 수 있기 때문이다. 은행 창구처럼 고객으로부터 귀중품을 전달 받은 직원은 고객이 보는 앞에서 금고 안에 넣는다. 워낙 예민한 곳이라 호텔에서 가장 많은 CCTV가 달렸다고 해도 과언이 아니다.

중요한 임무를 수행하는 곳이긴 하지만 눈에 띄는 것도 피해야 하니 프론

프론트 데스크에 흐르는 역사
■

1885년 펜실베니아 알렌타운의 'Black Bear Hotel'의 프론트 데스크의 모습과 호텔 직원의 도움 없이
누구나 스스로 볼 일을 보게 만든 뉴욕 퍼블릭 호텔 시스템은 이 사이에 존재하는 오랜 역사를 그대로 보여준다.

호텔 로비의 퀸, 프론트 데스크

■

    호텔 로비에 들어서면 전체 공간에서 차지하는 프론트 데스크의 모습을 한걸음 떨어져서 살펴볼 것을 권한다. 프론트 데스크야말로 호텔 로비의 퀸이기 때문이다.

트 오피스의 공간 디자인은 늘 고민거리다. 보통은 프론트 데스크 뒤쪽 벽, 즉 로비에서 가장 화려하고 아름다운 벽 근처에 프론트 오피스 출입구가 있다. 벽 정면에 문을 달아서는 안 된다. 직원들이 수시로 드나들긴 하지만 일반 고객들 눈에는 가급적 보이지 않아야 하니 그렇다. 그래서 문 위치를 두고 온갖 창의적인 아이디어가 속출하곤 한다. 대개 옆쪽 벽으로 문을 달아두는 쪽을 택한다.

특급 호텔일수록 잘 갖춰진 것이 바로 콘시어지 서비스다. 온라인으로 아무리 많은 정보를 얻을 수 있는 세상에 살고 있지만, 낯선 곳에서 바로 그곳만의 즐거움을 경험하고 싶다면 호텔 로비에 마련된 콘시어지 서비스를 활용하는 것도 큰 도움이 된다. 대표적인 관광지보다 도시의 이색적인 뒷골목, 지역민들에게 인기 많은 식당을 찾을 때는 물론 콘시어지 능력에 따라 매진된 공연 입장권을 얻을 수도, 예약이 끝난 맛집 여분 좌석을 확보할 수도 있다.

코로나19를 겪으며 콘시어지 서비스는 진화하고 있다. 멕시코 'W Punta de Mita' 호텔은 '인스타그램 콘시어지'를 운영한다. 그 지역을 여행하면서 찍고 싶은 분위기의 사진을 미리 보내주면 비슷한 사진을 촬영할 수 있는 장소들을 맵핑한 '인포그래픽 지도'를 만들어 보내준다. 지도에 표시된 곳을 찾아가기만 하면 원하는 사진을 얼마든지 찍을 수 있다. 예전이라면 발품을 팔아야 했던 수고를 단박에 해결해 주는 셈이다. 미국 '버몬트 호텔'Vermont Hotel의 맥주 콘시어지는 그 지역 유명 맥주 양조장 방문 프로그램을 진행한다. 맥주 마니아라면 이 호텔을 찾아갈 이유가 된다. 카리브해의 'Jade Mountain' 리조트에서는 웰니스 콘시어지를 비롯한 특화된 서비스를 통해 고객의 건강 정

특급 호텔의 특급 특징, 콘시어지 서비스

■

호텔에 머물 때 이왕이면 제공 받을 수 있는 서비스는 알뜰하게 챙기는 것도
호텔을 즐기는 여러 방법 중 하나다. 로비에 콘시어지 서비스가 보인다면 무엇이든 도움을 청해 볼 것.
바로 그런 당신을 위해 늘 준비를 마치고 기다리고 있으니 말이다.

보를 대신 관리한다.

기술의 발전과 개별화된 서비스의 요구로 인해 호텔 콘시어지 서비스는 갈수록 다양하고 흥미로워질 것으로 전망한다. 제공 받을 수 있는 서비스를 알뜰하게 챙기는 것도 호텔을 즐기는 여러 방법 중 하나이고, 그런 당신을 위해 늘 준비를 마치고 기다리는 곳이 바로 콘시어지 서비스다.

"프론트 데스크 주변 대기 공간에는 몇 개의 소파 세트가 필요할까?"

이 질문에 어떤 답을 하겠는가. 질문은 또 있다.

"소파 배치에 관한 건 누가 결정하는 걸까?"

아마도 인테리어 디자이너를 먼저 떠올리는 경우가 많을 것이다. 틀린 답은 아니다. 하지만 그 전에 운영팀과 반드시 의논을 거쳐 정해야 한다. 이유가 궁금하다면 배치하려는 소파 세트의 역할에 대해 생각해 보자. 프론트 데스크 주변에 소파 세트는 왜 필요할까. 체크인/아웃을 하려는 다른 고객들이 많을 때, 체크인/아웃을 하는 일행을 기다릴 때 필요하다. 소파 세트가 많으면 불필요하게 많은 사람이 앉아 있게 되고, 그러면 프론트 데스크 주변은 복잡해진다. 그렇다고 너무 적으면 고객들이 불편하다. 때문에 객실의 수, 체크인/아웃하는 동시 고객 수 등을 고려한 운영팀의 의견을 반영하여 적절한 개수를 배치해야 한다. 물론 그 공간에 어떤 소파를 어떻게 배치하느냐는 인테리어 디자인의 영역이다.

그렇다면 실제로 프론트 데스크 주변에는 몇 개의 소파 세트를 두는 것이 일반적일까. 호텔의 규모에 따라 다르지만 보통 4~5명이 함께 앉을 수 있는 소파 세트를 2개 정도 배치하면서 회전율을 높일 방법을 함께 고민한다.

로비 라운지, 스치는 공간에서 머무는 곳으로

호텔 로비의 즐거움은 로비 라운지에서 제대로 만끽할 수 있다. 때로 어떤 호텔의 로비 라운지는 다소 권위적이기도 하다. 압도하는 분위기를 통해 일상 속 공간과의 차별화를 극대화하기도 한다. 그렇다고 주눅이 들 필요는 없다. 이곳은 어떤 이유로든 찾아온 우리를 위한 공간이기 때문이다. 투숙객이냐 아니냐는 크게 관계가 없다. 커피 한 잔을 즐기거나 달콤한 디저트를 맛보기 위해 찾아왔다면 그걸로 마음껏 즐길 권리가 있다.

어쩌면 호텔 로비 라운지는 하루 종일 시간을 보내기에 최적의 장소일지도 모른다. 일반 카페보다 가격이 비싼 건 마음에 걸리지만 쾌적한 분위기와 고급스러운 인테리어를 즐기며 종일 자리를 지켜도 뭐라고 할 사람이 없다.

아부다비 6성급 '에미리트 팰리스 호텔' 로비 라운지는 금가루를 뿌린 커피로 유명한 데다 화려한 자태를 뽐내는 디저트 천국이다. 아부다비에 살면서 즐거운 기억이 물론 많지만 피곤한 하루를 보낸 뒤 이곳에 들러 커피 한 잔과 디저트를 즐기며 아랍 음악을 듣던 순간도 빼놓을 수 없다. 그렇게 몇 시간을 아무 생각 없이 쉬고 있노라면 소진된 에너지가 충전되곤 했다. 뉴욕에는 '더

노마드 호텔'The NoMad Hotel이 있다. 이곳에 가면 늘 '더 라이브러리'The Library
를 찾는다. 2층 높이 책꽂이가 빼곡히 들어선 낮은 조도의 도서관 분위기다.
저녁 6시 이후에는 바bar로 변신하지만 그전까지는 차와 스낵을 즐기며 친구
와 함께 은밀한 수다를 떨기에 좋은 곳이다. 정신없이 돌아가는 뉴욕의 일상
에서 잠깐씩 누리는 오아시스 같다고 해야 할까. 런던 '소호 호텔'SOHO Hotel 로
비 역시 매력적이다. 창립자의 수집품인 미술품을 감상하면서 좋아하는 이들
과 맛있는 디저트를 즐길 수 있다.

　도시 밖의 호텔 로비 라운지는 도시와는 확연히 다른 분위기다. 일본 홋카
이도 '자보린Zaborin 료칸'은 사진작가가 디자인을 맡았기 때문인지 고개를 돌
릴 때마다 건축적 언어로 캡처된 듯한 자연 환경을 누리는 즐거움이 각별하
다. 눈 쌓인 겨울에 이곳 로비 라운지에 앉아 차 한 잔과 함께 누리는 설경은
기가 막히다.

　로비의 경험을 다채롭게 하는 것들은 더 있다. 저녁 시간 이후의 로비 바는
어디나 참 멋지다. 적절한 조명, 멋지게 차려 입은 사람들, 라이브 뮤직이 더
해지면 저절로 분위기에 취한다. 그런데 영업을 하지 않는 낮 시간은 텅 비워
둬야 하니 참 애매하다. 간혹 낮 시간에도 음료나 간단한 식사를 서비스하는
곳도 있지만 그럴 때도 어쩐지 바 형태는 어색하다. 이런 썰렁한 느낌을 피하
려면 인테리어 디자이너와 식음료 운영팀이 호텔 문을 열기 전에 미리 머리를
맞대고 방법을 찾아야 한다.

　어떤 호텔에서는 낮 시간에는 적절히 가려둠으로써 그 자체로 아름다운 오
브제처럼 보이게 하다가 저녁에는 제대로 된 바의 모습을 보여 주기도 하고,
어디에서는 또 낮에는 커피 바로 활용하고 저녁에는 주류를 서비스하는 등 다

로비 라운지의 변신
■

같은 공간에서 커피와 알콜 음료를 같이 즐기기도 하고,
형형색색의 프린트로 분위기를 돋우기도 한다.
심지어 호텔에서 자판기로 음료나 음식을 직접 꺼내먹기도 한다.

각도로 방법을 찾고 있다.

호텔 로비에 기념품이나 소품 등을 판매하는 가게, 편집숍, 꽃집 등이 들어와 있는 곳들도 있다. 대부분 임대 형식으로 입점한 경우다. 호텔로서는 고정 수입을 확보하는 셈이니 든든하다. 베이커리의 경우는 입점하는 곳도 있지만 뷔페 레스토랑 등에서 사용하는 빵이나 디저트 등을 호텔에서 직접 만든다면 베이커리도 직접 운영하는 경우가 많다. 베이커리 시설은 시설 투자비가 만만치 않다. 이왕 설비를 갖췄으니 추가 수입을 창출하는 것이 여러 모로 이익이기 때문이다.

이처럼 다양한 공간이 있는 호텔은 혼자 또는 친구, 또는 모임을 즐기기에 최고의 장소다. 어떤 성격의 사교 모임이어도 다양한 공간을 누리고 숙련된 서비스를 받을 수 있으니 실패 확률은 거의 낮다. 그저 우리는 목적과 취향에 맞는 일정을 짜기만 하면 된다. 다양한 메뉴를 갖춘 식당들이 준비되어 있다. 커피부터 칵테일까지 원하는 대로 즐길 수 있고, 크고 작은 회의 장소도 이용 가능하다. 자동차가 있거나 없거나, 일행이 많거나 적거나 서비스는 세심하고 친절하여 불편함이 거의 없다.

호텔의 로비 공간이 사교 장소로 본격 변신을 이룬 것은 앞에서도 언급한 바 있는, 이안 슈레거가 만들어낸 새로운 장르, 부티크 호텔의 등장 이후다. 물론 그 이전에도 호텔에서 수많은 만남이 이루어졌고, 그때도 역시 최고의 서비스를 받을 수 있었다. 하지만 부티크 호텔 이전까지 호텔 로비의 판단 기준은 인테리어의 화려함이나 규모에 좌우되었다. 전통적이고 클래식한 분위기야말로 기존 호텔 로비가 갖춰야 할 최고의 덕목이었다.

이안 슈레거가 제안하는 호텔은 이전과는 완전히 달랐다. 이미 나이트클럽 비즈니스의 대가로 명성을 얻은 그는 뉴욕 '로열튼Royalton 호텔'과 '파라마운트 Paramount 호텔' 로비에 무대 세트장에서나 볼 수 있던 조명 디자인을 과감히 들여놓음으로써 호텔과 나이트클럽의 하이브리드를 시도했다. 이로써 호텔 디자인의 오래된 문법은 완전히 새로운 개념으로 확장, 변형되었다. 그가 시도한 변화의 결과는 숫자로 증명되었다. 필립 스탁과의 디자인 협업 결과물인 '파라마운트 호텔'은 재오픈 당시 객실 점유율이 무려 82퍼센트 상승했다. 디자인이 호텔 비즈니스에 어떤 영향을 미치는지 그가 직접 증명한 셈이다.

그의 행보는 여전히 이어진다. 2017년 그가 뉴욕에 문을 연 '퍼블릭 호텔' 은 개인적으로 가성비 대비 최고의 사교 클럽으로 꼽고 싶은 곳이다. 그가 이 호텔에서 추구한 것은 기존 권위의 탈피와 동시에 재미다. 그는 뉴욕 라이프 스타일 브랜드들이 고수해 온 콧대를 꺾고, 더 많은 사람이 재미있게 즐길 수 있도록 호텔을 둘러싼 모든 요소에 혁신적인 개념을 구현했다. 이를테면 호텔에서 커피를 마실 때 고급스러운 본 차이나 찻잔 따위는 집어치우고 뜨거운 커피를 재빨리 서빙하라는 것이 그가 추구하는 지향점이었다. 스위스 헤르조그와 드 뫼롱Herzog&deMouron이 설계한 건물에 뮤지컬 극장에 온 것 같은 극적인 분위기의 로비 에스컬레이터, 파리의 어느 공원을 떠올리게 하는 테라스, 미슐랭 스타 셰프의 샌드위치부터 한국 양념 치킨까지 아우른 레스토랑, 뉴욕에서 가장 빠른 속도를 보장하는 인터넷망, 비수기에 20만 원 대의 객실 등 얼핏 떠올리기에 도저히 섞일 것 같지 않은 것들을 모두 모아 멋지게 버무려 내놓은 '퍼블릭 호텔'은 호텔업계의 이단아 이안 슈레거의 또다른 혁신의 결과물일 뿐만 아니라 대중들로 하여금 호텔이라는 사교 클럽으로 더 많은 대중을

뉴욕 퍼블릭 호텔 계단

■
처음 이 계단이 호텔에 등장했을 때 사람들은 그 기발함과 과감함에 놀랐지만
호텔 로비의 변신은 이것으로 끝이 아니었다.

진입시켰다는 혁신의 새로운 차원의 결과물이기도 하다.

호텔 진입 공간의 변화는 그러나 이안 슈레거의 전유물은 아니다. 글로벌 호텔 그룹 내부에서도 새로운 시도는 이어지고 있다. 이들에 의해서 로비의 DNA는 이전과 다른 재배치 양상을 보이고 있다.

호텔의 전통적인 로비는 그 성격에 따라 '도착 구간', '사교 구간,' '식음료 구간'으로 확실히 구분되어 있었다. 하지만 MZ세대가 주요 소비자로 급부상하면서 전통적인 로비의 구성은 그들의 취향에 맞는 오픈 공간으로 달라지고 있다.

MZ세대를 겨냥한 '메리어트 호텔 그룹' 브랜드 '목시' 호텔 로비의 변화는 참신함을 넘어 혁신적이다. 도착, 식음료, 사교 구간으로 나뉘어 있던 것을 '도착+식음료,' '사교' 구간으로 재조합해 버린 것이다. '목시'에서의 체크인은 프론트 데스크가 아닌 바에서 이루어진다. 그러자 체크인을 하면서 곧장 한 잔의 음료를 즐길 수 있게 되었다. 테이블에 앉아 종업원의 서비스를 받으며 즐기던 호텔에서의 식사는 먹고 싶은 음식을 자동판매기에서 구입, 직접 데워 먹는 것으로 대체되었다. 다이닝 룸 좌석 배치는 커뮤널 테이블Communal Table 과 2~4인 좌석이 섞여 있어 나 홀로 여행자들도 자연스레 다른 여행자들과 교류할 수 있게 되어 있다. 이로써 '목시' 호텔 공용 공간은 세련되고 힙한 여행자들의 거실 역할을 기꺼이 해내고 있다.

아예 로비의 성격을 근본적으로 바꾼 시도도 있었다. 2018년 12월 12일 『뉴욕 타임즈』에는 이런 헤드라인이 등장했다.

"Checking In? No Thanks. I'm Just Here to Use the Wi-Fi."

이곳은 호텔 로비인가 로비가 아닌가

■

호텔에 진입하여 객실을 오갈 때 잠시 머물던 로비는 이제 옛말이 되어가고 있다.
호텔의 로비는 굳이 투숙하지 않아도 모든 이에게 열려 있다.
잠시 머물러 혼자만의 시간을 가져도 좋겠고, 마음 맞는 이들과의 즐거운 한때를 누려도 좋다.

체크인은 하지 않고, 와이파이만 쓰겠다는 사람을 환영할 자 누구랴. 기존의 호텔이라면 단번에 푸대접을 받아도 할 말이 없다. 하지만 '에이스 호텔'은 다르다. 오히려 두 손 번쩍 들고 환영이라도 할 태세다. 호텔 이용자들에게만 문을 열던 로비를 아예 로컬 커뮤니티의 장으로 개방해 버렸다. 그로 인해 '에이스 호텔'은 어떤 곳보다 훨씬 역동적인 사교 공간을 이루어냈다. 호텔 이용자가 아니어도 얼마든지 즐길 수 있게 되자 호텔 밖의 사람들이 거침없이 들어와 이곳을 즐긴다. '에이스 호텔'의 이런 지향점은 당연하게도 공간 구성에도 드러난다. 프론트 데스크 영역은 상대적으로 축소하고, 로비 라운지는 마치 도서관 같은 분위기다. 이곳에서 백색 소음을 즐기는 프리랜서, 시나리오를 쓰는 작가들이 치열하게 자신의 일에 몰두하는 모습은 이곳이 호텔 로비라는 점을 떠올리면 매우 힙해 보인다.

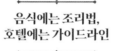

음식에는 조리법,
호텔에는 가이드라인

음식을 만들 때 조리법이 있고 없고는 큰 차이다. 훌륭한 조리법은 맛은 물론 비용 대비 가장 효과적인 수익 창출까지 이끌어낸다. 호텔 역시 마찬가지다. 다만 조리법이 아닌 가이드라인이다. 호텔에도 가이드라인이 있다면 여러모로 이롭다. 그렇다고 해서 호텔마다 가이드라인, 나아가 효율적인 가이드라인을 모두 갖췄다고 말하기는 어렵다. 호텔들마다 그동안의 운영 노하우를 바탕으로 만들긴 하지만 사정 및 상황에 따라 그 결과물은 사뭇 다르다.

그럼에도 원론적으로 말하자면 호텔의 가이드라인은 곧 수많은 호텔을 운영한 노하우를 바탕으로 만들어진 호텔에 관한 거의 모든 것의 기준이자 축적한 자료의 총집성이다. '최적의 운영과 최적의 수익'을 위해 거듭 수정과 보완을 거쳐 완성한 것이다.

글로벌 호텔 그룹이라면 당연히 갖춰 놓게 마련인 이 가이드라인은 호텔의 설계부터 운영까지, 보일러 기계부터 심지어 욕실 타일까지 호텔을 이루는 모든 것을 포괄하고 있다. 호텔 직원들의 동선 효율화를 위한 후방 공간의 레이아웃 방법, 각 공간의 역할에 따른 적정한 면적 산출부터 고객들이 가장 편하게 쉴 수 있으면서도 유지 보수 역시 간편한 인테리어 마감재까지도 상세히 정리되어 있다. 당연히 이 가이드라인이 얼마나 정교하고 효율적이냐에 따라 호텔의 유지 운영은 물론 수익까지 좌우한다고 해도 과언이 아니다.

역사가 오래된 글로벌 호텔 그룹일수록 방대하면서도 상세한 가이드라인을 보유하고 있는데, 그도 그럴 것이 몇십 년 동안 수천 개 호텔을 운영한 데이터 베이스의 힘이 뒷받침하고 있기 때문이다. 이런 데이터 베이스를 바탕으로 만들어 둔 자료는 끊임없이 업데이트 되어 늘 '오늘의 요구'를 충실히 반영한다. 그렇다면 이 가이드라인은 어떻게 구할 수 있을까. 이 질문은 곧 호텔 운영의 주체를 묻는 것과 같다.

호텔은 집 한 채를 짓는 것과는 차원이 다르다. 개인의 꿈 단위를 넘어선다. 막대한 투자 비용이 동원되고, 투자자들은 당연히 이익의 극대화를 추구한다. 호텔 프로젝트는 크게 세 가지 방식으로 이루어진다. 하나는 땅을 구입한 뒤 그곳에 호텔을 짓는 것이다. 또 하나는 이미 있던 호텔의 이름 또는 브랜드를 바꾸는 것이다. 어떤 브랜드를 선택하느냐에 따라 일부를 개보수하기도 하고, 전면적으로 새롭게 리모델링하기도 한다. 마지막 하나는 건물을 인수한 뒤 용도를 변경하여 활용하는 것이다. 다만 다른 용도의 건물을 인수하여 호텔로 개발하는 경우 호텔에 맞는 설비 및 소방 시설을 충족시키는 데 꽤 복잡한 과정과 비용을 감수해야 하기 때문에 국내에서는 흔치 않다.

호텔 개발 구조에 대해 잠깐 설명하면 이렇다. 우선 호텔의 소유주는 고액 자산가 개인일 수도 있지만 대기업이나 자산운용사일 수 있다. 고액 자산가나 대기업이 호텔의 소유주라면 개발 전반을 직접 주도할 수도 있다. 하지만 자산운용사는 주로 파트너로 선정한 시행사를 통해 호텔을 짓는다. 소유주가 있다면 운영사도 있다. 호텔을 다 짓고 난 뒤 실제로 호텔을 운영하는 주체다. 글로벌 호텔 그룹의 브랜드를 운영사로 정하려면 결정을 가급적 빨리 하는 것이 여러모로 좋다.

글로벌 호텔 그룹들마다 가이드라인, 즉 브랜드 스탠다드를 가지고 있다. 브랜드 스탠다드는 호텔 전반에 걸쳐 만들어진, 매우 방대하고 세부적인 기준이다. 계약과 함께 제공되는 브랜드 스탠다드에 맞춰 호텔을 짓고 운영하는 것이 여러 모로 유리하다. 하지만 결정이 늦어질 경우 이미 진행되었으나 브랜드 스탠다드에 맞지 않는 부분은 수정이 불가피하다. 이렇게 되면 비용은 물론 시간도 지체되어 여러 모로 손해가 크다.

물론 원한다고 누구나 다 글로벌 호텔 그룹의 브랜드를 운영사로 선정할 수는 없다. 매우 깐깐하고 엄격한 검증 과정은 필수다. 그도 그럴 것이 글로벌 호텔 그룹 입장에서는 몇십 년 동안 노력해서 쌓아올린 신뢰와 명성을 유지하는 것이 중요하기 때문이다. '윈담 호텔 그룹' 본사가 있는 홍콩에서 근무할 때의 일이다. 중국 국영기업의 한 호텔에 운영사로 참여하게 되었다. 그런데 이 기업의 내부 문제로 담당자가 그만 감옥에 가게 되었다. 그후로 어찌 된 일인지 담당자가 계속 바뀌더니 결국 완공 무렵의 결과물은 '윈담 호텔 그룹' 브랜드와는 동떨어진 것이 되고 말았다. 이를 그대로 두고 볼 수는 없었다. 어떻게든 되돌리기 위해 노력했지만 결국 실패했고, 오픈 직전 운영사 계약은 없던 일이 되었다.

운영사와의 계약 방식이 크게 위탁과 프랜차이즈로 나뉜다는 것은 앞에서도 설명했다. 소유주가 글로벌 호텔 그룹과 프랜차이즈 방식으로 계약을 원할 경우 운영을 믿고 맡길 만한 곳이 있다는 걸 증명해야 한다. 이를 받아들이기까지의 과정 또한 매우 깐깐하고 엄격하다. 어떻게 운영하느냐에 따라 객실 매출이 달라질 것이고, 그에 따라 수익이 좌우되기 때문이다. '조선호텔'은 '메리어트 호텔 그룹'의 브랜드인 '웨스틴'과 '오토그래프 컬렉션'을 비롯해 '럭셔리 컬렉션' 브랜드 여러 개와 프랜차이즈 계약을 맺고 있다. 이 계약이 가능한 것은 대내외적으로 실력을 인정받은 '조선호텔' 운영팀이 있기 때문이다.

이런 모든 일은 결국 사람이 한다. 서로 다른 입장을 가지고 하나의 호텔을 함께 만들기 위해서는 각각의 입장을 대변하고 일을 진행할 역할이 필요하다. 이런 일을 주로 하는 이들을 흔히 PM이라고 부른다. 프로젝트 매니저의 줄임말이다.

PM은 각 분야 전문가들과의 조화를 통해 하나의 결과물을 만들어내야 한다. 온갖 우여곡절을 겪으며 산 넘고 물 건너 바다를 가르는 것이 바로 PM의 일이다. PM은 소유주 또는 호텔을 소유한 회사 쪽에도 있고, 운영사 쪽에도 있다.

소유주 쪽 PM은 설계부터 공사 전반을 총괄한다. 단계별 공정 및 일정 관리, 예산 집행, 각종 인허가 관련 업무가 모두 그의 일이다. 각 분야 전문가들의 의견은 자주 충돌한다. 동일한 상황을 바라보는 입장이 다르기 때문이다. 연회장을 만들 때 구조 설계사는 건물 하중을 고려해 가급적 기둥을 많이 세우고 싶어 한다. 인테리어 디자이너로서는 안 될 말이다. 누구도 틀린 말은 아니지만 합의를 이끌어내기 어렵다. PM이 길을 찾아 제안해야 한다. 현장에서는 종종 황당한 상황이 발생한다. 현장 인부들이 도면을 제대로 읽지 못해 엉뚱하게 공사를 해놓는 일은 비일비재하다. 현장에 나가는 PM의 손에는 반드시 도면이 있어야 하는 이유다. 도면과 다르게 만들어진 곳을 놓치지 않고 포착하는 것 또한 PM의 일이다. 수정 가능하다면 그나마 다행이다. 얼마나 많은 벽과 천장을 눈물을 머금고 부수어야 했던가. 세계적으로 유명한 디자이너의 설계를 엉뚱한 이유로 바꿀 수밖에 없을 때도 있다. 그 상황에 맞게 새로운 대안을 찾아야 한다. 이 또한 PM의 몫이다.

운영사 PM은 상대적으로 한발 떨어져 있다. 설계안이 나온 뒤, 공사가 어느 정도 진척된 뒤 결과물이 운영사의 기준에 맞는지를 검토하는 일이 주요 업무다. 잘못되거나 미흡한 부분은 지적하고, 설득한다. 호텔 소유주 쪽 PM이 일반적으로 동시에 한두 개 프로젝트만 맡는다면 운영사 PM은 보통 동시에 10~20개의 프로젝트를 맡기도 한다. 같은 PM이지만 한쪽은 좁고 깊게 일한다면 또다른 쪽은 넓고 얇게 일한다고 할 수 있다. 운영사 PM도 역시 식음료, 운영, 소방, 인테리어, 기계, 전기, 설비, IT, 보안 등 분야별 전문가들을 상대한다. 인테리어 디자인이 브랜드의 방향성과 맞는지, CCTV카메라는 적재적소에 설계, 설치 되었는지, 설비 전반과 소방 설계 등에 문제는 없는지 등부터 객실 가구 배치, 카펫 위치까지 시시콜콜 살피고 또 살핀다. 심지어 주방 튀김기 옆에 물을 쓰는 장비가 있는 건 아닌지, 뷔페 스테이션의 높이는 맞는지 살피는 것도 PM의 일이다. 압권은 오픈 직전이다. 호텔 전체를 통째로 점검한다. 샤워실 수압, 세면대 온수의 적정 온도에 이르는 시간, 화장실 환기 상태, 오픈 주방의 후드 압력 음압 유지 여부, 화재 시뮬레이션을 통한 객실 복도 제연 성능 등을 살피는 것은 필수다. 이 모든 과정을 마무리한 뒤 오픈 승인을 소유사 PM에게 알리고, 호텔 운영팀에 모든 걸 인수인계한 뒤 호텔에서 퇴장한다.

운영사 PM의 모든 업무는 자사의 브랜드 스탠다드에서 비롯한다. 즉 브랜드 스탠다드가 모든 업무의 가이드라인이다. 점검도, 승인도, 설득도, 회유도 모두 이를 기준으로 삼는다.

가이드라인은 앞서 말한 대로 호텔마다 충실함, 세심함의 정도에 편차가 있을 수 있다. 이 책에서 주로 참고하는 가이드라인은 그동안 내가 접해온 글로벌 호텔 그룹들의 것인데, 일반적인 사항은 거의 비슷하지만 모든 호텔이 모두 다 같지는 않다는 점은 염두에 두기 바란다.

가이드라인에 대한 이해가 부족한 소유주를 만나면 처음부터 진이 빠질 각오를 해야 한다. 이해가 부족하면 오해를 낳고, 그 오해를 풀기 위해서는 상당한 노력이 필요하다. 소유주들의 오해는 흔히 이것이 어디까지나 운영사 편의를 위해 만든 것이라고 여기는 데서 비롯한다. 심한 경우 강력한 저항에 부딪히기도 한다. 이유는 간단하다.

"투자는 우리가 하는데 왜 당신들이 원하는 대로 해야 하느냐!"

방법은 그들의 눈높이에 맞춘 논리를 근거로 한 설득이다. '수십 년 동안 수많은 호텔을 만들어온 노하우를 바탕으로 만든 것이다', '디자인 단계에서부터 미리 고려를 해두면 마감재 선택에 따라 유지 보수 비용을 최소화할 수 있으며, 내구성도 고려해서 장기적으로 큰 이익을 창출한다, 소방과 냉난방 시설을 어떻게 설치하느냐에 따라 고객들의 불만도 덜 나오고, 오래 사용할 수 있다, 숱한 시행착오를 거쳐 만든 것이니 이런 내용을 준수해서 설계 및 디자인을 하는 게 합리적이다'라는 말을 끝없이 반복한다.

가이드라인을 받아들이지 못하는 이유는 또 있다. 바로 초기 비용의 증가다. 가이드라인에 따르자면 설계 및 공사 전반에 걸쳐 매사에 꼼꼼하게 확인하고, 일어날 수 있는 문제에 가급적 충실히 대비해야 한다. 이 과정에서 가장 중요한 부분은 당장 일어나지는 않지만 일어날 수도 있는 위험 및 사고에 대한 대비다. 그렇다 보니 투자자 또는 소유주 입장에서 쓰지 않아도 되는 비용을 허튼 데 쓴다고 여기는 경우가 많다. 하지만 양보란 없다. 특히 안전에 관해서는 더더욱 그렇다. 끝내 내 뜻을 관철시킨다. 끝내 내 뜻을 관철시키지 못한 적도 있다. 국내법과 맞지 않을 때, 예상보다 많은 비용이 발생할 때는 관철시키기 어렵다. 이럴 때는 '이로 인한 불이익이 발생할 경우 모든 책임은 소유주에게 있다'는 확인을 한 뒤 한계 안에서 진행한다.

안 된다는 고집을 꺾고 열심히 설득한 결과 잘못된 부분을 바로잡은 호텔의 소유주나 투자자 중에는 몇 년이 채 지나지 않아 따로 감사의 뜻을 전해오는 분들이 많다. 실제로 운영을 해보니 제시한 가이드라인에 따르기 잘했다는 생각이 들기 때문이다. 눈에 보이는 것만이 아니라 장기적으로 각종 공과금, 유지 보수 비용을 줄이는 것은 물론 시설의 교체 시기 관리에 이르기까지 초기 증액한 투자비 대비 실익이 크다는 것을 직접 깨닫기 때문이다.

호텔마다 가이드라인의 편차가 있다는 말을 앞에서 했다. 세계적으로 유명한 글로벌 호텔 그룹 '윈담 호텔' 본사에서 아시아 기술 자문 총괄로 근무할 때의 일이다. 브랜드 스탠다드를 재정리할 때가 되어 '포시즌', '반얀트리', '메리어트', '힐튼', '스타우드' 등 유명하다는 호텔들의 브랜드 스탠다드를 모아놓고 비교 분석을 해봤다.

호텔마다의 특징이 여기에도 잘 드러나 있었다. 화려한 이미지의 모 호텔의 것은 어쩐지 어설퍼 보였다. 이 정도 브랜드 스탠다드로 이 규모의 호텔이 유지된다고 생각하니 그저 놀라울 뿐이었다. 하지만 한편으로 상대적으로 역사가 짧고 호텔의 수가 많지 않아 축적된 데이터 베이스가 많지 않을 테니 그럴 수도 있겠다는 생각도 들었다. 또한 호텔이나 리조트가 어디에 있느냐에 따라 세부적인 내용이 그때그때 달라져야 한다면 전 세계 어디에서나 동일한 공간을 만들어내는 대규모 호텔 브랜드 스탠다드가 오히려 별의미가 없을 수도 있겠다는 생각도 했다. 호텔마다의 사정과 상황에 따라 각자에게 가장 잘 맞는 기준이 있을 뿐이다.

그렇다면 호텔 브랜드 스탠다드에도 저작권이 있을까? 실제로 이와 관련한 흥미로운 사건이 있었다. 2009년 '스타우드 호텔 그룹'에서 'W'를 포함한 럭셔리, 라이프 스타일 브랜드 개발을 담당하던 임원 출신 두 사람이 '힐튼 호텔 그룹'으로 이직을 하게 되었다. 몸만 가면 될 텐데 '스타우드 호텔 그룹'의 브랜드 스탠다드를 들고 갔다. 이 두 사람은 이직한 뒤 '힐튼 호텔 그룹'만의 라이프 스타일 브랜드를 개발할 계획이었다. 이를 알게 된 전 직장에서 가만 있을 리 없었다. 소송이 시작되었고, 전쟁은 무려 2년여에 걸쳐 진행되었다. 결국 '힐튼 호텔 그룹'은 약 2년 동안 계획했던 바를 이루지 못했고, '스타우드 호텔 그룹'과 관련 있는 업체 직원을 향후 2년 동안 고용하지 않는다는 합의서에 서명을 해야 했다. 이렇게 가까스로 일단락되긴 했지만 지금까지도 회자될 만큼 전대미문의 사건이었다.

가이드라인 작동, 어떤 호텔을 지을까 결정하는 그 순간부터

가이드라인은 호텔 소유주와 운영사의 계약이 이루어지고 기술자문비를 지급한 뒤부터 작동한다. 브랜드에 따라 객실의 크기부터 필수 요소, 부대시설의 요구가 다르기 때문이다.

'리츠 칼튼'이나 'JW메리어트' 등의 럭셔리급 호텔은 일반적으로 45~60제곱미터 내외 객실 크기, 욕조·샤워실·세면대·변기 등을 포함해 약 4~5개 픽스처로 객실 욕실을 구성한다. 이외에도 하루 세 끼를 다 이용할 수 있는 레스토랑, 특화된 메뉴를 제공하는 식당, 수영장, 피트니스 센터, 스파 등이 빠질 수 없다. 이걸 기본으로 갖추고, 각 나라와 도시의 특징이나 소유주의 뜻에 따라 변주가 이루어진다.

'메리어트', '르 메리디앙', '오토그래프', '쉐라톤' 같은 어퍼 업 스케일 브랜드는 약 40제곱미터 내외로 객실 크기는 조금 작지만, 욕조·샤워실·세면대·변기 등 욕실 픽스처 구성은 거의 비슷하다. 하루 세 끼를 다 이용할 수 있는 레스토랑과 수영장이나 피트니스 센터는 반드시 있어야 하지만 특화된 메뉴를 제공하는 별도의 식당이나 스파 시설을 반드시 갖추지는 않는다.

물론 이런 기준은 유연하게 변주되기도 한다. 예를 들어 '메리어트 호텔 그룹'의 판교 '그래비티 오토그래프' 객실 크기는 25제곱미터밖에 되지 않는다. 어퍼 업 등급의 일반적인 객실 크기인 40제곱미터에 못 미친다. 브랜드 차원에서는 허용하기 쉽지 않았다. 하지만 대신 공용 공간을 브랜드 기준보다 훨씬 더 고급스럽게 디자인한다는 합의를 통해 탄생시킬 수 있었다.

한국에 속속 들어서고 있는 '페어필드'나 '목시'는 어퍼 미드 스케일이다. 20제곱미터 크기 객실, 샤워실·세면대·변기 등으로 이루어진 3개 픽스처 욕실, 하루 세 끼가 아닌 조식만 제공하는 레스토랑과 피트니스 센터만으로 구성한다. '목시'의 경우 조식 시간 이외에는 조리된 음식 자동판매기를 설치해, 인건비는 물론 주방 설비에 들어갈 투자비를 절감시킨 모델로 주목을 받았다.

규모에 따라 브랜드가 요구하는 시설 요구에 대한 큰 그림을 검토한 뒤에는 세부적인 작업에 들어가는데 호텔의 기본적인 객실 개수와 크기를 파악한 뒤 가이드라인에 제시되어 있는 면적 산출법에 의해 객실 이외 공간들의 면적을 우선 계산한다.

예를 들어 약 33제곱미터 전후의 객실 200개 규모의 호텔을 설계한다고 생각해 보자. 우선 레스토랑은 호텔 등급에 따라 약 45~60퍼센트의 좌석 수를 갖춰야 한다. 따라서 약 90~120석 규모의 레스토랑을 염두에 두어야 한다는 게 저절로 그려진다. 좌석 한 개당 2.6제곱미터를 잡는 것이 일반적이니 결론적으로 이 호텔의 레스토랑은 234~312제곱미터 크기로 가늠하고 시작한다. 그런데 왜 객실 수 100퍼센트가 아닌 45~60퍼센트에 맞추는 걸까? 간단하다. 모든 사람이 동시에 밥을 먹지는 않기 때문이다. 또 하나는 규모가 큰 호텔이라면 일정 등급 이상의 회원이나 이그제큐티브 층 객실 고객 조식은 별도의 라운지에서 이용 가능하기 때문에 분산 배치되는 숫자를 반영해서 동시 식사 예상 좌석을 가늠하는 것이다. 이런 식으로 가이드라인은 호텔 설계의 등대 같은 역할을 한다.

이 역시도 진보한다. '메리어트 호텔 그룹'은 여기에 더해 프로토타입 디자인을 제시한다. 예를 들어 누군가 호텔을 새로 짓기로 할 때 객실부터 공용 공간의 모든 것, 즉 하다못해 건축 시공을 위한 캐드 도면부터 마감재 샘플까지 호텔의 모든 것을 구성하는 프로토타입 패키지를 구매하는 옵션이다. 이를 바탕으로 도면에 얹혀 하나씩 착착 만들어가면 어느덧 완공한 호텔이 눈앞에 서 있는 걸 보게 된다. 이런 패키지의 장점은 명확하다. 이미 모든 것이 디자인 되어 있고, 시뮬레이션을 거쳤기 때문에 시간과 비용을 절감할 수 있다. 만약 계획하는 객실 크기와 프로토타입 디자인의 제안이 다르다면 상황에 따라 호텔 소유주가 직접 고용한 디자이너를 통해 변주하는 것도 물론 가능하다.

훨씬 더 혁신적인 기술 도입도 해외 호텔업계에서는 이미 이루어지고 있다. 원래 건축 설계할 때 활용하던 BIM Building Information Modelling의 적용을 통해 건축, 기계, 설비, 소방, 구조 설계의 중돌을 방지하여 더욱 더 원활한 디자인 관리를 하거나, 컨테이너를 이용한 모듈러 공법을 통해 공사 기간을 단축하고 인프라가 갖춰지지 않은 산골 오지에도 한결 손쉽게 호텔을 짓게 하는 아이디어들이 속속 등장하고 있다. 모듈러 공법이란 간단히 말해 모듈을 조립해 건물을 올리는 방식이다. 이를테면 호텔 객실 하나 단위의 모듈 안에 인테리어 마감 등 모든 것을 설치해서 필요한 만큼 공사 현장으로 가져간다. 현장에서는 그 모듈을 조립만 하면 끝이다. 공사 인력을 구하기 힘든 지역에서 숙박업을 시작하고 싶은 이들에게 이 기법은 단비와도 같았다. 최근 인도네시아 출신 디자이너가 이 기법으로 기획한 호텔 객실을 볼 기회가 있었다. 기가 막혔다. 당장이라도 싣고 와서 우리나라 신안 앞바다 섬 곳곳에 아름다운 호텔을 세우고 싶을 지경이었다. 이런 추세로 모듈러 기법이 시장에서 좀 더 보편화된다면 우리나라 곳곳에도 좀 더 합리적이고 쾌적한 호텔들이 쉽게 들어설 수 있지 않을까 기대한다.

곳곳에 감춰진, 보이지 않는 배려와 세심한 대비

호텔 정문으로 다시 돌아가 보자. 호텔 로비에서 고객들이 자유롭게 출입할 수 있는 출입문은 서로 다른 위치에 두 개 이상 있게 마련이다. 이용 편의성 때문이기도 하지만 만일의 경우 한쪽이 막히면 다른 쪽으로 대피를 해야 하기 때문이다. 즉 주主 출입구에 비상 상황이 발생할 경우를 대비해서 부副 출입문은 반드시 서로 다른 위치에 마련해야 한다. 호텔에서 출입구 통제는 위험 대비 면에서 가장 중요하다.

주 출입구의 이상적인 조합은 전기로 작동하는 회전문 하나와 그 양 옆에 일반문 두 개가 붙어 있는 것이다. 자동 회전문은 에너지 절약을 위해 가장 좋은 형태다. 방풍실도 필요가 없다. 한 사람이 여행 가방을 끌고 출입하는 것을 고려해 두세 구간으로 나누는 것이 효율적이다. 그렇다면 일반문은 왜 있어야 할까? 복잡한 이유가 따로 없다. 전기 공급에 문제가 생길 때를 대비한 것이다.

호텔 로비에 가보면 여름에는 시원하고 겨울에는 따뜻하다. 이를 위해 냉난방 시설이 잘 되어 있는 것은 당연하지만, 여기에 더해 양압을 유지하는 설비가 필수다. 외부 기온 영하 10도일 때를 예로 들면, 난방이 되어 있는 로비 실내의 압력이 외부보다 높아야 열 손실이 적다. 때문에 공기의 배기와 급기 양을 조정해 적정한 양압이 유지되도록 하는 것은 기본이다.

이왕 공기 이야기가 나왔으니 짚고 가기로 하자. 눈에 보이지는 않지만 공기는 호텔의 이미지에 매우 중요한 요소다. 어지간한 호텔이라면 실내 공기는 비교적 쾌적하다. 이 역시도 세심하게 이루어진 설계 덕분이다. 호텔 외부에서 유입되는 공기가 그대로 들어온다고 생각해 보자. 여름에는 습하고 높은 온도의 공기가 들어올 것이며 미세먼지, 황사 등이 따라오는 것은 생각만 해도 아찔하다. 냄새는 또 어떻고. 따라서 호텔은 내외부 공기 순환시 냄새와 온도, 습도 등을 일정하게 선처리한 뒤 내부 공간으로 유입시킨다.

눈에 보이지 않는 것은 공기 말고도 또 있다. 바로 소음이다. 로비에는 많은 사람이 몰리게 마련이라 어쩔 수 없는 소음이 있을 수밖에 없다. 그러나 고요하거나 적막감이 들 정도까지는 아니어도 소음을 최소화하기 위한 호텔의 노력은 무척 꼼꼼하다. 이를테면 소음 흡수를 위해 커다란 카펫이 바닥 곳곳에 깔려 있는 것은 기본이고, 벽체 마감을 비롯한 인테리어 마감재도 신경을 쓴다. 여기에 배경 음악으로 공간을 채우는 것도 그런 노력의 일환이다. 그렇지 않다면? 아마도 호텔의 거의 모든 로비는 서로 소리를 질러가며 대화를 해야 할 만큼 북새통을 이룰 게 불 보듯 뻔하다.

눈에 보이긴 하지만 잘 보이지 않는 곳이라면 어디일까. 비상계단이다. 꽁꽁 숨어 얼핏 보이지는 않지만 없으면 안 되는 절대 공간이다. 말 그대로 비상 상황일 때 대피로 역할만 하는 게 아니다. 거의 모든 호텔 비상계단실에는 가압이 걸려 있어 만일 화재가 난 뒤 복도에서 문을 열면 들어오는 연기를 외부로 빼주는 기능이 있다. 제연 설비가 되어 있는 것은 물론이다. 불이 났을 때 화상보다 연기 질식으로 인한 사망자가 훨씬 많은 걸 생각하면 계단실의 이런 대비는 반드시 점검해야 할 요소가 아닐 수 없다.

호텔의 비상계단은 적어도 2개 이상이 되어야 하고, 50퍼센트 이상은 외부로 바로 나갈 수 있어야 한다. 예를 들어 비상계단이 4개라면 그 가운데 2개는 외부와 반드시 직접 연결되어 있어야 한다는 의미다. 그렇지 않다면 적어도 방화벽으로 이루어진 복도를 통해 외부로 나갈 때까지 2시간을 버틸 수 있어야 한다.

그렇다면 로비에서 눈에 보이는 것을 살펴보기로 하자. 가장 먼저 눈에 띄는 건 가구다. 호텔에서 가구는 그 목적이 분명해야 한다. 쓸데없이, 보기에만 좋으라고 가져다 놓는 가구는 없다. 높이, 크기, 마감재, 디자인, 안정성 등을 비롯한 가구의 모든 것을 구석구석 검토하고 최종 승인을 거친 뒤라야 우리 눈앞에 대령할 수 있다.

이를테면 호텔 라운지 의자와 테이블은 비교적 낮은 편으로 편안함이 가장 고려 대상이다. 레스토랑 의자와 테이블은 라운지보다는 높고, 바에서 사용하는 의자와 테이블은 가장 높다. 보통 식사할 때 테이블 높이는 약 750밀리미터, 의자 높이는 약 450밀리미터를 적용한다. 앉았을 때 테이블과 무릎 사이 가장 편안한 간격을 고려한 수치다. 일반적으로 가장 편안한 간격은 250~300밀리미터를 기준으로 삼는다. 이 간격을 제대로 고려하지 않으면 테이블 하부에 옷이 긁히거나 너무 높아 식사할 때 편치 않은 상황이 일어나곤 한다. 쿠션의 푹신함 정도, 등받이 각도, 카펫 위에서 의자를 쉽게 잡아당길 수 있느냐의 여부, 테이블의 안정성까지도 들여놓기 전에 하나하나 검수하는 것은 물론이다.

가구의 마감이 패브릭일 경우 와인이나 커피 등의 음료를 쏟았을 때 방수가 되는지, 오염물질이 쉽게 지워지도록 스카치가드scotchgard 처리는 했는지, 화재 발생시 쉽게 불이 붙지 않도록 방염 처리는 했는지를 살피는 것도 빼놓을 수 없다. 이뿐만이 아니다. 호텔 가구는 내구성이 특히 중요하다. 더구나 공용 공간의 가구는 사용 빈도가 높기 때문에 내구성이 강한 패브릭을 써야 한다. 그렇지 않으면 패브릭이 자주 상해서 교체 시기를 앞당겨야 한다. 즉 호텔의 유지 비용의 증가로 이어진다. 따라서 일반적인 가이드라인에는 가구 마감 패브릭은 2만 5,000~5만 번의 내구성 테스트Rub Test를 통과한 제품이어야 한다고 되어 있다. 즉 패브릭 앞뒤로 2만 5,000~5만 번의 마찰을 견딜 수 있어야 한다는 의미다. 수많은 사람들이 앉고 때로는 아이들이 뛰어도 언제나 새것처럼 멀쩡한 호텔 소파의 비밀은 바로 이것이다.

조명 역시 중요하다. 눈에 보이는 디자인, 브랜드, 색깔 등도 중요하지만 공간의 성격과 특성, 시간대에 맞게 조도를 세심하게 조절하는 것도 꼭 필요하

각양각색 가구들

∎

생긴 것도, 재질도 모두 다르지만 모두 구석구석 검토와 최종 승인을 거친 뒤에 이 자리에 놓일 수 있다.

다. 그래서 공용 공간의 조명은 밝기 조절 시스템이 있고 밝기 조절 스위치는 직원 공간에 둔다. 예를 들어 늦은 밤 로비에 들어오는 손님들을 맞이할 때는 눈부심 방지, 분위기 조성을 위해 어둡게 프로그래밍 둬야 한다. 한밤중에 체크인하러 들어간 로비가 대낮처럼 환하다면 순식간에 호텔 전체가 어쩐지 센스 없어 보인다.

좀 더 사소한 걸로 눈길을 돌려 봐도 세심한 손길은 이미 다녀간 뒤다. 평소 눈길도 주지 않을 것처럼 보이는 전기 콘센트도 예외가 아니다. 의외로 고객들 불만사항이 빈번히 등장한다. 휴대전화기부터 태블릿 PC, 노트북 등을 비롯한 온갖 휴대용 전자기기를 가지고 다니는 고객들에게 그때그때 불편없이 충전할 수 있느냐는 매우 중요한 부분이다. 예전이라면 벽에 보통 붙어 두는 것이 일반적이었지만 요즘은 거의 그렇게 하지 않는다. 바닥에 넣어 두거나 아예 가구에 달아 두는 것을 선호한다. 말하자면 누군가 벽에 붙은 전기 콘센트에 꽂아둔 전선에 걸려 넘어질 일이 앞으로는 점점 줄어들 것이라는 의미이기도 하다.

엘리베이터를 향한 질문, 공간인가 기계인가

자, 이제 진입의 순간을 지나 객실로 향할 때다. 과연 내가 묵을 방은 어떨까. 적당한 피로감과 기대감으로 로비에서 방으로 향하는 걸음은 급하기만 하다. 하지만 여기에서 잠깐, 걸음 속도를 늦춰 보자. 로비에서 방에 이르기까지 우리는 보통 무엇을 경험할까. 누구나 이용할 수밖에 없는 그것, 많은 이들이 지금 떠올리는 그것, 바로 엘리베이터다.

한 가지 질문을 던지고 싶다. 엘리베이터는 무엇일까? 구체적으로 묻자면 엘리베이터는 기계일까, 공간일까. 많은 사람들은 이동을 돕는 기계라고 먼저 생각할 것이다. 하지만 과연 단순한 기계이기만 할까?

호텔 운영자들에게 엘리베이터는 매우 특별한 대접을 받는다. 고객 경험 Guest Experience이 수익으로 연결되는 호텔의 특성 때문이다. 다시 말해 호텔에서는 고객 경험을 매우 중요시하는데, 여기에서의 고객 경험이 그렇게 단순하지 않다. 말하자면 로비, 객실, 레스토랑 등 각각 분절되고 독립된 공간에 대한 개별 경험만을 의미하지 않는다는 의미다. 궁극적으로 호텔이 바라보는 고객 경험이란 호텔에 도착하는 순간부터 떠날 때까지의 연속된 모든 공간과 시간, 그것으로부터 누리는 모든 것을 의미한다. 이는 호텔이 스스로에게 부여한 미션의 범위를 말해준다. 즉, 분절된 개별 공간의 경험만이 아닌 연결된 공간 경험에서 오는 종합적이고 특별한 감동을 창출하는 것이 호텔의 미션이라는 의미다. 성공적인 감동 창출은 다름아닌 고객의 재방문율과 직결되고, 재방문 가능성이 높아질수록 호텔의 성공적인 운영이 가능해진다. 결과적으로 감동의 창출이야말로 호텔들이 추구하는 바이며, 비장의 무기인 셈이다.

이러한 연결된 공간 경험을 통한 감동 창출은 로비, 레스토랑, 피트니스 센터, 연회장, 객실 등 주인공 역할을 도맡은 곳으로만 이루어지지 않는다. 그렇다면 감동 창출의 완성은 어디에서 비롯하는 걸까. 바로 거점 공간 사이를 연결하는 곳에서 이루어진다. 즉, 복도, 에스컬레이터, 엘리베이터 등이 대표적이다. 주요 공간과 이러한 공간들이 일관된 콘셉트의 디자인 언어로 잘 어우러져 고객으로 하여금 물 흐르는 것 같은 공간 경험을 하게 한다면 성공이다.

그렇다면 다시 앞의 질문으로 돌아온다. 엘리베이터는 기계일까, 공간일까. 답은 공간이다. 이동에만 신경쓸 뿐 거의 눈길을 두지 않기 십상인 엘리베이터 내부 공간은 그러나 진입과 이동의 단계에서 공간 경험의 흐름을 깨뜨리지 않기 위해 호텔 디자이너들이 심혈을 기울인 결과물이다. 호텔 전반을 아우르는 디자인과 동일한 언어로, 내부 공간에서의 흐름을 이어가기 위해 호텔들의 고민은 진작부터 치열하다. 해외의 많은 럭셔리 호텔에서 캡cab이라고 부르는 엘리베이터 내부 디자인은 인테리어 디자인의 몫이다.

하지만 아쉽게도 한국의 호텔에서는 아직 이런 인식이 부족해 보인다. 인식이 부족하니 시장에도 그런 필요성이 반영되지 않는다. 인식도 부족하고 대안도 없으니 대부분 기성품으로 나온 캡을 그대로 사용한다. 결국 호텔 전체 디자인과 엘리베이터 내부 디자인에 이질감이 생기고 만다. 이런 차이를 알기 때문에 어느 호텔에 가게 되더라도 엘리베이터 내부 디자인을 유심히 살피곤 한다. 하나를 보면 열을 안다는 말이 여기에도 맞아떨어지는 경우가 적지 않다.

엘리베이터는 그러나 공간이기만 한 것은 아니다. 역시 안전하게 사람과 짐을 이동시켜야 하는 역할을 부여받은 기계이기도 하다. 여기에 더해 건물의 구조와 이용자들의 동선 흐름을 정리하는 중요한 요소이기도 해서 건축가는 건물 디자인 초기 단계부터 그 위치와 흐름을 각별히 고려한다.

가장 먼저 몇 개의 엘리베이터를 설치할까부터 고민은 시작된다. 객실 200개라면 손님용 2대가 필요하고 여기에 객실이 100개가 늘어날 때마다 1대씩을 추가하는 게 업계 경험치에 따른 설치 대수 기준이다. 직원용 엘리베이터는 별도로 둔다. 객실 층 수 20층 이하까지는 한 대, 20층 이상이거나 객실이

250개 이상이면 대수를 늘린다.

이렇게 몇 대를 설치할까 가늠을 해본 뒤 구체적인 시뮬레이션에 들어간다. 고객은 물론 직원들이 불편없이 이동할 수 있느냐, 직원들이 적절한 시간 안에 고객 서비스를 해결할 수 있느냐 여부를 판단한다. 정확한 판단을 위해서 엘리베이터 속도, 정지하는 층, 건물 높이, 엘리베이터 캡 크기 등의 모든 관련 정보가 총 망라된다.

시뮬레이션을 통해 갖춰야 하는 고객 엘리베이터 기준은 어떤 상황에서도 45초 이상을 기다리지 않게 할 것, 용량은 1,600킬로그램을 감당할 것, 내부 크기는 1.6×2미터, 높이는 2.9미터 정도다. 이 역시 업계 경험치로 산출한 기준이다. 직원 엘리베이터에도 기준은 있다. 60초 이하 대기 시간, 2천 킬로그램 용량, 1.7×2.4미터 내부, 2.9미터 높이 정도를 적당하다고 여긴다.

호텔을 이용하면서 엘리베이터 앞에서 1분 이상 기다려야 한다거나 엘리베이터를 탔는데 지나치게 좁은 느낌을 받은 기억이 있는지 떠올려 보자. 그런 기억이 있다면 십중팔구 그 호텔에 대한 인상은 그리 좋지 않았을 것이다. 엘리베이터 안팎에서 느끼는 짜증 지수는 고객 경험을 망치는 주범 중 하나다.

엘리베이터를 얼마나 어떻게 설치할까 고민이 끝난 뒤라면 실제로 운행을 어떻게 할까를 정해야 한다. 이른바 엘리베이터 프로그래밍 단계다. 엘리베이터는 고객이 가고 싶은 층의 버튼을 누르면 그곳으로 수직 상승 또는 하강한다. 버튼을 누르던 방식에서 카드 열쇠나 모바일을 패드에 대는 방식으로 바뀌는 추세지만 기본 작동 원리는 동일하다. 이를 위해 기본적인 프로그래밍은 당연하다.

이런 수직 상승 또는 하강이 일반적인 경우라면, 엘리베이터의 움직임에도 특별한 순간이 있다. 바로 불이 났거나 비상사태가 일어났을 때다. 엘리베이터 프로그래밍은 당연히 이런 순간에도 대비해야 한다. 크게 두 가지를 꼽을 수 있다. 하나는 프라이머리 콜primary call 기능이다. 화재 또는 비상사태가 일어났을 경우 모든 엘리베이터는 1층으로 운행한다. 또 하나는 세컨더리 콜secondary call 기능이다. 모든 엘리베이터는 2~3층으로 운행한다. 화재나 비상사태가 일어난 곳이 1층일 때를 대비한다.

그렇다면 고객이 엘리베이터에 갇히게 될 경우 어떻게 될까. 당연히 프로그래밍이 되어 있다. 이런 경우를 대비해 엘리베이터 내부 버튼 중 하나는 무조건 24시간 직원이 상주하는 공간으로 연결한다. 갇혀 있는 상황에서 버튼을 누르면 상주 직원이 모니터를 통해 어떤 엘리베이터가 몇 층에 정차되어 있는지를 확인한 뒤 엘리베이터 회사와 비상 연락을 취한다.

다행히도 45초 이상 기다리지도 않고 엘리베이터 안에 들어섰다. 내구성이야말로 최우선 과제다. 자세히 살펴보면 허리 높이를 기준으로 상단과 하단의 마감재가 다른 곳이 많다. 손님들이 가지고 탄 가방이나 짐이 이리저리 부딪혀 아래쪽이 아무래도 손상될 가능성이 높아 하단에는 훼손이 되어도 눈에 잘 보이지 않는 마감재를 쓰는 경향이 있다. 상단의 경우 거울로 마감재를 쓴 경우가 많은데, 이는 좁은 공간을 어떻게든 넓게 보이려는 의도의 반영이다.

규모가 큰 고급 호텔일수록 엘리베이터 내부에 공을 더 들인다. 이런 곳일수록 잠깐 이용하는 엘리베이터 안에서도 심심할 틈이 없다. 노약자들을 위한 손잡이, 어린이나 휠체어를 탄 고객을 위한 낮은 버튼 같은 기능은 물론이고, 다양한 조명, 디지털 스크린, 배경 음악까지 세심하게 살펴볼수록 살필 것이 많기도 하다.

객실로 향하는 다음 여정,
객실 로비

자, 이제 엘리베이터 안에 갇히지도 않고, 화재나 비상 상황도 겪지 않고 무사히 객실 층에 도착했다. 엘리베이터 문이 열리면 방금 거쳐온 메인 로비보다는 작지만 아늑한 느낌의 객실 로비가 나온다. 호텔 안에서 가장 사적인 공간인 객실로 향하는 곳이자, 같은 층 투숙객이 아니면 들어올 수 없는 곳이다.

보통 엘리베이터 문이 열리면 우리는 곧장 객실 번호 이정표를 확인하고 그 방향으로 성큼성큼 걸어간다. 하지만 여기서도 잠깐 속도를 늦춰 주변을 돌아볼 필요가 있다. 우선 바닥을 살펴보자. 얼마나 많은 고객들이 무거운 가방을 끌고 왔다갔다 했을까. 객실 층 전체에서 통행량이 가장 많은 곳이 바로 엘리베이터 앞이다. 바닥재에 신경쓰지 않을 수 없다. 아무리 많은 사람들이 다녀가도 그 흔적을 최소화할 수 있어야 하고, 시간이 흐른다고 해서 낡아 보여서도 안 된다. 내구성이 강한 대리석이나 타일이 으뜸이다. 최근에는 엔지니어링 우드인 LVTLuxury Vinyl Tile를 많이 쓰고 있다. 카펫을 선호한 시절도 있었지만 조금만 관리를 소홀히 해도 망가지기 쉬워 요즘에는 거의 사용하지 않는다.

객실 로비에는 콘솔, 거울, 조명, 전화기가 세트처럼 갖춰져 있곤 한다. 전화기를 들면 프론트 데스크로 연결된다. 쓸 일이 없을 것 같지만, 의외로 요긴하다. 객실에 들어가야 하는데 열쇠를 잃어버렸거나 고장이라도 났을 때 이 전화기가 없다면 1층까지 내려갔다 와야 한다. 휴대전화기가 보편화된 이후

메인 로비와는 사뭇 다른 객실 로비

■

예전에는 콘솔, 거울, 조명, 전화기가 세트처럼
갖춰져 있었지만 요즘은 가급적 물건을 치우는
추세다.
하지만 전화기가 있고 없고는 매우 큰 차이다.
다 치우는 게 능사는 아니라고 생각하는 바이다.

로 과연 필요할까 싶지만 여전히 빛을 발하는 순간이 존재한다. 이를테면 이런 경우다. 피곤한 몸을 이끌고 저녁에 객실에 들어가려는데 어쩐지 열쇠가 작동하지 않는다. 로비에 전화기가 있다면 호텔 직원에게 곧장 사정을 설명하고 해결할 수 있다. 전화기가 없다면? 휴대전화로 호텔 전화번호를 찾아 나는 누구이며 여기는 어디인지를 몇 번이고 설명해야 한다. 배터리가 방전이라도 된 상태라면 짜증은 곱절이 된다. 결국 프론트 데스크를 찾아가고 만다. 최근 호텔들의 객실 로비는 물건들을 가급적 두지 않는 추세이긴 하다. 거울도 치우고 전화기도 사라지고 있다. 하지만 객실 로비에 거울은 몰라도 전화기는 꼭 있어야 한다고 생각하는 나는 호텔 오픈을 앞두고 누누이 이 부분을 강조하곤 한다.

자, 그렇다면 전화기는 전화기고 객실 로비에서 가장 중요한 것이 있다면 뭘까? 답은 명확하다. 바로 방향 사인directional signage이다. 엘리베이터에서 내리자 마자 누구나 자기 방을 쉽고 간단하게 찾을 수 있어야 한다. 때때로 너무 멋을 부린 나머지 글씨가 작거나 튀는 디자인으로 오히려 그 역할을 제대로 못하는 경우를 볼 때가 있다. 무거운 여행 가방을 끌고 여기저기 낯선 객실 복도를 헤매야 한다고 생각해 보자. 절대 있어서는 안 될 일이다.

이런 일을 방지하기 위해 나 같은 사람이 필요하다. 호텔 공사를 마무리하기 전, 내가 하는 일 중 하나가 바로 구석구석 안내판 점검이다. 안내판이 표시된 도면을 들고 꼭대기부터 시작해서 호텔 곳곳을 돌아다닌다. 과연 있어야 할 곳에 다 있는지, 없어야 할 곳에 엉뚱하게 붙어 있는 건 아닌지 살피고 다니는 일은 얼핏 사소해 보이지만 원래 작은 차이가 큰 차이를 낳는 법이라는 걸 늘 명심한다.

복도,
객실로 향하는 마지막 여정

누군가 마지막까지 열심히 점검했을 그 말없는 안내를 따라 당신은 이제 당신의 객실을 향해 복도로 들어선다. 일반적으로 호텔 객실 복도의 폭은 약 1.5~2미터 정도다. 영화제 레드 카펫만큼은 아니어도 길고 쭉 뻗은 복도에 카펫이 깔려 있고, 대체적으로 낮은 조도의 조명 불빛이 공간을 감싸고 있다. 방마다 붙어 있는 객실 번호를 하나씩 확인하며 당신은 복도 위를 어느덧 걷고 있다. 어떤 소리가 들리는가. 또각또각, 터벅터벅하는 발소리? 또는 바퀴 가방 끄는 소리? 그럴 리 없다. 한 걸음 한 걸음 걷는 동안 당신으로 인한 거의 모든 소리는 발바닥에 닿는 카펫 속으로 대부분 사라지기 때문이다. 짐작한 독자들이 계실 수 있다. 맞다. 이제 카펫에 대해 이야기할 차례다.

호텔 카펫은 무척 화려해 보이지만 카펫의 진정한 역할은 화려한 분위기도, 아늑한 느낌도 아니다. 사람들은 잘 모르지만 카펫은 언제나 강도 높은 임무를 조용히 수행하고 있다. 그도 그럴 것이 카펫의 하루를 생각해 보자. 호텔 카펫 위로는 사람도 지나다니지만 바퀴 달린 여행 가방도 지나다닌다. 그뿐만 아니라 체크인/아웃 시간 전후로 객실을 청소하고 관리하기 위해 직원들이 끌고 다니는 카트도 빠질 수 없다. 이로 인해 발생하는 소음은 무시무시하다. 바로 이런 소음을 차단하는 것이야말로 카펫의 존재 이유다. 우리가 객실 안에서 조용히 쉴 수 있는 것도 어쩌면 카펫 덕분이다. 카펫이 소음을 차단해 주지 않는다고 생각해 보자. 아마 오가는 사람들의 발소리, 가방 바퀴 굴러가

객실로 향하는 길목

■

방금 지나온 로비와 달리 이곳에는 카펫이 깔렸다. 다 이유가 있다.
바로 우리의 발걸음이 누군가의 휴식을 방해해서는 안 되기 때문이다.

는 소리에 우리의 휴식은 애초에 불가능할지도 모른다.

지나가던 고객 누군가는 카펫에 음료수를 쏟을지도 모른다. 하지만 카펫은 아랑곳하지 않는다. 언제나 흐트러짐 없는 단정하고 우아한 모습을 갖춰야 한다. 카펫 위를 걷는 고객들의 걸음걸음은 언제 어느 때보다 편안하고 기분 좋아야 하기 때문이다.

이 때문에 카펫의 내구성은 절대 조건이다. 울 100퍼센트 고급 카펫보다는 80퍼센트 울에 20퍼센트 나일론이 섞인 카펫을 주로 사용한다. 때가 쉽게 타지도 않아야 하고, 유지 보수에도 편리해야 함은 물론이다. 색깔이 연하거나 패턴이 없는 건 가급적 깔지 않는다.

여기에 딱 맞는 게 액스민스터Axminster 카펫이다. 이 이름은 1755년 영국 데번셔 주의 액스민스터라는 마을에서 제조하기 시작한 카펫의 총칭에서 비롯했다. 토마스 위티Thomas Whitty라는 사람이 공장을 차린 뒤 동양 방식으로 만들면서 이 이름이 붙었다. 사람이 직접 짜던 것을 19세기 후반 기계화로 제작하기 시작한 뒤에는 영국은 물론 미국 등지에서 대량 생산되고 있다. 남다른 기법으로 실을 짜기 때문에 카펫이 어디 한군데 주저앉아도 탄력성이 있어 금세 원형을 회복하는 데다 늘 새것 같은 느낌을 준다. 1~12색도까지 쓸 수 있어 색깔 쓰는 데 제약이 거의 없고, 화려하고 다양한 패턴의 조합이 가능한 것도 장점이다. 어떤 인테리어 디자인에도 어울릴 뿐만 아니라 고객이 쏟은 커피 자국도 화려한 패턴과 색깔 덕분에 두드러지지 않는다.

규모가 큰 고급 호텔일수록 카펫까지도 기성 제품이 아닌 호텔 전체 디자인 방향에 맞춰 따로 주문한다. 이게 말이 쉽지 과정 하나하나를 들여다보면 이처럼 성가시고 번거로운 일이 없다. 일단 호텔 소유주, 인테리어 디자이너,

카펫 제작 업체가 머리를 맞대는 것으로 시작한다.

가장 먼저 인테리어 디자이너들이 카펫 문양을 디자인한다. 최종 문양이 결정되기 전까지 긴긴밤을 지새우고 끝도 없이 시안을 만드는 것은 기본이다. 이 작업이 끝나면 업체에 견본을 주문한다. 업체의 견본을 받아 디자이너가 색깔과 문양이 의도한 대로 잘 나왔는지 확인하고 수정하고 다시 만들고 확인하고 수정하는 작업을 수 차례 반복한다. 한 번 만들어 깔고 나면 다시 고치기가 쉽지 않기 때문에 이런 지난한 과정을 누구도 원망하지 않는다. 많이 해볼수록 실패 확률이 낮아지니 기꺼이 받아들여야 한다.

샘플을 통해 최종 디자인이 승인되면 끝일까. 아직도 갈 길이 멀다. 승인한 샘플을 바탕으로 전체 객실 복도 평면에 카펫 설치를 시뮬레이션한다. 이 작업을 흔히들 카펫 다이어그램이라고 한다. 호텔 카펫은 얼핏 보기에는 하나로 만들어진 것 같지만 대부분 그렇지 않다. 여러 개의 조각들을 붙여서 한 면으로 보이게 만든다. 이걸 맞추는 것도 보통 일이 아니다. 문양이 아예 없거나 규칙적으로 전개된다면 쉽겠지만 색깔과 문양이 화려할수록 연결 작업은 까다롭기만 하다. 이걸 잘 맞추지 않으면 카펫 패턴이 어딘지 부자연스러워 보인다. 디자이너의 의도대로 배치가 되는지도 확인할 필요가 있다. 이렇게 미리 시뮬레이션을 해서 패턴 연결점을 만들어놓지 않으면 맞지 않는 부분들을 죄다 버려야 하니 낭비일 뿐만 아니라 제작비도 천정부지로 솟구친다. 이런 사태를 막기 위해 하는 것이 바로 카펫 다이어그램 작업이다.

이 작업을 거쳐 마지막까지 점검의 점검을 거듭한 뒤에야 비로소 카펫이 깔린다. 깔리는 것은 카펫만이 아니다. 눈에 보이지는 않지만 우리의 발걸음을 한결 더 경쾌하게 해주는 장치가 발 밑에 감춰져 있다. 바로 카펫 아래 설

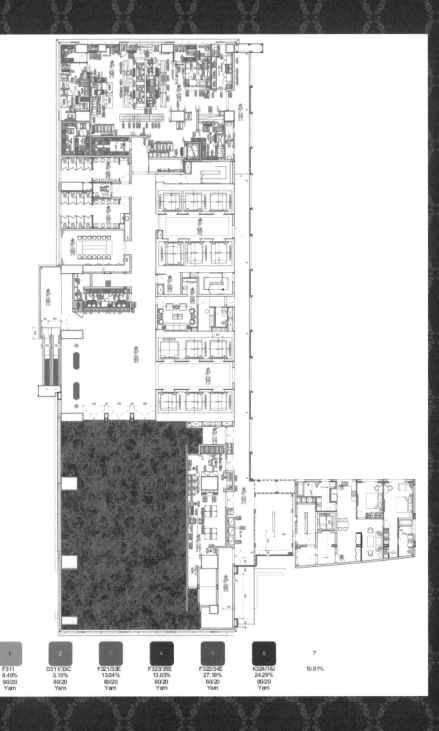

1	2	3	4	5	6	7
F311	D311/33C	F321/33E	F323/35E	F322/34E	K324/18J	
8.40%	3.13%	13.04%	13.03%	27.18%	24.29%	10.91%
80/20	80/20	80/20	80/20	80/20	80/20	
Yarn	Yarn	Yarn	Yarn	Yarn	Yarn	

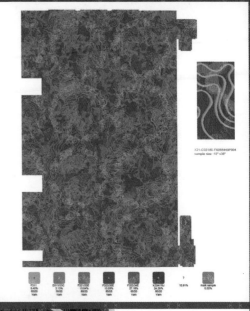

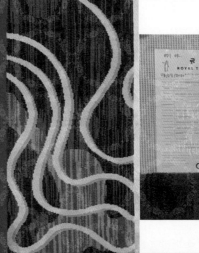

광활한 카펫이 깔리기 전
■

우선 해당 카펫이 깔릴 공간의 도면에 자리를 잡는다.
카펫의 전체 문양을 그린 뒤 특정 부분을 샘플링해서 실제 제작을 해본다.
재질, 문양 등 어느 것 하나 빠지지 않고 살핀 뒤 최종 결정을 한다.
비로소 카펫 제작의 전단계가 끝난다. ODI 제공.

치하는 패드다. 패드는 충격을 흡수하고 카펫이 밀리지 않게 고정시키고 또 콘크리트 바닥에서 올라올 수 있는 냉기를 흡수하는 등 카펫에서 없어서는 안 되는 존재다.

여기에서 그 진가를 발휘하는 것이 가이드라인의 디테일이다. 패드의 두께까지 그냥 지나치지 않는다. 두께의 수치를 매우 구체적으로 제시한다. 두께에 따라 발끝에서 느끼는 감각이 다르기 때문이다. 패드가 너무 두꺼우면 밟은 뒤 걸음을 뗄 때 어쩐지 어색하고 불편하다. 회복성이 늦기 때문이다. 바퀴가 달린 가방은 어쩐지 잘 끌리지 않는다. 너무 얇으면 애초에 기대한 역할을 제대로 해낼 수 없다. 예전에는 고무 패드를 사용했지만 요즘은 친환경 운동의 일환으로 펠트지를 많이 쓰는 추세다.

모든 호텔이 같은 가이드라인을 적용하는 것은 아니다. 예산이 적다면 새로 제작하지 않고 기성품을 사서 깐다. 롤카펫 대신 카펫 타일을 쓰기도 한다. 설치 과정이 훨씬 단순하고 비용이 적게 드는 장점이 있다. 여기에 더해 고객이 음료수를 쏟아도 그 부분만 들어내 교체하면 금세 말끔해지는 것도 카펫 타일의 장점이다.

존재하지만 존재하지 않는 곳, 직원들 전용 공간

복도를 거쳐 객실로 향하는 동안 우리는 다른 객실 앞을 지나간다. 지나치는 공간은 객실만이 아니다. 존재하지만 존재하지 않는 것처럼 보이는 공간들이다.

그 중에는 하우스키핑 팬트리를 빼놓을 수 없다. 보통 '직원 전용'이라는 팻말이 붙어 있다. 객실을 청소하고 비품을 채우는 직원들의 공간이다. 이곳에서는 막대 걸레와 손걸레 등을 빨기도 하고, 손을 씻거나 청소용품을 세척하기도 한다. 직원 화장실도 보통은 포함이 되어 있다. 객실에서 사용할 침구와 수건, 어메니티 등을 잔뜩 보관해 놓고, 전화기, 해당 층 객실 청소 상황을 한눈에 볼 수 있는 모니터 등도 갖춰져 있다. 규모가 큰 곳에서는 제빙기를 비치해 두고, 고객이 얼음을 요청하면 객실로 가져다 주기도 한다.

존재하지만 존재하는 걸 드러내지 않아야 하는 곳은 더 있다. 이른바 AD Air Duct실, EPS Electrical Piping Shaft실, TPS Telecommunication Pipe Shaft실, PS Pipe Shaft실 등이다. 이곳은 사람의 몸으로 보면 호텔의 혈관 같은 역할을 한다. 그렇다면 호텔의 심장은 어디일까. 대표적으로 설비실, 보일러실, 전기실, 물탱크실 등 등을 꼽을 수 있다. 주로 건물 지하에 있다. 지하의 심장에서 출발하는 전기, 냉온수 등을 호텔 구석구석, 꼭대기 층까지 운반하는 역할을 앞서 말한 혈관들이 맡는다. TV, 인터넷을 비롯한 모든 통신용 배선도 예외가 아니다. 하는 일은 더 있다. 객실에서 발생하는 온갖 오배수 역시 설치된 수직 통로를 통해 지하로 내려간다. 고객들이 잠자리에 들어도 이곳은 잠들지 못한다. 24시간 풀가동이다. 호텔 기술팀만 접근 가능하다.

이 공간에서 사고가 나면 객실 전체가 마비 된다. 따라서 설계 단계에서부터 마감까지 어느 것 하나 소홀해서는 안 된다. 중국 출장이 잦을 때의 일이다. 숙소로 이용하던 호텔에서 위아래 객실 화장실 물 내려가는 소리에 몇 번이나 잠을 깨곤 했다. 소리만 듣고도 그 이유를 짐작할 수 있었다. 잘못된 소재의 배관이 문제였다. 가이드라인을 엄격하게 관리하는 호텔에서 이런 일은 있을 수 없다. 배관 파이프 소재까지도 특정하기 때문이다. 하지만 그것으로 백 퍼센트 안전을 보장할 수는 없다. 실제로 몇 년 전 중국의 한 호텔에서 시공사가 배관을 다른 종류로 바꿔 설치한 것이 문제가 되었다. 벽 안에 넣은 것이니 들키지 않을 것으로 생각했을까. 웬걸. 호텔이 문을 열자 마자 고객들의 불만이 쏟아져 나와 결국 들통이 나고 말았다.

이처럼 존재 그 자체로 의미가 있으나 고객들 눈에는 보이지 말아야 하고, 접근 가능성조차 원천 봉쇄해야 하니 호텔 인테리어 디자이너들의 눈속임 아닌 눈속임은 치열할 수밖에 없다. 속이려는 자와 속아야만 하는 자의 술래 없는 숨바꼭질 같기도 하다.

호텔 정문으로 들어와 1층 로비를 거쳐 엘리베이터를 타고 올라와 다시 객실 로비와 복도를 걸어와 이제 드디어 객실 문 앞에 당도했다. 손에 쥔 열쇠를 손잡이에 대기만 하면 당신을 위해 준비한 객실의 문이 드디어 열릴 것이다.

제 4 장

입성

Homage to Your Comfortable Stay

방문을 연 뒤 1분!
그 안에 좌우되는 감동을 향한 호텔의 고군분투

찰칵. 객실 열쇠를 방문에 대니 기분 좋은 소리와 함께 방문이 열린다. 설레는 마음으로 열쇠를 열쇠 꽂이에 꽂는다. 어둑한 방안이 순간 환해지며 냉난방기도 작동을 시작한다. 깨끗하게 정리된 방, 당장이라도 가서 눕고 싶은 침대가 눈에 들어온다. 드디어 객실에 도착했다.

호텔에 대한 모든 인상을 좌우하는 순간. 객실 문을 연 뒤 1분 안에 흡족한 마음이 든다면 호텔에 머무는 내내 거의 모든 순간이 만족스럽다. 다소 실망스러운 부분이 있어도 어쩐지 마음이 너그러워진다. 반대라면? 아주 피곤해진다. 사사건건 불만이 차곡차곡 쌓인다.

이런 고객들의 마음을 호텔이 모를 리 없다. 같은 고객을 다시 오게 하느냐마느냐가 바로 이 순간에 좌우된다고 해도 과언이 아니다. 곧 호텔의 수익성과 직결된다. 때문에 바로 이 순간 고객의 마음을 사기 위해 호텔은 할 수 있는 한 정성을 다 기울인다.

호텔은 수시로 고객과 게임을 한다. 게임은 한 번이 아니다. 수많은 호텔 가운에 '이' 호텔을 선택하면 이기는 게임이다. 호텔에 머무는 동안 다시 오고 싶다는 마음이 든다면 역시 이긴 게임이다. 선택을 받은 뒤 감동을 느끼게 했다면 완벽한 승리다. 승리를 위해 분투하는 것이야말로 게임에 임하는 호텔의 가장 큰 전략이자 목표다. 어떻게든 차별화된, 특별한 경험을 제공함으로써 이 게임에서 좋은 결과를 얻기 위해 수많은 호텔들은 엄청난 노력과 투자를 아끼지 않는다.

객실을 통해 고객이 감동하는 포인트는 뭘까? 생각보다 답은 단순하다. 기본에 충실할 것. 하루 일과 후 피로를 풀 수 있는 욕실과 편안한 잠자리야말로 감동 포인트다. 공간 분위기와 적절한 서비스로 마음을 연다면 금상첨화다. 이것만 제대로 해내면 호텔은 이미 절반의 성공을 거둔 셈이다. 고객들은 호텔의 화려한 모습에 열광한다. 틀린 말은 아니다. 그러나 겉모습이 주는 감동은 오래 가지 못한다. 호텔이 갖춰야 할 모름지기 상식적이고 기본적인 것에 충실한 곳일수록 고객의 마음에 오래 남는다. 감각 있는 호텔들이라면 바로 이 점에 총력을 기울인다. 시간과 돈을 아끼지 않는 것은 물론이다. 자 그렇다면, 그렇게 각 분야 선수들이 총력을 기울인 바로 그 공간, 객실을 자세히 둘러보기로 하자.

누구나 호텔 객실이 내 집보다 쾌적하고 편안해야 한다는 기대를 갖게 마련이다. 값을 치르고 묵는 곳이니 그에 맞는 서비스를 원한다. TV 모니터는 큼직해야 하고, 침대는 널찍해야 하며, 침구는 깨끗하고 푹신하며 좋은 감촉을 지녀야 한다. 그렇다면 수많은 고객들에게 부족함 없이 편안한 시간을 제공하는 일은 어떻게 가능할까. 이 질문에 대한 나의 답은 바로 이것이다.

'철저하게 의도한 콘셉트의 인테리어 디자인, 같은 맥락으로 이어지는 디테일, 고객들의 보편적인 행위에 대한 깊은 이해, 그리고 고도의 기술 결합.'

인테리어 디자인 앞에 굳이 '철저하게'라는 말을 덧붙인 데는 이유가 있다. 강박적으로 여겨질 정도로 객실 인테리어 디자인은 콘셉트에 충실해야 한다.

콘셉트가 선명하고 일관되게 반영되어 있을 때에라야 비로소 고객은 그 공간에서 선명한 인상을 얻게 된다.

흔히 우리가 경험하는 객실 크기는 33제곱미터 남짓이다. 객실 크기는 호텔의 가장 기본적 단위다. 33제곱미터를 기본적인 크기로 잡은 데는 이유가 있다. 공간을 가로 세로로 그려 보기로 하자. 가로 면에서 가장 길게 배치되는 가구는 바로 침대다. 보통 2미터 남짓이다. 침대 앞에는 뭐가 있을까. 약 40센티미터 깊이를 확보한 선반 또는 수납장이다. 그리고 그 위에는 TV가 있다. 침대와 TV 영역 사이에는 사람이 움직일 수 있는 공간을 확보해야 한다. 약 70센티미터를 고려한다. 여기에 침대 헤드와 기타 마감재 등의 여유를 고려하면 객실의 최소 가로는 약 3.4미터가 필요하다.

세로 면은 어떨까. 가로 면과 같은 방식으로 하나하나 필요한 수치를 재서 추정하면 된다. 창가부터 시작한다고 했을 때 창가 옆 소파, 침대 옆 탁자, 침대, 욕실, 옷장 등의 수치를 모두 다 더하면 방의 세로 면을 가늠할 수 있다. 보통 약 8미터로 잡는다. 가로 3.4미터, 세로 8미터로 객실 크기는 약 27제곱미터 남짓이다. 여기에 일반적으로 호텔 객실은 2인실을 기본으로 구성하기 때문에 침대 하나를 더해 33제곱미터를 객실 크기의 기본으로 삼는 것이 일반적이다.

호텔 설계의 맨 앞머리, 즉 타당성 여부를 검토할 때 이 숫자 확보 여부를 가장 먼저 확인해야 한다. 만약 이 숫자가 확보되지 않는다면? 호텔을 설계하고 만들어나갈 모든 이들 눈앞에 지옥문이 열렸다는 것과 같은 말이다. 가구 또는 동선 둘 중 하나를 절충해 가며 공간을 기획해 나가야 하기 때문이다. 1센티미터에도 울고 웃기를 수없이 거듭해야 한다. 가구 하나를 고를 때도,

호텔 객실의 최종 정착지

■

호텔에 들어선 뒤 최종적으로 도착하는 곳은 객실의 침대 위다.
하지만 객실 문을 연 뒤 여기에 이르기 전에 둘러볼 곳들은 아직 끝나지 않았다.

고객의 동선을 고려할 때도 아주 복잡한 셈법을 동원해야만 고객이 객실을 사용할 때 불편함이 없다.

럭셔리 호텔 객실 공간은 훨씬 넓어야 한다. 들어가는 가구의 크기도, 종류도 다양하다. 고급스럽고 여유로운 공간 연출은 필수다. 그러자면 약 45~50제곱미터 공간은 확보되어야 한다. 하지만 무조건 넓기만 하면 만사형통이라고 생각하는 건 곤란하다. 좁은 곳도 있다. 이럴 때는 좁은 객실이라는 단점을 상쇄할 만한 무엇이 있어야만 고객의 불만을 최소화할 수 있다. 일반적으로 디자인으로 승부한다. 객실은 물론 호텔 전체적인 디자인에 강력한 '한방'이 있게 마련이다.

자, 다시 우리의 객실로 돌아와 보자. 특별한 경우가 아니라면 33제곱미터 남짓의 공간이다. 이 제한된 공간 안에서 고객들로 하여금 편안함을 느끼게 하고, 궁극적으로 다시 오고 싶다는 마음을 끄집어내기 위해 호텔들은 과연 어떤 노력을 해뒀을까. 우선 객실은 크게 전실과 욕실 그리고 침실이라는 세 영역으로 나뉜다.

전실은 복도와 침실의 경계이자 가장 은밀한 사적 공간인 침실에 가장 가까운 마지노선이다. 여기에는 객실 문, 열쇠 꽂이, 옷장, 객실 제어 스위치 세트, 욕실 입구 등이 기본 요소로 갖춰진다.

객실 문,
이 안에 감춰둔 장치들의 은밀함

객실로 들어가기 위해 문을 밀어 보면 의외로 육중하다. 그냥 문이 아니기 때문이다. 좁은 공간에 수많은 기능이 집약되어 있는 곳이 객실이라면 객실 문 역시 그렇다. 이 문에는 수많은 의무와 역할이 부여되어 있다.

대개 호텔들의 가이드라인에는 불이 났을 때 최소한 20분은 견디며 객실 고객을 보호할 의무를 분명히 밝혀 둔다. 문에는 당연히 비상계단을 통해 대피할 수 있는 피난 경로 안내가 도면으로 부착되어 있고, 문 근처에는 손전등이 설치되어 있어야 한다.

안전에도 소홀해서는 안 된다. 누군가 벨을 누르면 대뜸 대답하기 전에 문에 설치해 둔 핍홀peephole을 통해 확인하는 습관을 갖는 것이 좋다. 작은 카메라 렌즈처럼 생긴 구멍 말이다. 문을 제작할 때 성인 눈높이에 맞춰 대부분 바닥에서 150센티미터 높이에 넣어둬야 한다. 안전을 위해 잠금 장치는 기본적으로 3개가 설치된다. 도어 록, 도어 록에 붙은 수동 잠금 장치, 그리고 누군가 문을 열려고 해도 활짝 열리지 않도록 막아주는 체인 록. 오른쪽 위로 눈을 돌리면 마치 팔꿈치처럼 생긴 쇠막대기가 달렸다. 문을 열고 닫을 때 천천히, 그러나 끝까지 닫아주는 도어 클로저door closer다. 호텔에서 이 도어 클로저는 자동으로 닫혀야 한다. 안전을 지켜주면서도 어쩐지 세심하기도 하다.

소음 차단은 두말하면 잔소리다. 차단하고 싶은 소리라면 어떤 게 있을까. 객실 바로 앞 복도를 오가는 사람들의 발소리, 말소리, 가방이나 카트 끄는 소

은밀함으로 가득한 객실 문

■

객실의 문은 그저 여닫을 수 있기만 해서는 안 된다. 이 문에는 고객의 안전과
소음의 차단을 위해 다양한 안전장치가 꼼꼼하게 갖춰져 있어야 한다.

리, 옆 객실 초인종 소리 등 소음은 시시때때로 밤낮을 가리지 않고 발생한다. 소음 차단은 중요하다. 소음으로 편안한 휴식을 방해받는다면 그 호텔은 최악이다. 복도에 카펫을 까는 것도 어떻게든 소음을 최소화시키기 위해서다.

호텔마다 소음 차단을 위해 객실 문 두께부터 재질, 객실 간의 벽 두께, 벽 시공법은 물론 심지어 전기 콘센트 박스 위치까지 상세한 가이드라인이 보통은 마련되어 있다.

글로벌 호텔 그룹의 경우 대개 문 두께는 최소 45밀리미터, 최소 50~55 STCsound transmission coefficiency를 요구한다. STC는 패널이나 파티션 같은 건축 관련 자재의 소음 차단 성능 지수다. 일반적인 가정집에서는 38~42 수치 정도면 괜찮지만 호텔이나 녹음실 등에서는 50~65 수치를 권장한다. 즉, 안팎으로 소리가 들고나는 모든 가능성에 대해 원천 차단을 요구하는 것이다. 물론 이것만으로 원천봉쇄했다고 할 수 없다. 그래서 한발 더 나간 것이 객실 문 전체를 감싼 고무 튜브다. 이는 객실 문을 여닫을 때 문과 문틀이 닿지 않게 하기도 하지만 동시에 문틀과 문 사이 틈을 통해 들어오는 소음을 차단하는 역할도 한다. 그럼 이걸로 끝일까. 아니다. 소음이 가장 많이 유입되는 곳은 어디일까? 바로 문과 바닥 사이 틈이다. 그리고 바로 여기에 많은 사람들이 미처 알아차리지 못하는 장치가 있으니, 브러쉬brush 또는 소음 차단제sound gasket다. 손으로 만져 보지 않으면 그 존재를 모른다. 객실 문이 닫히면 자동으로 내려와 틈을 막아냄으로써 소음이 들어올 마지막 가능성까지 차단한다. 핍홀처럼 문을 만들 때 아예 빌트인을 하는 것이 일반적이다. 호텔 객실의 안전과 고요함은 이런 사투와 고민의 결실이다.

그런데 위에서 언급한 것 중 전기 콘센트 박스 위치는 소음에 어떤 영향을 미치는 걸까. 소음은 매우 미세한 틈으로도 스며든다. 객실 사이의 벽에는 스위치나 콘센트 박스를 매립한다. 이런 경우 자연히 벽 두께가 얇아지기 때문에 스위치나 콘센트를 통해 옆 객실의 소음이 스며들게 마련이다. 이런 경우 약 2밀리미터 정도의 소음 차단용 간벽을 객실 사이에 설치해서 소음이 스며들 틈을 아예 막아주는 것이 좋다. 아는 게 병이다. 언제든 호텔에 묵을 때 옆방의 소리가 들리는 것 같으면 보이지 않는 벽 속을 샅샅이 훑어보고 싶은 마음이 굴뚝 같다.

공기,
호텔 수준을 보여주는 바로미터

객실에서의 편안한 휴식을 위해 호텔이 신경을 쓰는 부분은 또 있다. 환기다. 공기의 질을 관리하고 쾌적한 상태를 유지하기 위해서는 초기에 비용이 많이 들어갈 수밖에 없다. 하지만 공기야말로 눈에 보이지는 않지만 호텔의 수준을 보여주는 바로미터이기도 하다. 어떤 호텔은 방에 들어가자마자 퀴퀴한 냄새가 코를 찌른다. 어떤 질 좋은 서비스를 받아도 냄새로 인한 불쾌감은 쉽게 사라지지 않는다. 어쩌면 퀴퀴한 냄새를 방관하는 호텔에서 질 좋은 서비스는 기대할 수 없을지도 모른다.

글로벌 호텔 그룹일수록 공기 질에 신경을 곤두세운다. 외기가 그대로 들어온다면 습도와 온도 유지에도 문제가 생기는 것은 물론, 오염 상태 그대로 냉난방 시스템으로 유입된다. 그렇게 되면 객실까지 공기가 오염되는 것은 순식간이다. 상상만 해도 큰일이다. 이를 위해 건물 안으로 들어오는 공기, 즉 외기의 선처리에 공을 들인다.

선처리 작업은 우선 외기가 유입되는 바로 그곳에서 외기의 온도, 냄새, 습도 등을 잡아 호텔 전체로 공급되는 공기를 일차적으로 쾌적하게 만들어 주는 것이 목적이다. 이것은 단지 고객들에게 쾌적한 공기를 제공하기 위한 장치만은 아니다. 효율적인 냉난방 유지를 위해서도 꼭 필요하다. 예를 들어 외기 온도가 30도라고 해보자. 서버실 같은, 시스템 장비 등이 발산하는 열로 인해 더 낮은 온도를 유지해야 하는 특수 공간을 제외하면 호텔 내부 온도는 23~24도, 습도는 50퍼센트 정도를 유지하는 것이 기본이다. 선처리 과정에서 30도 외기 온도는 좀더 쾌적한 공기 질을 확보하면서 동시에 2~3도 낮춰진다. 선처리를 통해 일단 정제된 공기는 객실은 물론 호텔 전체에 공급되면서 다시 한 번 각 공간들의 냉난방 시스템을 통해 공간마다 적정한 온도로 다시 조정을 거치게 된다. 그렇게 되면 각각의 냉난방 시스템의 할 일은 줄어들고, 결과적으로 에너지 절약에 도움이 된다. 이는 곧 유지운영비 절감으로도 이어진다.

최근에는 새로운 기능이 더해지고 있다. 바로 공기 중 살균 시스템이다. 지금까지 호텔의 보안이란 낯선 사람의 진입을 막거나 화재 등의 사고, 테러 등의 위험에 대비하는 것을 의미했다. 이제는 그걸로는 부족하다. 온갖 바이러스 침투를 막고, 침투한 바이러스를 끝까지 찾아내 완벽하게 소멸시키는 것까지 호텔의 보안 영역에 포함시키고 있다. 짐작하겠지만 코로나19 이후의 추세다. 이를 위해 객실 내부 냉난방 장치에 바이러스 차단 시스템을 설치하기 시작했다. 객실로 유입되는 공기에 혹시라도 섞여 있을 바이러스를 레이저를 통해 살균하는 방식이다. 국내에서 가장 앞장 서서 홍보하고 있는 곳은 '조선 팰리스' 호텔이다. 그날그날 객실 정비 후 객실 안에 설치한 자동 자외선 살균 시스템을 작동시켜 완벽한 공기 청정 효과를 거두고 있다고 한다.

어느 정도의 성능이냐에 관계 없이, 정도의 차이는 있겠지만 공기 관리 시스템은 당연히 초기 투자 비용을 상승시킨다. 눈에 보이지 않기 때문에 고객들은 그 존재조차도 알 수 없다. 그런 이유로 초기에 설치를 망설이는 경우가 종종 있다. 그 필요성을 아무리 설명해도 호텔의 소유주가 거절하면 방법이 없다. 하지만 이미 공기에 예민해진 고객들이 이 부분에 대한 불만을 갖지 않을 리 없다. 다 지은 뒤 추가하려면 몇 배의 비용이 더 들어갈 뿐만 아니라 공사의 규모도 커질 수밖에 없다. 결과적으로 손해가 이만저만이 아니다.

기술은 나날이 발전하고 있다. 일본에서는 최근 냄새는 물론 공기 중 온갖 유해 세균을 살균하는 벽걸이형 시스템을 개발했다고 한다. 실제로 도쿄 '월트 디즈니 리조트'에서 사용하고 있다는 소식도 전해진다.

본격 진입 전,
'나'를 위해 준비한 전실의 구석구석

아직 우리는 전실에 머물러 있다. 객실 문을 열면 가장 먼저 열쇠 꽂이에 열쇠를 꽂는다. 열쇠 꽂이는 그저 열쇠 꽂이가 아니다. 열쇠를 꽂는 순간, 센서가 작동하면서 즉각 객실 전체의 전원을 켠다. 낯선 객실에 들어서면서 필요한 곳마다 직접 불을 켜야 하는 수고를 하지 않아도 되는 편리함은 열쇠 꽂이의

'열일' 덕분이다.

그 옆에는 보통 두 개의 스위치가 있다. 누구에게도 방해 받고 싶지 않다면 방해 금지Do not disturb 스위치를, 추가 청소 서비스를 받고 싶다면 메이드 요청 Make-up 스위치를 누른다. 어떤 호텔에서는 환경 보호를 위해 하루 이상 연박일 때 이 스위치를 누르지 않으면 굳이 청소를 하지 않기도 한다. 이를 통해 객실 담당 직원에게 고객의 요구가 전달된다. 말하자면 객실과 호텔의 기초적인 통신 수단인 셈이다.

예전에는 객실 문을 열 때 자물쇠를 주로 이용했다. 방 번호가 적힌 길쭉한 플라스틱 막대에 열쇠를 매달아 썼다. 오래전 일이다. 카드 열쇠로 대체된 지 오래다. 카드를 객실 문에 대면 문이 열린다. 그런데 카드 열쇠도 머지 않아 사라질 전망이다. 애플리케이션을 통한 모바일 체크인/아웃 시스템이 보편화되고 있다. 이는 곧 물리적인 열쇠를 들고 다닐 일이 없어진다는 의미다. 열쇠가 없어지면? 당연히 열쇠 꽂이도 사라질 것이다. 열쇠 꽂이가 사라지면 열쇠 꽂이의 '열일'은 어떻게 할까? 호텔의 규모 및 등급에 따라 첨단 기술을 통한 모션 센서가 대신 하기 시작했다. 등급이 낮은 호텔은 상대적으로 투자비가 적기 때문에 값비싼 모션 센서 대신 간단한 전원은 예전처럼 수동으로 스위치를 눌러 끄고 켜기도 한다. 미래와 과거가 함께 소환되고 있는 형국이다.

카드 열쇠가 사라지고 모바일 체크인/아웃 시스템이 보편화되면 좋은 점이 있다. 뜻밖에도 객실을 들고날 때 열쇠를 열쇠 꽂이에 꽂아둔 채로 다니는 이들이 꽤 많다. 그렇게 되면 당연히 객실에 사람이 있는 것으로 인식하여 빈 방에 투숙객이 설정한 온도로 냉난방이 유지되고, 불은 켜 있다. 당연히 불필요한 에너지를 쓰게 된다. 그렇지 않아도 호텔에서 에너지를 가장 많이 사용하는 것이 바로 냉난방 장치와 조명이다. 이를 해결하기 위한 호텔들의 선택은 태양열이다. 재생 에너지를 통해 약 20퍼센트까지 에너지 사용을 줄이겠다는 호텔들의 선언들이 여기저기에서 나오고 있다. 실제로 중동 지역의 한 호텔은 태양열 에너지로 데운 온수를 사용함으로써 이 캠페인에 선두 주자로 활약 중이다. 이렇다 보니 객실 복도 및 공용 공간에서 낮에는 환하지만 밤에는 적당히 어둡게 조명의 밝기를 조절하는 것은 자연스럽다. 한밤중에도 대낮처럼 환한 호텔은 서비스가 좋아 보이는 게 아니라 오히려 시대 흐름에 역행하는 것처럼 보인다.

모바일 체크인/아웃 시스템으로 전환되면 사람의 움직임을 열쇠가 아닌 센서로 감지한다. 사람의 움직임이 감지되지 않으면 투숙객이 설정한 온도가 아닌 호텔의 기본 설정 온도인 23~24도로 전환되어 불필요한 에너지를 쓸 일이 줄어든다. 좋은 점은 또 있다. 카드 열쇠가 사라지면 그만큼 플라스틱 사용은 압도적으로 줄어든다. 객실 200개 규모의 호텔을 떠올려 보자. 해마다 분실, 훼손, 교체로 인해 새로 제작하는 카드 열쇠는 평균 약 1만 2,000개 내외다. 대단위로 움직이는 호텔에서의 소모품 수량은 상상을 초월한다. 전 세계 호텔의 카드 열쇠를 떠올려 보면 이런 움직임이 가져올 변화의 규모에 새삼 놀란다. 플라스틱 카드 한 장은 사소해 보이지만 결코 사소하지 않다.

하지만 우리 손에는 여전히 카드 열쇠가 있다. 열쇠 꽂이에 카드 열쇠를 꽂으니 온 방안이 환하다. 들어서자마자 등장하는 것은 옷장이다.

어떤 사람은 호텔에 머무는 동안 옷장을 거의 열어 보지도 않고, 트렁크를 펼쳐 놓고 그때그때 필요한 옷을 꺼내 입는다. 어떤 사람은 방에 도착하자마자 트렁크에서 가지고 온 옷들을 다 꺼내 옷장에 정리해 놓는다. 하룻밤을 머

전실의 구석구석

■

당신은 옷장을 비롯한 구석구석을
잘 활용하는 편인가, 아닌가.

물러도 이왕이면 옷장을 알뜰하게 이용할 것을 권한다. 호텔에서 하룻밤 묵을 손님의 편의를 위해 꼼꼼하게 준비해 둔 공간이니 그 편의를 마음껏 활용하는 것이 좋지 않겠는가.

호텔 규모나 등급에 따라 차이가 물론 있지만 대개 일반 객실 옷장은 1미터 길이에 70센티미터 깊이로 구성한다. 코트나 원피스, 바지 등의 긴 옷, 셔츠 등의 짧은 옷을 걸어둘 수 있는 공간부터 다리미와 다리미판, 추가 침구류 공간, 실내화 또는 신발 공간, 귀중품 보관 금고까지 효율적으로 구획이 되어 있다.

옷장 주변에는 트렁크 올려 놓는 곳부터 전기 포트와 콘센트, 커피를 비롯한 몇 가지 티백, 컵, 잔 등을 갖춘 미니바, 냉장고는 물론 전신 거울까지 배치되어 있다. 고객의 동선과 필요를 고려한 설계가 개입되어 있음은 물론이다. 최근에는 다리미와 다리미판 대신 옷을 걸어둔 채로 다림질을 할 수 있는 의류 스팀기를 주로 비치하는 추세이고, 한국 호텔에서는 스타일러를 쓰는 곳도 등장했다. 의류 스팀기를 비치할 때는 옷장 안에 의류 스팀기를 위한 콘센트를 추가하는 건 기본이다.

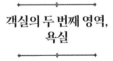

객실의 두 번째 영역, 욕실

전실을 벗어나면 마주하는 곳은 보통 욕실이다. 집을 고치거나 지을 때 호텔 욕실을 로망으로 꼽는 이들이 많다. '볼일'을 보는 기능에 충실했던 예전과 달리 이미 욕실은 개인적인 공간이자 질 높은 휴식의 상징으로 뒤바뀐 지 오래다. 힐링과 재충전을 위한 고급 욕실에 대한 수요도 갈수록 높아지는데 그럴 때마다 소환되는 것이 바로 '럭셔리 호텔 욕실'이다. 그도 그럴 것이 럭셔리 호텔의 욕실은 기능적인 역할은 물론이고 최고의 전문가들이 제한된 공간 안에서 최대한 실력을 발휘하여 구현한 스타일링 언어로 탄생한 곳이기 때문이다.

스타일링 언어는 일반 호텔의 작은 객실에도 예외일 수 없다. 잘 풀어내기만 하면 럭셔리 호텔 못지않은 욕실이 연출된다. 욕실과 침대 사이를 유리로 마감하는 경우도 있다. 좁은 공간을 넓어 보이게 만든다. 자연 채광이 들어오니 욕실이 한결 쾌적하다. 하지만 어쩐지 민망한 상황이 연상된다. 기술은 민망함도 해결한다. 매직 글라스magic glass를 쓰면 된다. 얼핏 보기에는 투명 유리인데 전류가 통하면 불투명 유리로 변신한다. 욕실에 들어가기 전 스위치를 누르면 누구에게도 방해받거나 민망함 없이 온전히 욕실을 즐길 수 있다. 매직 글라스에 얽힌 일화가 있다. 세계적인 건축가 렘 콜하스Rem Koolhaas가 뉴욕에 프라다 매장을 설계하면서 화장실 문에 모두 매직 글라스를 사용했다. 평소에는 투명하지만 안에서 잠그면 자동으로 전류가 흘러 불투명 유리문으로 바뀌게 했다. 건물은 건축의 성지가 되어 사람들이 많이 찾았고, 매직 글라스 역시 호기심을 자아냈다. 그런데 그만, 문을 제대로 잠그지 않아 서로 웃지못할 민망한 상황이 심심찮게 일어나곤 했다고 한다. 호텔 객실에서야 그럴일은 없지만 혹시라도 이런 객실을 만나면 들어갈 때 스위치를 잘 확인해 볼일이다.

욕실은 크게 물 사용 여부에 따라 구획이 나뉜다. 욕조 또는 샤워실, 세면대 등 물을 쓰는 구획에서 가장 신경 쓰는 부분은 배수다. 여기에는 물을 쓰는 즉

매직 글라스의 매직
■
스위치를 누르기 전과 후가 이렇게나 다르다.

시 배수가 될 수 있도록 설계를 한다. 샤워실에는 약 75밀리미터 배관 1개 또는 50밀리미터 배관 2개를 설치하는 것이 좋다. 많은 호텔들이 호텔 곳곳을 멋지게 촬영해 SNS에 올려 놓곤 한다. 그런데 그런 멋진 사진 속에서 간혹 욕실 한가운데 배수구가 있는 걸 발견하곤 한다. 배수구가 욕실 한가운데 있으면 일단 보기에 좋지 않을 뿐만 아니라 바닥의 물이 공간의 한가운데로 모이게 되니 욕실 컨디션에도 썩 좋지 않다. 물 사용량이 많은 곳, 특히 고객의 눈에 잘 보이지 않는 곳에 교묘히 배수구를 숨겨 놓는 것도 호텔의 할 일이다.

그 다음은 환기와 습기 제거다. 원칙적으로 습기와 냄새는 원천적으로 해결해야 한다. 이를 위해 욕실 안에서는 언제나 밖으로 나가는 공기배기가 들어오는 공기급기에 비해 많도록 설계 단계부터 장치가 마련된다. 일단 욕실에는 천장에 연결된 중앙 배기관이 24시간 작동한다. 이를 통해 항상 배기가 이루어진다. 또한 높은 곳에서 낮은 곳으로 흐르는 기압의 특성을 염두에 두고 욕실 내부 공간은 바깥보다 음압을 유지함으로써 욕실의 공기가 객실로 흘러가는 것을 막는다. 동시에 객실은 이와 반대로 양압을 유지한다. 이런 설계의 목적은 하나다. 객실에 머무는 고객이 좁은 욕실 안에서 아무리 오래 물을 사용해도 쾌적한 느낌으로, 게다가 맨발로 거리낌 없이 다닐 수 있게 하는 것, 어떤 경우에도 불쾌한 냄새를 제거하는 것, 바로 그것이다.

앞에서 물 사용 여부에 따라 욕실의 구획을 나눴다면 이번에는 기능적으로 구획을 다시 나눠 보기로 하자. 변기 영역, 욕조 또는 샤워 영역, 세면대 영역으로 나눌 수 있다.

변기는 그저 '볼일'만 보고 나온다고 생각한다면 스스로 구식은 아닌지 돌아봐야 한다. 그 자체로 오브제처럼 디자인에 신경쓴 지 이미 오래이고, 기능도 갈수록 업그레이드 되고 있다. 물탱크와 변기가 분리되어 있는 일반적인 형태를 넘어 일체형을 거쳐 물탱크가 변기 하단에 매립된 디자인까지 등장했다. 기능이라고 하면 비데를 떠올리곤 하겠지만 그 단계를 지나 센서 작동을 통해 사람이 다가가면 변기 뚜껑이 자동으로 열리기도 하고, 자체적으로 냄새를 제거하는 기능도 보편화되어 있다. 여기에 변기 안의 물이 소용돌이를 치며 휩쓸고 가기도 하고 사람이 일어나면 변기 안은 물론 앉는 곳까지 자동으로 세척, 살균이 되기도 한다. 심지어 사용하는 동안 음악과 조명 쇼까지 감상할 수 있는 변기도 등장했다.

욕조 또는 샤워 영역은 호텔 욕실에서 공을 많이 들이는 곳이다. 호텔에서 누리는 기분 좋은 경험으로 샤워 또는 욕조에서의 휴식을 꼽는 이들이 많기 때문이다. 기분 좋은 수압으로 샤워하는 것이나 욕조에 입욕제를 풀고 몸을 담그는 것은 생각하기만 해도 저절로 흐뭇하다. 다 쓰고 나온 뒤 청소를 하지 않아도 되는 편리함이야 두말하면 잔소리다.

욕조는 그립 바와 수도꼭지, 고정형 샤워기가 필수다. 샤워도 할 수 있어야 하기 때문이다. 그립 바는 욕조에서 앉고 일어날 때 잡을 수 있어야 하기도 하지만, 안전사고를 예방하기 위해서도 필요하다. 수도꼭지와 고정형 샤워기는 물론이고, 여기에 핸드 홀드 샤워기도 있어야 한다. 핸드 홀드 샤워기에 대해서는 뒤에 가서 좀 더 이야기하기로 하자.

욕조에서 샤워도 할 수 있어야 하니 샤워를 할 때 물이 욕조 밖으로 튀지 않도록 별도의 장치가 필요하다. 한동안 샤워 커튼을 가장 많이 썼다. 하지만 욕조 공간이 넉넉하지 않은 경우 샤워 커튼이 자꾸 몸에 붙었다. 다른 사람 몸에도 붙었을 걸 생각하면 '찝찝'해서 고객들의 불만이 많았다. 게다가 오래될수록 물때가 끼고 곰팡이 냄새가 나서 호텔마다 골치를 앓았다. 2000년대 초반 미국 '스타우드 호텔 그룹' 브랜드인 '웨스틴 호텔'에서 좀 더 널찍하게 공간을 확보할 수 있는 둥근 샤워봉을 고안했다. 호텔업계에서 이를 두고 'The Next Thing'이라고 할 만큼 센세이션을 일으켰고, 일반 가정에서도 앞다퉈 설치했다.

그렇지만 근본적인 샤워 커튼의 문제를 해결할 수는 없었다. 시간의 차이일 뿐 여전히 조금 오래되었다 싶으면 물때가 끼고 냄새가 났다. 샤워 커튼 대신 등장한 것은 강화 유리벽이다. 욕조 상부에 유리 미닫이 문을 설치하는 방식이었는데, 매번 꼼꼼하게 청소하지 않으면 금세 미닫이 문틀 홈에 물때가 끼어 보기에도, 위생에도 좋지 않았다. 그뒤로 최근까지 한쪽은 고정 유리벽을 두고 나머지 부분에 여닫이 문을 설치해서 사용하는 쪽을 선호한다.

최근에는 욕조 대신 샤워 부스만 설치하는 경우가 늘고 있다. 공간의 여유가 있다면 샤워 부스와 욕조를 같이 넣기도 하지만, 욕조 문화를 특히 선호하는 일본 호텔을 제외하고는, 대부분 샤워 부스만 선택하곤 한다. 욕조가 있어야만 고급 호텔이라는 인식은 어느덧 옛말이 되었고, 청결 유지나 소비자 사용 빈도 면에서 샤워 부스 쪽으로 추세가 기울어진 지 오래다. 신규 호텔에서 욕조는 이미 고려하지 않는 경향이 뚜렷하다.

하지만 여전히 고급 호텔들은 욕조를 포함하는 곳들도 있는데 경우에 따라 설치 방식이 완전히 달라지기도 한다. 일반 객실의 욕조는 대부분 벽 쪽에 붙은 매립식인 것에 비해 어떤 호텔의 객실 욕조는 독립식이다. 욕조 자체가 아트 오브제처럼 아름답다. 나날이 고급스러워지는 것은 물론이다. 호텔 욕실의 새로운 스타일을 제시하고 고급스러움을 극대화하는 데 한몫을 제대로 한다. 하지만 청소하는 입장에서는 달가운 일이 아니다. 일반 욕조에 비해 몇 배

각양각색 욕실 풍경

■

　욕실은 픽스처와 디자이너의 개성에 따라 그 분위기가 확연히 달라진다.
보기에만 좋아서는 안 된다. 안전과 편의를 최우선으로 두어야 함은 물론이다.

나 더 손이 가기 때문이다.

이번에는 샤워실, 즉 샤워 부스다. 대체로 1.5미터의 폭을 염두에 두고 설계한다. 이 정도면 다양한 체구의 고객들이 편하게 몸을 움직일 수 있다고 여긴다. 바닥은 부스 바깥에 비해 조금 낮아야 한다. 그래야 물이 부스 밖으로 새지 않는다. 바닥 타일은 반드시 미끄럼 방지 처리anti friction가 되어 있어야 한다. 젖은 발바닥으로 걷는 것을 감안해야 하기 때문이다. 샤워 부스는 물론 욕실 전체 바닥 역시 마찬가지다.

호텔에서 안전 사고가 가장 많이 일어나는 곳이 바로 욕실이다. 물과 비누를 쓰기 때문에 미끄럽기도 하고, 뜨거운 물로 샤워를 하다가 쓰러지는 경우도 많다. 샤워 부스 안에서 누군가 쓰러졌다고 생각해 보자. 빠르게 구출하려면 문은 반드시 밖으로 열려야 한다. 안으로 열리면 내부 공간의 제약을 받아 그만큼 구출이 지연된다. 아차, 하는 순간 넘어질 뻔하기도 한다. 그럴 때 많은 사람들이 보통 샤워기를 잡는다. 절대 해서는 안 되는 일이다. 샤워기는 벽면에 부착한 것일 뿐 대부분 벽체에 맞물려 있지 않다. 오히려 더 큰 사고로 이어질 수 있다. 호텔을 설계할 때 늘 강조하는 것이 그립 바의 설치다. 보통 샤워 부스나 욕조 안에 세로 방향으로 설치한다. 누구라도 넘어질 뻔한 순간에 손을 뻗어 잡을 수 있도록 벽체 안에 단단히 고정, 설치한다. 물론 반대에 자주 부딪힌다. 그렇게까지 호텔이 안전 장치를 해줘야 하느냐 하는 문제제기다. 벽체에 추가로 구조물을 설치해야 하니 비용 문제로 직결되기 때문이다. 하지만 호텔은 가능성 1퍼센트의 위험에도 미리 대비해야 할 의무가 있다. 사소한 것 같지만 그립 바는 이런 의무감의 구현이기도 하다.

샤워 부스 안에는 뭐가 있을까. 핸드 홀드 샤워기, 때로 해바라기 수전, 비

못 말리는 직업병

■

변기 앞은 적어도 1미터, 샤워실 폭은 1.5미터를 권장한다. 우연히 들른 호텔 욕실이
어쩐지 불편했다. 혹시나 해서 폭을 측정하니 아니나 다를까! 변기 앞은 87센티미터,
샤워실은 1.23미터였다. 지켜야 할 것을 안 지키면 불편함은 피해 갈 수 없다.

누나 샴푸 등 세정제, 때로 그립 바, 샤워 벤치, 조명, 배기관 등이다. 핸드 홀드 샤워기는 고객들이 각자의 키에 맞게 높낮이를 조정할 수 있어야 한다. 해바라기 수전이 있으니 핸드 홀드 샤워기는 없어도 되지 않느냐는 질문을 간혹 받는다. 사정을 전혀 모르시는 말씀이다. 몸은 씻지만 머리는 감고 싶지 않을 때 핸드 홀드 샤워기는 필수다. 온몸 구석구석 씻고 싶은 이들을 위해서도 그렇다. 하지만 핸드 홀드 샤워기의 존재 이유는 더 있다. 욕실 사용자는 고객만이 아니다. 청소를 하는 직원들도 욕실을 사용한다. 핸드 홀드 샤워기 없이 해바라기 수전만으로 샤워 부스를 깨끗하게 청소하는 일은 불가능하다.

청소에 대해서는 한 번쯤 이야기할 필요가 있다. 한동안 호텔 청소 상태가 뉴스에 오르내린 적이 있다. 화장실 청소 도구로 객실 컵이나 가구 등을 씻고 닦는다는 '괴담'도 널리 퍼져 있어서 누구는 호텔에서 컵을 절대 쓰지 않거나, 부득이 써야 할 때는 꼼꼼하게 다시 씻은 뒤 사용한다고도 한다. 그 때문인지 몇몇 글로벌 호텔 그룹들은 어떤 제품으로 어떻게 청소를 하는지를 영상 등으로 제작해서 유튜브나 웹사이트를 통해 홍보하기도 한다.

여기에 더해 코로나19로 인해 고객들은 호텔에서 뭔가를 만지는 걸 꺼리기 시작했다. 커튼을 열고 싶으면 커튼을 만져야 한다. 룸서비스를 시키려면 안내 책자를 만져야 한다. 다른 사람의 손이 닿았을 것을 알면서도, 여기까지는 객실 청소 담당자의 손길이 닿지 않은 걸 알면서도 어쩔 수 없이 만져야 한다. 이런 고객들의 불편함을 호텔들이 모를 리 없다. 계속 외면해서는 안 될 말이다. 청결은 어느덧 새로운 개념의 '안전 장치'로 인식되기에 이르렀다. 호텔들이 선택한 대안은 객실마다 음성 인식 AI 장치를 설치하는 것이다. 그렇게 함으로써 음성으로 커튼을 여닫기도 하고 원하는 음악을 들려주기도 한다. 비

록 초기 단계지만 앞으로 훨씬 더 활성화 될 것은 분명하다.

불결한 곳을 꼽자면 욕실 수전을 빼놓을 수 없다. 샤워기, 화장실 물 내리는 버튼 등도 자유롭지 못하다. 적절한 습도와 온도는 세균 번식에 최적이다. 이에 대한 해결책으로 호텔마다 점점 모션 센서로 작동하는 수전을 욕실에 들여놓기 시작했다. 이제 시작 단계지만 이 역시 갈수록 진화하는 기술의 혜택으로 조만간 익숙해질 날이 올 것이다.

이밖에도 객실의 청결 유지는 중요한 이슈다. 어쩌면 언젠가 우리는 객실 소독 시스템을 통해 청결한 객실을 사용하고, 위생 상태를 보증하는 증서를 확인하는 것이 자연스러워질지도 모른다.

샤워 벤치는 그동안 국내에서는 많이 볼 수 없었지만 최근에는 자주 볼 수 있다. 벽 안쪽으로 발을 살짝 걸칠 수 있도록 해둔 것인데, 다리 면도를 많이 하는 서양인들은 여기에 발을 올리고 편하게 면도를 한다. 면도할 때만이 아니라 호텔에서 제공하는 것 외에 각자 필요한 용품을 여기에 두고 쓰기도 한다.

호텔에서 샤워할 때를 생각해 보자. 어쩐지 집에서보다 훨씬 더 기분이 좋다. 그런 순간마다 마음속으로 경의를 표한다. 수압과 물의 온도를 일정하게 유지하기 위해 누군가 세심하게 노력한 결과라는 걸 알기 때문이다. 호텔을 만들기 위해서는 적지 않은 비용이 투입된다. 숫자로 보면 만만치 않은 금액이다. 그러나 이 세상의 어떤 프로젝트에도 넉넉한 예산이란 존재하지 않는다. 정해진 비용 안에서 결과물을 높이 평가 받기 위해서는 아무래도 눈에 잘 보이는 곳에 예산을 더 많이 책정하게 마련이다. 그런 사정을 알고 있는 나로서는 고객으로서 호텔을 이용할 때 사소한 불편에도 종종 눈을 감아주곤 한다.

그런데 때로 겉으로는 덜 화려해 보이는데, 눈에 보이지 않는, 그러나 고객의 편의를 좌우하는 곳에 기꺼이 예산을 쓴 흔적이 역력한 호텔을 만날 때가 있다. 대표적인 것이 바로 일정한 수압과 물 온도 유지다. 고객들에게 기분 좋은 샤워 경험을 제공하기 위해서는 수압은 275~550킬로파스칼, 온수는 최고 45도 정도를 일정하게 유지해야 한다. 해외에는 객실이 1천 개 이상 되는 호텔이 흔하다. 투숙객들은 보통 아침 6시 30분~8시 30분 사이에 샤워를 한다. 평균적으로 한 사람의 샤워 시간은 8분 정도, 사용하는 물의 양은 9.5리터 내외다. 호텔 가이드라인에는 투숙객 전체가 동시에 샤워를 해도 온수가 모자라지 않도록, 일정한 수압을 유지하도록 설비 설계 규정을 둔다. 이를 위해서는 보일러실, 물탱크의 관리 및 유지가 상시적으로 이루어져야 한다.

호텔이라면 기본적으로 갖춰야 할 이런 설비에 소홀한 곳들이 의외로 많다. 실제로 인도네시아 한 호텔에서는 오픈 직후 예상보다 객실 판매가 많이 이루어졌는데, 동시 투숙객이 늘어나면서 물 부족 사태가 일어났고, 부랴부랴 임시 물탱크를 급조해서 물을 공급했다. 물탱크 용량 계산에 실수가 있었다고 한다. 이렇게까지는 아니어도 호텔에서 아무리 기다려도 따뜻한 물이 나오지 않거나, 또는 갑자기 차가운 물이 나오면 당황스럽다가 급기야 화가 난다. 갑자기 뜨거운 물이 쏟아지면 화상으로 이어지니 큰일이기도 하다. 이런 호텔이라면 다시 찾을 생각은 순식간에 사라지고 만다. 물론 제대로 된 호텔이라면 만일의 사태에 대비할 시설팀이 상주한다.

호텔에서의 물 사용은 우리 모두 생각해 볼 필요가 있다. 호텔에서의 물 낭비는 이미 지적 받아온 지 오래다. 전 세계적으로 물이 부족하다는 문제가 제기될 때마다 그 원흉으로 호텔이 지목 받아온 것도 새삼스러운 일이 아니다. 호텔에서는 어쩐지 물을 더 쓰는 것 같다. 호텔에 머물 때면 넓고 쾌적한 욕실에서 적당한 수압을 즐기며 평소보다 오래, 자주 샤워를 하기 때문이다. 나만 그런 건 아닌 듯하다. 투숙객들이 호텔에 머물 때 평소보다 약 2.5배 이상의 물을 더 쓴다는 조사 결과도 나와 있다. 물 소비 주범은 비단 투숙객만이 아니다. 청소와 세탁을 위해 사용하는 물의 양은 그야말로 어마어마하다.

호텔들이라고 마음이 편한 것만은 아니다. 물을 절약하기 위한 노력도 일찌감치 시작했다. 같은 호텔에서 이틀 이상 묵는 투숙객들에게는 수건이나 침구를 교체하지 않겠다는 옵션, 방 청소를 생략하는 옵션 등을 선택할 수 있게 하는 것은 이제 익숙하다. 이뿐만 아니라 건물 설계 당시 빗물은 물론 세탁실, 샤워실, 세면대 등에서 한 번 사용한 물을 화장실 용수나 조경수로 재활용할 수 있게 한 호텔도 등장한 지 오래다. 특히 조경 면적이 큰 리조트나 500~1,500개 객실 규모의 호텔에서 많이 쓰는 시스템이다. 국내에서도 아직 시작 단계이기는 하지만 친환경 인증 점수제로 인한 세금 감면 등 여러 혜택의 도입이 시행되어 점점 늘어날 것으로 예상한다.

씻고 나오면 있어야 할 것이 있다. 바로 옷걸이 후크다. 손 닿는 곳에 반드시 있어야 한다. 여기에는 대부분 욕실 가운이 걸려 있다. 후크가 하나도 없다면 낙제다. 하나만 있다면 센스 부족이다. 두 개는 있어야 합격이다. 가운용 하나와 고객용 하나. 배려는 작은 후크 하나에도 담겨 있어야 한다.

센스 만점 후크 두 개

샤워 전후 손 닿는 곳에 있어야 할 것 중
하나인 후크. 없으면 낙제, 하나만 있으면
센스 부족. 두 개 이상이면 만점.

세면대를 둘러싼
시시콜콜 중요한 뒷이야기

욕실의 마지막 영역은 세면대다. 상판은 주로 대리석을 사용하고, 가로 1.5미터, 깊이 55~60센티미터 공간을 확보하는 게 일반적이다. 세면대에는 세면기가 전부가 아니다. 고객의 개인 소지품, 어메니티, 헤어드라이기 등을 편하게 두고 사용할 수 있어야 한다. 헤어드라이기를 연결하는 콘센트에 물 튀김 방지는 기본이다. 크기별 수건과 휴지통도 필수다.

세면 공간에서 가장 중요한 역할을 하는 것은 역시 세면기다. 단순히 손이나 얼굴을 씻는 곳으로만 생각하겠지만, 이게 그렇게 간단치가 않다. 타원형, 원형, 사각 등등 형태도 다양하다. 도기, 유리, 돌 등 재질도 여러 가지다. 세면기를 매립하거나 그 자체를 오브제처럼 상판 위에 올리는 방식 등 설치 방법도 제각각이다.

간단치 않은 것은 외양만이 아니다. 어떤 고객들은 세면기에서 얌전히 손이나 얼굴만 씻지 않는다. 누군가는 무거운 유리병을 떨어뜨리기도 하고, 누군가는 화약 약품을 쏟기도 한다. 세면기는 일어날 수 있는 모든 가능성을 염두에 둔다. 유리병이 떨어져도 절대 깨지지 않을 정도의 내구성을 갖춰야 하고, 어떤 약품도 흡수하지 않을 강력한 코팅으로 마감해야 한다. 어떤 상황에서도 본연의 형태, 색깔을 유지해야 한다.

그렇지 않을 경우 어떻게 될까. 당연히 세면기를 교체해야 한다. 이는 비용으로 직결된다. 세면기 교체 비용만 생각하면 곤란하다. 세면기 교체는 한두

세면대의 할 일
∎

이곳에서 손이나 얼굴만 씻는다고 생각하면 곤란하다. 고객의 개인 소지품, 어메니티, 헤어드라이기 등을 편하게 두고 사용할 수 있어야 한다. 그래서인지 이 공간 역시 활용도를 높이기 위한 다양한 아이디어가 속출하고 있다.

세면대의 변신은 무죄

∎

        욕실 공간 안에만 있을 것으로 여겼던 세면대는 여전히 욕실 안에 굳건히 자리를 지키기도 하지만 욕실 밖으로 나와 객실 곳곳을 자유롭게 점유하고 있는 중이다. 생긴 것도 만듦새도 각양각색인 것은 물론이다.

시간 안에 뚝딱 이루어지지 않는다. 세면기에 문제가 생기면 해결이 될 때까지 그 객실은 당연히 판매할 수 없다. 한창 객실이 없어 못 파는 성수기에 이런 문제가 터지면 손실액은 더 커진다.

2008년 뉴욕 맨해튼 타임스퀘어 인근에 있는, 770개 객실 규모의 '크라운 플라자 호텔' 리노베이션을 맡았다. 객실 세면기 설치 이후 세면기 배수구 주위에서 미세한 균열을 발견했다. 한두 개의 문제가 아니었다. 부인할 수 없는 사고였다. 약속한 오픈 일정이 얼마 남지 않았을 때였다. 이 호텔은 위치가 좋아 언제나 객실 점유율이 높았다. 공사하는 동안 이미 포기한 수익이 상당액이었다. 따라서 계약 기안 안에 공사를 끝내는 것이 무엇보다 중요했다. 그런데 이런 사고가 일어났다. 그 다음 상황은 뻔하다. 시공사에서는 세면기 문제라고 하고, 세면기 업체에서는 시공 문제라고 주장하고 나섰다. 일을 해결할 생각보다 서로 책임을 미루는 데만 급급했다. 전 세계 어디나 뜻밖의 사고가 나면 늘 이런 상황이다. 이런 이들을 지켜보고 있자니 프로젝트 총 책임을 맡고 있던 내 속이 터질 것 같았다. 결국 전수 조사를 시행하기로 하고 연구실에 문제 원인을 밝혀 달라고 의뢰했다. 균열 원인은 세면기 자체 문제로 결론이 나왔다. 즉시 세면기 전체 교체를 실시했다. 오픈 이후까지 세면기가 교체되지 않은 객실은 판매할 수 없었음은 물론이다. 고객들이 눈치채지 못할 수도 있으니 일단 예정대로 전 객실을 모두 판매하자는 의견도 없지 않았다. 하지만 균열이 있는 세면기를 모른 척하고 고객 앞에 내놓을 수는 없는 일이다. 한 번 훼손된 이미지는 돌이키기 어렵다. 당장의 손해를 감수하더라도 제대로 된 상태로 객실의 문을 여는 게 맞다.

내구성 좋고 코팅 우수한 세면기를 확보하는 게 끝은 아니다. 중요한 게 남았다. 나 같은 사람들은 세면기 설치가 다 끝나면 반드시 물을 틀어본다. 두 가지를 체크하기 위해서다. 하나는 수압이고 또 하나는 온도다.

객실 욕실에서 손을 씻으려고 물을 트는 순간 너무 세게 나와 사방으로 물이 튄다면 어떤 기분일까. 수압이 너무 약해 졸졸 흐르는 것만큼 기분이 좋지 않다. 이런 경우 원인은 보통 두세 가지 중 하나다. 너무 높은 물의 압력, 세면기와 너무 가깝게 설치된 수전 위치, 세면기에 비해 높은 수전 등을 꼽을 수 있다.

이런 문제는 단지 고객의 기분을 상하게 한 것으로 끝나지 않는다. 세면기 밖으로 물이 많이 튀면 당장 청소할 때 그만큼 시간이 많이 걸린다. 오전 11시부터 오후 3시 사이에 할당된 객실 청소를 해야 하는 직원들 입장에서는 매우 난감한 상황이다.

게다가 세면기 밖으로 물이 지속적으로 튀면 바닥재를 포함한 주변 마감재 손상으로 이어진다. 물이 닿을 때와 그렇지 않을 때의 손상 속도에는 차이가 있을 수밖에 없다. 자칫하면 보수 공사를 예상보다 빨리 진행해야 할 수도 있다. 호텔마다 상황은 다르지만 보통 5~7년 정도 주기로 가벼운 보수 공사를 진행하고, 전면 보수는 10년 주기로 이루어지는데 물이 자주 닿아 손상된 욕실은 이보다 훨씬 빨리 보수를 해야 한다. 그러니 세면기 설치 후 미리 물을 틀어보는 것은 사소해 보이지만 큰 비용의 지출을 막는 필수 과정인 셈이다.

욕실 온수 온도를 확인하는 일 역시 사소해 보이지만 중요하다. 이를 위해 온도계와 초 시계는 필수다. 오픈 직전 랜덤으로 객실을 선택해 들어가 수도 꼭지를 튼 뒤 시간과 온도를 측정한다. 10초 이내에 51~53도의 온수가 나와야 한다. 이 정도 온수가 나오기까지 10초 이상이 걸리면 즉각 고객의 불만으로 이어진다. 또한 55도 이상의 온도에 10초 이상 노출되면 2도 화상을 입을 수 있으니 온도 제어에도 각별히 신경써야 한다. 만약 호텔 객실에서 화상을 입었다고 생각해 보자. 개인적인 불만을 넘어 자칫 소송으로까지 이어질 수 있다.

수도꼭지 이야기가 나왔으니 수전에 대해 잠깐 이야기하기로 하자. 비용 대비 욕실을 고급스럽게 만드는 효과적인 아이템이 바로 수전이다. 수전 하나만 바꿔도 욕실의 분위기가 달라진다. 욕실 수전을 생산하는 수많은 브랜드가 있지만 그 가운데 가장 압도적인 것을 내게 묻는다면 나는 늘 '볼라'Vola를 꼽는다.

핸드메이드 수전 브랜드 '볼라'는 덴마크 장인 정신의 상징이다. 1968년 아르네 야콥센Arne Jacobsen과 베르너 오버가드Verner Overgaard가 디자인했다. 모더니즘을 대변하는 클래식 아이템 중 하나로 50년 넘는 세월 동안 특히 건축가들의 사랑을 많이 받았다. '볼라'의 등장으로 욕실은 단지 기능적인 공간에서 아름다움을 구현하는 공간으로 탈바꿈했다고 해도 과언이 아니다.

주문이 들어온 뒤에야 비로소 제작을 시작하는 '볼라'는 생산 과정에서 제품 품질을 놓고 어떤 타협도 하지 않는 것으로 유명하다. 그런 철저한 관리로 인해 각도는 물론이고 도색에 이르기까지 제품 전체가 예술품처럼 아름답다. 제품에 깃든 철학 역시 남다르다. 고순도의 통 실린더를 깎아서 만들기 때문에 위생적인 면에서도 뛰어날 뿐만 아니라 제작 과정에서 나오는 잔여물은 모두 재활용한다. 구입 당시 가격은 높은 편이지만 고장이 나면 부품을 교체해

욕실을 아름답게 만든 전설의 수전

■

덴마크 장인 정신의 상징 볼라는 모더니즘을 대변하는 클래식 아이템 중 하나로
지난 50여 년 동안 많은 사랑을 받아왔다. 나 역시 볼라를 사랑한다.

줌으로써 한 번 구매한 뒤 소비자로 하여금 오래 사용할 것을 유도한다. 일찍 부터 친환경적인 시도를 해온 셈이다. 서울 '파크 하얏트', '아만 교토', '호시노 야 오키나와' 등에서 '볼라'를 선택했고, 나 역시 중국 '상하 리트리트' 프로젝트 당시 2개 호텔의 객실에 '볼라'를 선택했다. 공간 전체를 세련된 분위기로 만 들어 주는 것은 물론 안정적인 성능을 경험한 뒤로 이 브랜드에 대한 나의 신 뢰는 한결 더 견고해졌다.

세면대에는 세면기만 있는 게 아니라고 앞에서 말한 바 있다. 감동은 때로 뜻밖의 순간에 찾아온다. 호텔 객실에서 누리는 감동 역시 다르지 않다. 무심 코 세면대 위에 놓인 용품, 수건, 욕실 가운이야말로 사소하지만 매우 중요한 감동 포인트다. 고객의 몸에 직접 닿기 때문이다.

작고 사랑스러운 어메니티를 둘러싼 속사정

객실에서 사용하는 작은 물건들을 어메니티amenities라고 한다. 샴푸, 컨디셔 너, 보디 샴푸, 보디 로션, 비누, 칫솔, 치약, 면도용품, 빗, 머리 묶는 고무줄 같 은 일회용품부터 크게는 수건, 욕실 가운, 헤어드라이기, 생수, 다리미, 다리 미판, 베개, 객실 금고, 미니바까지를 포함한다.

객실 어메니티 역시 철저한 가이드라인에 따른다. 각각의 위치가 정해져 있는 것은 물론이고 앞에 묵은 고객이 어떻게 사용해도 청소하면서 모두 원래

객실에서 사용하는 작은 물건들, 어메니티
■

사소해 보이지만 객실 어메니티 역시 철저한 가이드라인에 따른다. 각각의 위치가 정해져 있으니 청소 및 정리를 하는 직원들은 앞에 묵은 고객이 어떻게 사용해도 원래 위치에 제대로 두어야 한다.

위치에 다시 두어야 한다. 심지어 옷장에 플라스틱 옷걸이는 몇 개, 천 옷걸이는 몇 개를 걸어둬야 하는지, 심지어 옷걸이 방향은 어느 쪽으로 어떻게 걸려 있어야 하는지까지 철저하게 지침에 따라 정리한다.

일반 고객들에게 어메니티는 주로 샤워용품에 한정하여 일컬어지기도 한다. 실제로 어메니티 브랜드를 호텔 선택 기준으로 삼는 고객들도 적지 않다. 그 정도까지는 아니어도 호텔을 나오면서 어메니티 패키지를 고스란히 챙겨 나온 경험은 누구나 한 번쯤 있을 것이다.

어메니티에 대한 고객들의 관심은 아무래도 해당 호텔에서만 그 제품을 써 볼 수 있다는 희소성 때문일 것이다. 대부분 호텔에서는 계약한 브랜드로부터 다량으로 공급을 받아 호텔 이름을 새긴 플라스틱 용기에 담아 비치를 해둔다. 등급이 올라갈수록 고급 브랜드와 협업하는 사례가 많다. 이를 통해 호텔과 해당 제품 브랜드 이미지를 연결함으로써 서로 시너지 효과를 만들어낸다. 기성 제품과 협업을 하기보다 자체적으로 제품을 만들어 쓰는 호텔도 있다. 스파 등으로 특화된 호텔이나 리조트 등에서 많이 시도하는 방법이다. 객실 어메니티로 제공하는 것은 물론, 판매용 제품으로 런칭하기도 한다.

호텔에서 기념으로 작은 어메니티 세트를 챙기는 일은 이제 곧 옛말이 될 것 같다. 플라스틱을 함부로 쓰는 것에 우리 모두는 어느덧 일종의 죄책감을 갖게 되었다. 호텔 역시 이런 추세에서 예외일 수 없다. 기후 위기와 환경 보호라는 전 지구적 운동의 영향으로 호텔들 역시 객실마다 작은 용기의 어메니티 세트를 제공하는 대신 대용량 용기를 욕실에 두고, 그때그때 채워 넣는 방식으로 전환하고 있다. 기념품을 챙기지 못하는 건 아쉽지만 이런 전환의 방향에 기꺼이 동의하는 건 나만은 아닐 것이다.

호텔에서 일회용 칫솔과 치약 등을 따로 제공하지 않는 것은 이미 상식이 되었고, 플라스틱 빨대도 점점 사라지고 있다. 모두 다 지극히 바람직한 현상이다. 호텔들의 다양한 노력은 물론 전 지구적인 요구에 부응하기 위해서일 것이다. 아울러 이런 노력들은 곧 비용 절감으로도 이어진다. 친환경 이슈에 적극 대응할수록 호텔의 이익 역시 극대화되는 결과를 얻게 되니 더 노력하게 된다. 한편으로는 고객들에게 친환경 이미지를 주기 위해서이기도 하다. 고객들의 마음을 얻기 위해서는 민감한 사회 이슈에 재빨리 대응해야 하기 때문이다. 이는 곧 기후 위기에 관심을 갖는 고객들이 늘어날수록 호텔들 역시 경쟁적으로 앞장서게 될 것이라는 의미다.

수건 역시 인기가 높다. 물론 어디나 다 그런 건 아니다. 종이처럼 얇아서 몇 번만 닦아도 푹 젖는다거나 끝이 낡아서 올이 풀려 있거나 심지어 물기를 제대로 흡수하지 못할 때도 있다. 좋은 수건은 촉감이 좋아야 하고, 물기가 잘 닦여야 한다. 이뿐만 아니라 잦은 세탁에도 쉽게 변형이 되어서는 안 된다. 수건에도 단위가 있다. GSMGrams per Square Meter이다. 이른바 중량 표기법이다. 원단 제곱미터 당 중량, 즉 면의 밀도를 나타낸다. 650~700이면 상급에 속한다.

수건은 몸에 닿는 것이라 매우 예민하다. 이를 위해 호텔마다 좋은 느낌을 주기 위해 역시 애를 쓰는데, 좋은 제품을 구매하는 것은 물론 제대로 세탁하는 것도 중요하다. 단독 울 세탁이 비법이다. 수건과 비슷한 원단으로 제작하는 욕실 가운 역시 같은 기준이 적용된다.

여기에서 한 가지, 일본 료칸에서는 유카타를 입고 돌아다니는 이들을 흔히 볼 수 있다. 하지만 일반 호텔의 욕실 가운은 다르다. 종종 욕실 가운만 걸치고 수영장 가는 이들과 엘리베이터에 나란히 탈 때가 있다. 그때마다 부끄러움은 내 몫이다. '여기에서 이러시면 안 됩니다' 말해주고 싶다.

　욕실에서 마지막 남은 하나는 헤어드라이기다. 간혹 헤어드라이기 전력이 너무 약해 당황스러울 때가 있다. 1600와트 정도는 기본이다. 켜기도 전에 만지는 게 꺼려질 때도 있다. 전원 버튼이 눌려 있거나 스크래치가 심하거나 손에 닿는 부분이 벗겨져 있거나 헤드 부분이 새하얗게 되어 있거나 하는 등 전혀 관리가 되어 있지 않아 보일 때 그렇다. 사소한 것 하나에 감동이 좌우된다.

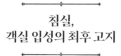

침실,
객실 입성의 최후 고지

이제 드디어 침실이다. 객실 온도는 대개 24도에 맞춰져 있을 것이다. 깨끗하게 세탁한 뒤 잘 다림질한 침구는 보기만 해도 기분이 좋다. 매트리스는 편안할 것이며 낮잠을 잘 때도 방해받지 않도록 암막 커튼까지 잘 갖춰져 있다. 매트리스, 매트리스 플랫폼, 헤드보드, 침구류를 갖춘 침대, 그 주변으로는 양옆 사이드 테이블, TV가 있다.

　호텔 객실 침대는 보통 1~2개다. 침대는 객실 이미지를 가장 크게 좌우하는 것이어서 일정 규모 이상의 호텔에서는 절대 변화를 허용하지 않는다. 일반적으로 매트리스 세로 길이는 200센티미터로 같지만 가로 길이는 조금씩 다르다.

　킹 : 180센티미터

퀸 : 153센티미터

더블 : 140센티미터

트윈 : 110센티미터

일반 객실에 들어가는 매트리스는 이왕이면 같은 종류, 같은 크기여야 한다. 서로 다른 종류를 사용하면 당연히 침구류도 종류가 달라진다. 호텔의 침구는 거의 다 흰색이다. 청소 담당 직원 입장에서 매트리스에 따라 서로 다른 침구를 확인하고 교체하는 일은 할 일이 몇 배 더 늘어난다는 의미다. 할 일이 늘어나는 건 곧 시간이 많이 걸린다는 걸 뜻한다. 이들에게는 속도가 관건이다. 때문에 서로 다른 매트리스를 사용하는 경우는 동반한 아이를 위해 간이 침대를 들여놓을 때로만 한정하는 것이 바람직하다.

객실에 들어섰을 때 침대 4개가 나란히 있다면 어떨까. 어쩐지 낯설고 불편할 것이다. 하지만 예외는 항상 있다. 관광객들을 주로 상대하는 지역의 호텔들의 경우 가능한 한 객실에 최대한 많은 투숙객을 수용하기 위해 서너 개까지 침대를 놓기도 한다. 젊은이들 취향의 비교적 저렴한 브랜드 호텔에서도 객실 하나에 서너 개의 침대를 배치하곤 한다.

이와는 달리 무엇이든 창의적으로 배치하는 요즘의 추세를 반영하는 곳도 있다. 실제로 뉴욕 맨해튼 타임스퀘어 '목시'에도 4인용 객실이 있다. 캐주얼한 유스호스텔이나 도미토리처럼 2층 침대가 두 세트로 구성되어 있다. 호기심에 일부러 찾아가 묵은 적이 있다. 침대 프레임이 견고하여 2층을 오르내리는 데 전혀 불편함이 없었고, 침대마다 조명과 콘센트가 따로 갖춰져 있어 편의성에도 신경쓴 것이 역력했다. 사진으로 볼 때는 어쩐지 불편할 것도 같았

드디어 최후 고지 당도

여기에 이르기 위해 우리는 지금껏 달려 왔다고 해도 과언이 아니다.
이제는 침대에서 휴식을 즐길 차례다.호텔마다 침실 구성은 참으로 다양하다.

지만 생각보다 편하게 쉬다 올 수 있었다.

실용적인 비즈니스 호텔로 유명한 상하이 '시티즌 M 호텔'은 보통 침실 영역 중앙에 침대를 배치하는 것과는 달리 창 쪽으로 붙여 배치했다. 보기에는 상당히 세련된 느낌이라 호기심이 생겼는데, 두 사람이 함께 묵는 경우 오히려 2층 침대보다 다소 불편했다.

우리나라에서 매트리스의 존재에 대해 관심을 갖기 시작한 것은 아마도 1993년 '침대는 가구가 아닙니다. 과학입니다'라는 광고 문구 등장 이후일 것이다. 그 이전까지만 해도 가정에서는 물론 호텔에서도 침대 매트리스의 존재는 관심 밖이었다. 그러나 그 광고의 등장 이후 약 27년이 지난 오늘날 매트리스는 눈부신 발전을 거듭해 왔고, 침대를 쓰는 이들에게 주요 관심사가 된 지 오래다.

미국 호텔 역시 1990년대까지는 매트리스에 대한 관심이 크지 않았다. 선택의 기준은 가성비였고, 주로 사용한 건 폼 베이스 매트리스였다. 변화가 시작된 건 1999년 '스타우드 호텔 그룹'의 브랜드 '웨스틴'에서 진행한 고객 만족도 조사에서 호텔 고객들이 가장 중요하게 여기는 부분이 바로 숙면이라는 조사 결과가 나온 뒤부터였다. 이는 호텔업계가 그동안 미처 생각하지 못한 부분이기도 했다. 이 결과를 받아든 '웨스틴'에서는 1999년 새로운 매트리스 제품을 출시했다. 잠을 잘 때 마치 하늘을 나는 듯한 느낌을 준다고 해서 아예 이름이 '헤븐리heavenly' 베드였다. 반향은 엄청났다.

반향은 제품에 한정하지 않았다. '웨스틴'은 편안한 숙면의 경험을 자신들의 차별점으로 내세웠고, 나아가 매트리스를 운영 매뉴얼 안에 포함시켰다. 그동안 가성비로만 선택하던 매트리스가 그 자체로 경쟁력 있는 상품 요소로

부상한 셈이다. 다른 호텔 역시 이런 변화에 적극 대처했다. '메리어트 호텔 그룹', '포시즌 호텔 그룹'을 비롯해 여러 호텔에서 자신들의 브랜드 이미지를 이끌어나갈 새로운 매트리스 개발에 착수했고, 역시 특별한 숙면의 경험을 브랜드의 테두리 안으로 끌어들여 홍보 포인트로 적극 활용했다.

이를테면 '포시즌 호텔 그룹'에서는 객실에 비치한 매트리스가 잠잘 때 허리가 편안한 것은 물론이고 몸에서 발생하는 열을 통해 잠에서 깨는 것을 방지하는 오버히팅overheating 기능이 있다고 홍보했다. '리츠 칼튼 그룹'에서는 객실 매트리스가 옆 사람의 움직임을 흡수한다고 소비자들의 마음을 공략했다. 최근에는 침대에서도 노트북을 사용하는 이들을 위해 각도 조정이 가능한 '포포인트 바이 쉐라톤' 매트리스까지 등장했다.

그렇다면 호텔업계에서는 어떤 매트리스를 과연 최고로 꼽을까. 역시 덴마크 '덕시아나'DUXIANA다. 90년 이상의 연구 개발로 만들어진 '덕시아나' 매트리스는 뛰어난 지지력, 유연성 그리고 탄력성 있는 스프링 시스템을 통해 요통을 완화하고 체중을 고루 분산하는 것은 물론 혈액순환까지 극대화하도록 설계되었다. 이런 뛰어난 기능 만큼이나 가격도 최고다. 그럼에도 점점 '덕시아나' 매트리스를 사용하는 호텔들이 늘어나고 있다. 매트리스에 이렇게까지 비용을 쓴다는 것은 곧 고객의 숙면을 위해 호텔업계가 얼마나 사활을 걸고 경쟁하고 있는지를 엿보게 한다. 한국에서는 '신라호텔'의 일부 객실에서 경험할 수 있다. '덕시아나'가 아니라면 '시몬스'의 '뷰티레스트', '씰리'의 '헤리티지 컬렉션' 등이 가장 친숙한 매트리스라 할 수 있다.

침대의 편안함을 매트리스가 좌우한다면 침대 외관의 인상은 헤드보드가 좌우한다. 객실 가구 중 가장 큰 비중을 차지하기도 하는 헤드보드는 객실 벽

호텔 객실에서의 각별한 즐거움

■

깨끗하게 잘 다려진 침구의 푹신한 감촉이야말로 호텔의 맛이다.

높이에 맞게 디자인한다. 그래야 전체적으로 안정감을 줄 수 있기 때문이다. 예를 들어 층고가 낮은 방 침대 헤드보드가 높거나, 반대로 층고 높은 방에 키 낮은 헤드보드는 어쩐지 불안정하다. 적정한 높이가 따로 있지는 않다. 지극히 상식적으로 생각하면 된다. 침대에 앉아 뒤통수를 댔을 때 머리를 편하게 받쳐줄 정도의 높이를 확보하면 된다. 보통 객실 바닥에서 150센티미터 정도 높이가 사용하기 편하다. 마감재는 대부분 인조 가죽이다. 천을 쓰는 경우는 거의 없다. 무슨 심오한 뜻이 있는 건 아니다. 머리를 주로 대는 곳이니 그렇다. 다른 사람의 머릿기름이 배어 있는 헤드보드는 생각만 해도 끔찍하다. 때로 촉감 좋은 린넨으로 마감하고 싶을 때가 있다. 하지만 과욕은 금물이다. 위생이며 청소, 관리 면에서 역시 인조 가죽이 편리하다. 디자인보다 다른 걸 먼저 생각해야 할 때가 있다.

이번에는 침구다. 깨끗하게 세탁된, 빳빳하게 다림질된 침구는 호텔 객실에서 누릴 수 있는 즐거움이다. 반듯하게 각 잡힌 이불, 깔끔하게 정돈된 하얀 침구는 이 공간에서 제대로 대접을 받고 있는 듯한 기분을 느끼게 한다. 호텔 침구는 거의 다 면 소재인데, 주로 300~600면수를 쓴다. 300면수 정도면 특성상 세탁이 잦은 호텔에서도 손상이 덜해 비교적 오래 쓸 수 있다. 코로나19로 인해 여행을 하지 못하기 때문일까. 호텔 침구가 최근 안방으로 시장을 넓히고 있다는 기사를 본 적 있다. 예전에는 구입 자체가 어려웠지만 최근에는 호텔 웹사이트에서 주문 가능한 곳이 늘었다.

침구의 구성이 호텔에서 편한 잠의 비밀이다. 매트리스 플랫폼, 매트리스, 토퍼, 매트리스 프로텍터, 침대보, 이불이 그 구성이다. 고급 호텔의 침대일수록 전체적으로 푹신한 느낌의 둥근 형태인데 이런 구성 요소들이 이불과 함께 매트리스 하단에 접혀 들어가기 때문이다.

호텔 객실에서의 아침을 연출할 때 자주 등장하는 장면이 있다. 침대에서 일어난 고객이 기지개를 켜며 창문의 커튼을 젖히면 창밖으로부터 햇살이 쏟아진다. 하지만 밤낮으로 어떤 고객이 언제 잠을 청할 지 모르는 객실에서는 외부의 빛을 얼마나 잘 차단하느냐가 매우 중요하다. 밤낮 관계 없이 객실 안으로는 원하지 않는 빛이 단 한 줄기도 들어와서는 안 된다. 항공사 승무원들은 주로 사전에 회사에서 계약한 호텔을 이용한다. 호텔과 항공사가 계약할 때는 '객실에서의 100퍼센트 빛 차단'이라는 조건을 포함하는 것이 일반적이다. 그만큼 숙면과 빛은 상극이다. 이를 위해 마련한 것이 커튼이다.

호텔 객실 커튼은 보통 이중으로 설치한다. 비교적 얇은 커튼은 쉬어sheer라고 한다. 또 하나는 암막 커튼이다. 쉬어는 주로 빛이 들어오지만 프라이버시를 위한 용도로 쓰고 암막 커튼은 100퍼센트 빛 차단용으로 사용한다. 커튼을 설치한 뒤 손전등으로 암막 기능을 확인하는 것 또한 내가 하는 일이다. 빛 차단은 그러나 커튼만의 일은 아니다. 아무리 뛰어난 암막 기능을 가진 커튼을 설치해도 빛은 어디서도 새어들 수 있다. 커튼을 중심으로 천장과 닿는 곳, 양 날개벽, 바닥과 만나는 곳, 커튼과 커튼이 겹치는 곳 등이다. 객실의 모든 조명을 꺼둔 채 한 줄기 빛이라도 새어 들어오는 곳은 없는지 철저히 확인하는 것까지도 내 일이다.

커튼은 침구처럼 매번 교체하거나 세탁하기 어렵다. 먼지를 터는 걸로 대신하고, 일반적으로는 5년 주기로 교체한다. 좁은 객실에서는 커튼 대신 블라인드를 달기도 한다.

외부의 빛을 제어하는 것이 커튼의 일이라면 잠들기 전후 객실 안의 조명은 어떻게 제어할까. 까무룩 잠이 올 때 불을 끄기 위해 침대 밖으로 나가야 하는 일은 생각만 해도 귀찮다. 집에서라면 몰라도 호텔에서는 손만 뻗으면 해결이 가능하다. 머리맡 주변으로 전기 콘센트, USB충전기, 객실 전체 조명 제어 스위치를 둔 것도 다 그런 이유 때문이다. 전체라고 쓰긴 했지만 예외도 있다. 침대 가까이에 있는 독서등, 벽부등, 책상 조명 등은 직접 끄고 켜야 한다. 방을 혼자 쓸 때도 있지만 둘이 쓸 때도 있기 때문이다. 나는 잠이 들어도 옆 사람은 아직 불빛이 필요할 수 있다. 물론 객실을 나갈 때는 한꺼번에 조명을 끌 수 있게 설계가 되어 있다.

그렇다면 한밤중에 화장실을 가고 싶으면 어떻게 해야 할까. 물론 침대 옆 스탠드를 켜고 움직일 수도 있다. 하지만 세심한 배려를 하는 호텔은 여기에 또 다른 장치를 마련해 둔다. 어두운 방안에서 사람이 움직일 때 객실 바닥을 비춰주는 낮은 조도의 조명이 조심스럽게 켜진다. 침대 하단에 발의 움직임을 감지하는 센서를 작동시키는 것이다. 또는 침대 머리맡에 나이트 라이트라는 스위치를 두기도 한다. 이런 객실에서라면 어두운 방안에서 넘어지거나 부딪힐 염려는 붙들어 매도 좋다.

바닥 이야기가 나왔으니 이번에는 바닥 마감재에 대해 살펴보자. 최근에는 나무 바닥이 추세다. 위생적으로나 유지 관리하기에 여러 모로 장점이 많다. 다만, 자다가 깨서 발이 바닥에 닿으면 차가운 느낌을 줄 수 있다. 이를 위해 침대 주변에는 러그를 깔아두는 것이 일반적이다.

객실 밖 복도에 까는 카펫은 내구성을 최우선으로 두지만, 객실 안 러그는 굳이 그럴 필요까지는 없다. 내구성보다는 고급스러운 분위기, 맨발에 닿는 촉감이 가장 중요하다. 이런 이유로 울을 비롯한 천연 소재를 주로 선택한다.

드물긴 하지만 수제 실크 소재를 쓰는 경우도 있다. 실크 카펫은 1×1인치 안에 들어 있는 실 매듭 수에 따라 등급이 매겨진다. 어떤 건 이 작은 사각형 안에 1천 개의 매듭을 넣은 것도 있다. 모처럼 머문 객실에 실크 러그가 깔렸다면, 마침 돋보기를 가지고 있다면 러그 뒷면을 들여다봐도 흥미롭다. 그 촘촘함의 정도가 고급스러움의 정도다.

객실에서는 잠만 자지 않는다. 일도 하고, 책도 보고, 이야기도 나누고, 먹거나 마시기도 한다. 이를 위해 업무용 책상, 책상 의자, 2인용 커피 테이블, 소파 또는 라운지 체어 등이 준비되어 있다. 용도에 따라 높낮이가 다른 건 물론이다. 책상은 바닥에서 약 73센티미터 높이인데 비해 커피 테이블은 약 51센티미터 높이다. 여기에 딸린 의자는 책상이나 테이블 높이와 약 25~30센티미터 차이가 있다. 그 정도 여유를 두어야 앉았을 때 허벅지가 책상이나 테이블 하단에 닿지 않는다. 책상과 커피 테이블을 따로 갖추지 않은 객실도 있다. 이럴 때는 주로 업무용 책상 높이에 맞춰 가구를 배치한다. 업무용 책상을 커피 테이블 용도로 쓰기는 쉽지만 그 반대의 경우는 아무래도 불편하기 때문이다.

이밖에도 객실 안에는 고객을 위해 준비한 것들이 더 있다. 휴대전화기만 가지고 다니던 시절이 있었다. 요즘에는 전화기는 물론 태블릿 PC, 노트북까지 들고 다닌다. 객실 안에 콘센트와 USB충전기가 부족한 것만큼 불편하고 짜증나는 일은 없다. 개수 만큼이나 위치도 중요하다. 호텔마다 이런 고객들의 필요에 부응하기 위해, 세심하게 동선을 고려하여 최대한 편안한 충전 환경을 마련하기 위해 노력한다.

우선 침대 옆에 콘센트 2개, USB충전기 2개는 기본이다. 여기에 더해 업무

있어야 할 건 다 있어야 하는 침대 옆
∎

객실 침대 옆에 갖춰야 할 것들은 갈수록 늘어난다. 이 가운데 현대인들이
어딜 가나 들고 다니는 온갖 전자 기기를 위한 충전 환경은 기본 중의 기본이 되었다.

용 책상 옆에 전기 콘센트 2개, USB충전기 2개를 더 배치한다. 최근에는 커피 테이블이나 침대 옆에 무선 충전기 장치를 두는 곳도 늘고 있다.

전기 콘센트는 기본적으로 다양한 나라의 전자 제품들을 가리지 않고 쓸 수 있는 인터내셔널 파워 아울렛international power outlet을 설치하는 것이 많고, 잠잘 때 모든 조명을 꺼도, 심지어 외출할 때 모든 전원을 끄고 나가도 이곳의 전원은 꺼지지 않고 충전은 계속된다.

객실 마지막은 조명으로 마무리한다. 객실을 나갈 때 열쇠 꽂이에서 열쇠를 빼면 객실 안의 모든 조명은 일제히 빛을 감춘다. 반대로 객실에 들어설 때 열쇠 꽂이에 열쇠를 꽂으면 모든 조명이 일제히 불을 밝힌다. 객실의 처음 시작과 끝은 조명이 열고 닫는다고 해도 과언이 아니다.

조명은 또한 객실 공간의 분위기를 좌우하는 일등공신이다. 문을 열었는데 차갑고 하얀 형광등 불빛이 방안을 채우고 있다면 어떨까. 같은 곳, 다른 느낌이 들 것이다. 조명에도 디자인이 개입하는 이유다. 세심하게 설계된 조명이 설치된 공간과 같은 결의 언어로 존재한다면 사용자의 공간 경험은 더욱 더 풍부해진다. 연극이나 뮤지컬 무대의 조명과 미술관 실내 조명이 애초에 설계부터 다를 수밖에 없는 이유다. 단순한 공간도 적절한 조명을 통해 깊이 있는 감동을 전할 수 있다. 빛의 마법이다. 객실의 조명에도 각자 역할이 있다.

우선 배경ambient 조명이다. 주변광 조명, 또는 건축 조명이라고도 한다. 보통 천장에 매립 설치한다. 전체적인 분위기를 주도한다. 액센트accent 조명도 있다. 침대 옆에 달아둔 벽부등이 대표적이다. 배경 조명과 적절한 조화를 통해 공간을 은은하고 아름답게 보이게 하면서 동시에 필요한 역할을 수행한

화장할 때 가장 좋은 조명이란?
■

거울 주변에 빼곡히 달아둔 LED조명 덕분에 이 앞에 서면 형광등 백 개를 켠 듯한 아우라가 느껴질 듯하다.

조명의 힘

■

객실의 조명은 기능적으로나 분위기를 위해서나 제 역할을 제대로 할 수 있도록
밝기부터 위치까지 세심하게 배려한 결과물이다.

다. 일명 태스크task 조명은 말 그대로 역할이 있다. 책상 위의 스탠드가 대표적이다. 욕실 세면대, 화장실, 샤워실, 수납공간마다 설치된 조명도 각자 맡은 바 역할이 있는 태스크 조명이다.

호텔마다 차이가 있긴 하지만 욕실 조명에는 모두들 각별히 신경을 쓴다. 특히 세면대 앞이 그렇다. 고객이 세면대 거울 앞에 섰을 때 절대 음영이 지면 안 된다. 즉, 얼굴 전체적으로 균일하게 비춰지도록 조명을 세심하게 배치해야 한다. 그래서 보통 세면기 양 옆에 두 개의 벽부등을 두고, 바로 위 천장에 매립등을 설치한다. 요즘은 아예 세면기에 붙은 거울은 물론 메이크업 거울에 조명을 빌트인하기도 한다.

심지어 어떤 호텔 디자이너는 일명 '할리우드 거울'Hollywood mirror을 메이크업 전문가의 도움을 받아 세면기 거울에 적용하기도 했다. 영화배우들이 주로 쓴다고 해서 '할리우드 거울'이라고 불리는 이 거울은 주변에 빼곡히 달아둔 LED조명으로 한낮 태양광과 거의 비슷한 조도를 만들어낸다. 거울에 비친 얼굴이 아름답게 보이기도 해서, 화장할 때 가장 좋은 조명으로 꼽히기도 한다.

객실 안 조명들은 각자 주어진 자리에서 맡은 바 역할을 함으로써 조화를 이룬다. 조명들이 어우러져 만들어낸 빛의 조화가 고객으로 하여금 편안하고 분위기 있게 객실을 즐길 수 있게 한다. 신규 호텔 공사에 들어가기 전에는 통상 객실 견본을 만들어보고 모든 사항을 체크하는 과정을 거치게 마련이다. 얼마전 검토한 견본 객실의 조명의 조화가 어쩐지 어색했다. 하나하나는 문제가 없어 보이는데 다 켜놓으니 부자연스러워 보여, 결국 조명의 개수를 조절하고 튀는 조명을 없애는 것으로 해결을 했다. 조명 만큼은 개별 기능의 문제

여부만이 아니라 전체적인 조화까지 살펴야 한다는 걸 다시 생각했다.

조명에 대한 호텔들의 디테일은 천차만별이다. 어디는 고객이 객실에 들어서는 순간 갑자기 방 전체의 불이 환하게 켜진다. 또 어떤 호텔은 낮은 조도로 시작했다가 점점 밝아지기도 한다. 가장 세심한 호텔은 고객의 체크인 시간에 맞춰 밝기를 달리 하는 곳이다. 낮과 밤에 따라 객실 문을 열 때 불 밝기가 다르다. 낮에는 기분 좋게 환한 느낌 정도로, 밤에는 낮은 조도로 편안한 분위기를 연출한다. 어떤 곳은 심지어 턴다운 서비스까지 연계해서 제공한다. 고객이 객실에 들어와서 바로 편안하게 잠자리에 들 수 있게 준비해 주는 턴다운 서비스는 일부 럭셔리 호텔에서만 제공하긴 하지만 이 서비스에 적절한 조도의 고려도 빠질 수 없다.

조명은 밝기만이 전부가 아니다. 조명은 그 자체로 예술품이기도 하다. 아름다운 디자인으로 고가의 몸값을 받는 조명이 이미 한둘이 아니다. 하지만 호텔 객실에서는 누구나 쉽게 사용할 수 있는 것이 가장 훌륭한 조명이다. 복잡한 조명 작동법 앞에서 인내를 발휘하기란 쉽지 않다. 여기저기 눌러보다 프론트 데스크로 전화를 걸 때는 이미 짜증이 목소리에 가득하다.

호텔을 만들다 보면 이런 기본적인 것을 놓칠 때가 종종 있다. '상하 리트리트'를 개발할 때의 일이다. 의욕이 앞선 나는 객실에 미국 최고 조명 설계 회사로 꼽히는 '루트론'Lutron의 조명 시스템을 제안했다. 가장 좋은 것을 객실에 넣고 싶은 마음뿐이었다. 다 만들고 난 뒤 만족감은 말할 수 없었다. 하지만 뜻밖에 고객들의 불만이 끊이지 않았다. 조작법이 너무 복잡하다는 게 문제였다. 고객 호출을 받고 직원들이 달려가 조작법을 설명하는 일이 빈번했다. 그렇게 업무 시간에 객실에서 조명 조작법을 설명하느라 정작 다른 업무에 차

질이 생겼다. 일은 일파만파로 확대, 결국 직원 충원 문제로까지 이어졌다. 이는 곧 운영비 상승으로 이어진다. 결국 모든 객실의 조명은 사용법이 간단한 것으로 전면 교체되었다.

간혹 어떤 호텔에 갔을 때 지나치게 튀는 것들이 눈에 띌 수 있다. 호텔 소유주나 상급자가 고집한 것일 가능성이 크다. 내가 들여놓은 '루트론' 조명을 쓰면서 불편했을 그 고객들 역시 그 점을 눈치챘을까 생각하니 문득 민망하다. 객실 조명의 기본에 대해 다시 생각한다. 조작법이 쉬울 것, 적재적소에 배치할 것, 한 공간의 모든 빛이 모여 적절한 분위기를 만들어낼 것. 어떤 화려한 디자인보다 기본을 지키는 일이 가장 중요하다. 비단 조명에만 해당하는 말은 아니다.

제 5 장
공유

Social Club

호텔은 잠만 자는 곳?
잠 안 자도 되는 곳!

예전에는 '호텔은 곧 객실'이라고 여겼다. 이제 그렇지 않다. 호텔은 잠만 자는 곳에서 벗어난 지 이미 오래다. 굳이 잠을 자지 않아도 즐길 곳이 많다. 주말 오후 애프터눈티를 즐기기도 하고, 결혼식이나 다양한 행사를 위해 연회장을 이용하기도 하고, 특별한 날을 위해 뷔페 식당이나 레스토랑에 가기도 한다. 일상적으로 피트니스 센터나 수영장, 스파 등을 이용하는 이들도 갈수록 늘고 있다. 이른바 공용, 공유의 공간이다.

규모나 등급에 따라 차이가 있긴 하지만 일반적으로 이런 공유 공간은 호텔 전체에서 약 15퍼센트의 비중을 차지한다. 객실 공간이 차지하는 약 60~70퍼센트에 비해 작은 편이다.

대개 호텔의 수익은 객실 판매에서 60퍼센트 이상 나오지만 면적 대비 공유 공간에서 나오는 수익도 만만치 않다. 때문에 호텔마다 공유 공간에서의 수익을 극대화하기 위해 정교하고 효율적으로 기획, 운영하고 있다. 이를 위해 다양한 프로그램 및 공간 연출을 위해 분야별 전문가가 총출동하고, 수많은 시뮬레이션을 거친 시스템이 작동한다. 여기에 더해 직원들은 맡은 바 역할을 위해 군대의 병사들처럼 일사분란하게 움직인다.

연회 전 공간,
무대 입성 직전 거쳐야 하는 곳

대표적인 곳으로 연회장을 들 수 있다. 일반인들은 주로 호텔 연회장을 언제 갈까. 아마도 결혼식 하객으로 참석할 때가 가장 많을 것 같다. 물론 이밖에도 패션쇼, 디너쇼를 비롯한 다양한 이벤트에 참여할 수도 있고, 직장이나 관련 업무의 학회나 행사를 위해 찾을 때도 있을 것이다.

어떤 행사냐에 따라 형식은 다르겠지만 동시에 수십 명에서 수백 명까지 모이는 자리인 만큼 호텔에서는 참석자들 모두에게 불편함이 없도록, 나아가 기분 좋은 기억으로 마무리할 수 있도록 만반의 준비를 갖춘다. 마치 크고 화려한 공간에서 시스템을 바탕으로 펼쳐지는 한 편의 쇼와 같다. 그 쇼의 현장으로 한 번 들어가 보자.

호텔 연회장에서 열리는 특별한 행사에 참여했다고 생각해 보자. 엘리베이터에서 내려 연회장이 있는 층에 도착하는 그 순간, 이미 쇼는 시작된다. 짐 보관소에 짐을 맡긴 뒤 행사장으로 향한다. 경우에 따라 본 공간 진입 전, 연회장 문 밖에서 칵테일 한 잔을 받아 들고 지인들과 가벼운 이야기를 나눌 수도 있다. 잠깐 스쳐가는 곳처럼 여길 수도 있지만 오늘의 쇼가 제대로 펼쳐지기 위해 이 공간이 맡은 역할은 꽤 중요하다. 그래서 아예 이름이 있다. 연회 전 공간, 영어로는 Pre-Function이다. 보통 가벼운 식음료를 마련해 두는데, 행사 시작 전 또는 중간 휴식 시간에 특히 빛을 발한다.

그저 엘리베이터나 에스컬레이터부터 연회장 입구까지 빈 공간을 활용한다고 생각하면 오해다. 대체적으로 연회장 공간의 약 35퍼센트 남짓의 면적을 확보해 두고, 천장은 약 3미터 높이를 고려한다. 행사 전후 입퇴장하는 인원을 안전하게 수용하는 것은 물론이고, 행사 중 휴식 시간에 식음료를 겸한 짧은 사교 장소로서 역할을 해야 한다. 특히 행사 참가 업체 홍보 공간으로 사용을 하는 경우가 많아 어느 연회장이나 이 정도의 공간 확보는 필수다.

다양한 행사를 준비해야 하는 곳이니 공간 설계는 그때그때 달라진다. 행사 성격에 따라 카멜레온처럼 변신이 이루어진다는 의미다. 따라서 어떤 형식에도 매이지 않으면서 또 어떤 형식과도 어울리는 공간 구성이 필요하다. 하지만 콘퍼런스 같은 행사를 많이 하는 연회장은 이곳에 아예 바bar를 만들어 두기도 한다.

호텔 건물을 설계할 때 이곳은 각별한 주의가 필요하다. 바로 연회장 뒤쪽으로 이어지는 주방의 출입구와 이곳을 직접 연결해야 하기 때문이다. 그렇지 않으면 주방에서 음식을 가져올 때 연회장을 통과해야 한다. 있을 수 없는 일이다.

바닥은 식음료 서비스가 이루어질 수 있으니 카펫은 금물이다. 예전에는 고급스러운 분위기를 위해 카펫을 많이 사용하기도 했지만 비효율적이라는 것을 깨달은 뒤에는 유지 및 관리가 쉬운 석재나 강화마루로 바닥 마감을 한다.

전기 콘센트는 많을수록 좋다. 벽뿐만 아니라 바닥에도 틈만 나면 설치해 둬야 한다. 언제 어떻게 얼마나 많은 전자 기기를 사용할지 알 수 없기 때문이다.

수용 인원 수를 고려한 화장실 마련도 필수사항이다. 있는 듯 없는 듯한 공간처럼 보이지만 어떤 일이 일어나도 대응 가능하도록 많은 고민과 검토를 거쳐야 한다. 최종 목표는 수익 창출의 극대화다.

연회 전 공간의 다양한 모습

■
엘리베이터에서 내려 연회장이 있는 층에 도착하는 그 순간, 이미 쇼가 시작된다.
잠깐 스쳐가는 곳처럼 여길 수도 있지만 오늘의 쇼가 제대로 펼쳐지기 위해 이 공간이 맡은 역할은 꽤 중요하다.
그래서 아예 이름이 있다. 연회 전 공간, 영어로는 Pre-Function이다.

화재를 비롯한 비상사태 발생시 대피 경로 역시 철저하게 마련해야 한다. 호텔 어디나 마찬가지지만 특히 연회장 주변은 많은 사람이 동시에 모여 있으니 만일 화재가 발생하면 곧바로 대형사고로 이어진다.

설계 단계에서 소방 전문가의 자문을 통해 공간의 면적에 따라 수용 가능 인원 수를 산출하고 이에 맞는 출입구 숫자 및 위치를 정한다. 출입구가 많아도 적절히 분산되어 있지 않으면 이 역시 참사로 이어질 수 있다. 출입구의 개폐 방향, 비상구와의 연결 여부 등도 미리 살펴야 하는 지점이다. 이뿐만 아니라 예상 동시 대피자 인원 수에 맞게 비상계단의 폭, 계단의 수도 모두 세밀하게 설계한다.

글로벌 호텔 그룹들은 NFPA국제화재예방협회에 근거를 두는 것은 물론 대부분 자체적으로 소방 컨설턴트팀을 따로 두고, 종합적인 검토를 거친다. 때로 호텔 소재 국가의 소방법과 충돌할 경우 고객의 안전을 위해 더 엄격한 기준을 따른다. 만일 운영사의 소방 승인을 받지 않았다면 화재 피해에도 보험 혜택을 받지 못할 수 있다. 따라서 호텔 설계를 할 때 국내 소방법은 물론 운영사의 소방 관련 요구 조건을 백 퍼센트 반영해야 하고, 그 전제에 따라 설계는 물론 시공이 이루어져야 한다. 건축의 외관이나 인테리어 같은 디자인 요소들은 선택의 영역일 수 있으나 소방 관련 부분은 반드시 반영하고 거듭 점검해야 하는 필수 영역이다. 최종 단계에서 승인을 받지 못하면 오픈은 불가능하다.

연회장, 한 편의 쇼가 펼쳐지는 곳

연회 전 공간을 지나 연회장에 들어서면 우선 공간의 스케일과 화려함에 압도당하곤 한다. 호텔 안에서 단일 공간으로는 가장 크고, 높은 곳이니 그럴 만하다. 호텔 규모에 따라 차이가 있긴 하지만 적어도 330제곱미터 이상 면적, 5미터 이상 높이는 기본이다.

어떤 행사라도 최고의 격조와 아름다움을 갖춰 치러야 한다. 팔색조처럼 변신하는 연회장의 본질을 충실히 이행해야 하는 건 물론이다. 바닥은 주로 화려한 패턴과 색감의 카펫이 깔리고, 천장에는 방송국 못지 않은 수많은 장비들이 빼곡하다. 행사 성격에 맞는 화려한 조명이 공간 전체를 휘감는다.

분위기를 좌우하는 데는 역시 조명이 일등 공신이다. 제대로 된 연회장이라면 천장에 서너 가지 이상의 조명이 달려 있어야 한다. 모두 원격 조정이 가능해야 하고, 밝기 조절 기능 역시 기본이다.

기본적인 조명 외에 필요에 따라 위치를 바꿀 수 있는 조명, 뮤지컬 무대 같은 분위기를 만들어내는 특수 조명 등이 행사 목적에 따라 다양하게 활용된다. 다만 모든 호텔 연회장에서 다양한 조명 시설을 모두 갖추기란 만만찮은 일이다. 역시 초기 투자비 상승 때문이다. 그런 경우 대체로 기본 조명만 설치하고, 특수 조명이 필요할 때마다 행사 주최 측에서 의뢰한 외부 업체의 도움을 받기도 한다. 요즘에는 100퍼센트 화려한 조명보다 필요에 따라 자연광이 들어오는 연회장을 선호하는 추세이다. 인공 조명에 노출되면 시간이 지날수록 아무래도 피로해지고, 집중력이 떨어지기 때문이다. 이 때문에 자연 채광이 되는 연회장의 인기가 올라가고 있는데, 보통 이런 경우 전동 커튼은 필수다. 때에 따라 빛을 가려야 할 때가 있는데, 그때마다 직원들이 일일이 커튼을 열고 닫는 것은 아무래도 우스꽝스럽기 때문이다.

같은 조명을 가지고도 사뭇 다른 분위기를 연출할 수 있는데, 이는 조명 전문가에 의해 좌우된다. 연회장 어딘가에는 이 공간의 모든 상황과 움직임을 지켜보는 눈이 있다. 이른바 컨트롤 타워다. 조명 전문가 역시 지켜보는 눈 가운데 하나다. 그는 처음부터 끝까지 연회장을 채우는 빛을 관리한다. 예전에는 이 컨트롤 타워가 연회장을 지켜볼 수 있는 어딘가에 위치했는데 요즘은 디지털 기술의 발달로 연회장 후방 어딘가에 위치하기도 한다.

연회장 천장에는 조명 외에도 음향 기기, 냉난방기, 스프링클러, 제연 설비, 스피커, 행잉 포인트hanging point 등 온갖 장치들이 모여 있다. 행잉 포인트는 특수 장비를 설치할 때 천장에 걸 수 있는 장치다. 연회장에서 행잉 포인트를 사용하려면 행잉 포인트에 달릴 장비의 하중을 예상하여 이를 처음부터 구조 설계에 포함시켜야 한다. 행사를 위해 특수 장비를 행잉 포인트에 걸어야 할 때는 장비 무게가 수용 범위에 들어 있는지도 반드시 미리 확인해야 한다. 이러한 천장 설비를 조작하거나 조정할 때는 주로 사다리를 이용한다. 하지만 사다리가 닿지 않은 높이라면 유지 보수를 위해 직원들이 오갈 수 있는 별도 장치가 필요하다. 바로 캣 워크cat walk다.

이런 장비들이 다 필요할까 싶지만, 연회장 천장에는 장비들이 많을수록 좋다. 이유는 역시 한 가지다. 장비가 많을수록 구현할 수 있는 이벤트가 다양해진다. 이는 곧 연회장의 매출과 직결한다. 앞에서 이야기한 특수 조명의 경우, 외부 업체의 도움을 빌리지 않고 연회장 자체적으로 제공이 가능하다면

연회장의 다양한 용도

연회장은 결혼식장, 갈라 디너쇼장, 제품 런칭쇼장, 컨퍼런스장 등등 팔색조 같은
변신이 가능해야 한다.

연회장 천장의 속사정
■

연회장 천장에는 다양한 장비가
설치되어 있는데, 장비는
많을수록 좋고 점검은 까다로울수록 좋다.
공사 전부터 오픈 직전까지
살피고 또 살펴야 하는 건 물론이다.

변신하는 연회장

■

연회장은 사방 벽을 LED 스크린으로 가득 채워 전시장이 되기도 하고,
수평 수직 무빙 월을 활용해서 공간을 자유자재로 키우거나 줄이기도 한다.

연회장 대여료는 그만큼 올라갈 것이고, 그만큼 수익은 극대화된다. 투자를 많이 하면 이익 역시 비례하는 셈이다.

공간 설계는 호텔이 염두에 둔 시장과 밀접한 관련이 있다. 주로 어떤 행사를 유치해서 매출을 올릴 계획을 갖고 있느냐에 따라 달라진다는 의미다. 예를 들어 자동차 회사의 신차 발표회를 자주 유치할 계획이라면 연회장에는 차를 들여올 수 있는 외부 통로와 자동차가 통과할 수 있는 출입구를 설치해야 한다.

연회장 가로 세로 비율은 2:1이 이상적이다. 행사 규모에 따라 연회장을 둘로 나눠 사용할 수 있어야 하기 때문이다. 이를 위해 대부분 연회장에는 공간을 둘로 나누는 무빙 월Dividing Wall이 설치되어 있다. 무빙 월 유무는 천장 가운데 트랙이 있는지 올려다 보면 알 수 있다. 수평 무빙 월이 움직이는 길인 셈인데, 최근에는 천장에서 내려와 공간을 나누는 수직 무빙 월도 사용한다. 하늘에서 내려오는 벽이라고 해서 영어로 스카이폴Sky Fall이라고 한다. 수평 무빙 월에 비해 보관 공간을 덜 차지하고, 방음 효과가 뛰어나지만 비싼 것이 단점이다.

연회장 앞쪽에서는 대형 스크린이 설치되어 있다. 얼마전까지만 해도 주로 천장에 설치한 빔프로젝터를 활용했지만 최근에는 고화질 LED 스크린으로 대체되고 있다. 호텔에 따라 LED 스크린을 무대 앞은 물론 사방 벽에 모두 설치한 곳도 있다. 이런 곳은 흡사 미디어 아트 전시장 같기도 하다.

보이는 것을 위해 존재하는
보이지 않는 곳들의 역할

연회장의 다양한 행사들이 물 흐르듯 자연스럽게 진행되기 위해서는 후방 공간의 역할이 절대적이다. 눈에 보이는 연회장만큼이나 보이지 않는 후방 공간에서 벌어지는 일이 내게는 더 흥미진진하다. 대표적인 후방 공간으로는 가구 보관 창고와 주방을 들 수 있다. 후방 공간에서 가장 중요한 건 첫째도 둘째도 효율성이다.

수백 명의 관람객을 대상으로 디너쇼를 진행한다고 생각해 보자. 당장 관람객을 위한 테이블과 의자들은 모두 어디에서 어떻게 옮겨오는 걸까. 사용하지 않을 때는 어디에서 어떻게 보관하는 걸까. 디너쇼이니 저녁 식사가 포함되어 있다. 동시에 몇백 명의 식사를 준비하는 건 어떤 일일까. 음식 순서, 온도, 다른 테이블과의 조화 등 고려할 것이 한두 개가 아니다.

가구 보관 창고는 말 그대로 연회장에서 사용하는 모든 가구와 집기를 보관하는 공간이다. 행사 내용에 따라 연회장은 그때그때 변신한다. 750명의 청중을 상대로 하는 강연장이 될 수도 있고, 500석 규모의 디너쇼장이 될 수도 있다. 강연장일 때는 의자만 나란히 두면 될 테고, 디너쇼장일 때는 라운드 테이블과 이에 어울리는 의자를 두어야 한다.

호텔 연회장 가구들은 늘 고급스럽다. 테이블은 깨끗하게 세탁한 뒤 잘 다림질한 흰 테이블보가 겹겹이 덮고 있고, 의자 커버도 늘 새것처럼 정갈하다. 하지만 늘 이런 건 아니다. 평소 창고에 보관 중인 테이블이나 의자는 전혀 특별하지 않고, 오히려 커버 없이 발가벗겨져 있으니 초라하게도 보인다.

일부러 저렴한 가구를 썼다고 오해하지는 마시라. 이 가구들은 늘 이동한다. 가벼워야 하고 상처에도 잘 견뎌야 한다. 운반하기 쉽게 접이식이어야 하고, 서로 포개져서 한꺼번에 몇 개씩 나를 수 있어야 한다. 행사에 따라 의자와 테이블 개수 및 용도가 달라진다. 몇 시간 안에 창고에서 수백 개의 의자와 테이블을 옮겨야 한다고 생각해 보자. 던지지 않으면 다행이다. 이런 가구를 옮기고 배치하고 보관하기 위해서는 연회장 가까이에 가구 보관 창고를 두어야 한다. 또한 동선을 최대한 짧게 하고, 대형 가구를 옮길 때를 고려하여 적절한 공간도 확보해야 한다. 같은 연회장에서 하루에 성격이 다른 두 개의 행사를 치를 때도 있는데, 이럴 때 자칫 동선이 꼬이면 담당 직원들이 크게 고생을 한다. 하지만 실제는 다르다. 가구 보관소는 넓은 공간을 차지할 수밖에 없는데, 연회장과 붙어 있는 곳에 이렇게 넓은 공간을 확보하기가 어려울 때가 많다. 호텔에서 공간은 곧 수익과 연관되어야 하기 때문이다. 꼭 필요하지만 창고는 그 자체로 이익을 가져오지는 않는다. 이런 이유로 가구 보관 창고는 어쩔 수 없이 연회장과 떨어진 곳에 배치해야 할 때가 많다. 장차 이 많은 가구를 들고 날라야 하는 직원들을 떠올리면 내내 마음이 무겁다.

주방은 다르다. 연회장 전용 주방이 따로 있을 뿐만 아니라 반드시 연회장 바로 옆에 배치한다. 식사를 포함하는 행사가 많기 때문이다. 연회장 전용 주방은 크게 냉장 냉동 시설을 포함한 요리 전용 구간, 설거지 구간으로 나누고, 여기에 음료 냉장고와 연회 전 공간 세팅 바bar 등이 있다. 설거지 구간이 따로 있는 건 그만큼 설거지할 그릇이 어마어마하기 때문이다. 몇백 명이 먹는 음식을 만드는 것도 큰일이지만 먹고 난 뒤의 설거지도 보통 일이 아니다. 그러니 따로 공간을 확보해서 효율성을 높여야 한다.

호텔 설계 초기 단계에서 주방의 공간 배분이 무엇보다 중요하다. 실제 이 공간에서 이루어지는 업무의 흐름을 잘 파악해야 하는 것은 물론이다. 자칫 숫자 하나를 착각하는 순간 나중에 냉장고 들어갈 자리가 없어질 수도 있다. 물론 주먹구구로 계산하는 것은 아니다. 오랜 기간 축적해 온 경험을 바탕으로 호텔마다 기준이 있다. 대개 요리 전용 구간은 연회장 1제곱미터당 0.27제곱미터, 설거지 구간은 1제곱미터당 0.04제곱미터, 워크인 음료 냉장 구간은 1제곱미터당 0.03제곱미터가 필요한 것으로 나온다.

이렇게 계산을 하면 약 600제곱미터 연회장에는 요리 전용 구간 약 162제곱미터, 설거지 공간 약 24제곱미터, 워크인 음료 냉장 구간 약 18제곱미터가 필요하다. 이를 모두 합하니 대략 204제곱미터 정도다. 이렇게 주방 전체 공간을 추정한 뒤에는 이 안에 들어갈 온갖 주방기기의 개별 크기를 모두 측정한 뒤 크기를 가늠한다.

최종 결정 전에 한 가지 확인을 거쳐야 한다. 대개의 호텔에는 지하 후방 공간에 재료 준비 주방이 별도로 있다. 영어로는 Prep Kitchen이다. 호텔로 들어오는 모든 식재료를 다듬고 자르고 보관하는 곳이다. 호텔 곳곳의 레스토랑이나 연회장 주방 등에서 사용하는 모든 식재료는 여기에서 기본 작업을 거치게 되어 있다. 이곳이 넉넉하다면 그때그때 사용할 만큼만 연회장 주방으로 가져와도 된다. 하지만 재료 준비 주방에서 연회장 식재료를 모두 감당하지 못한다면 미리 가져와 보관해야 하니 추가 공간을 더 확보해야 한다.

앞서 이야기했듯 연회장 주방은 연회장과 가까이 있게 마련이다. 아울러 연회장 주방과 연회장을 연결하는 통로도 별도로 마련되어 있다. 수백 명분의

연회장 주방과 주방 복도의 예

모든 공간이 그러하듯 이곳에서의 할 일과 놓일 것을 꼼꼼하게 챙겨 그린 평면도대로 놓여야 할 곳들이 놓인다.
역사는 그렇게 시작된다. 연회장에서 즐기는 음식은 모두 이곳에서 만들어져 이곳 복도를 통해 테이블에 오르내린다.

음식을 한꺼번에 날라야 하니 이 통로 역시 세심하게 설계되어 있어야 한다.

연회장 주방이나 이동 통로의 기본 전제는 손님의 눈에 띄어서는 안 된다는 것이다. 이 통로는 일반 복도가 아닌 특수 목적을 부여받은 곳이다. 연회장 주방에서 나온 음식들이 손님 테이블로 이동하는 통로이면서 동시에 다 먹은 빈 접시들을 다시 주방으로 옮기는 통로이기도 하다. 음식과 접시만 움직일 리 없다. 온갖 서비스를 위해 직원들이 일사불란하게 무수히 왔다갔다한다.

하나의 통로에서 이루어지는 다양한 행위를 고려했을 때 이 복도의 폭은 어느 정도가 적당할까. 글로벌 호텔 그룹들은 보통 약 3미터를 권장한다. 그러나 국내 호텔에서 연회장 후방 공간 복도에 3미터를 할애하는 곳은 아직 많지 않다. 역시 직접적인 이익이 발생하지 않으니 우선 고려 대상에서 제외하는 경향이 있다. 다른 나라에 비해 연회장 규모가 크지 않아 지금은 조금 불편을 감수하는 정도이긴 하지만, 궁극적으로는 개선이 필요한 지점이다. 직원이 행복해야 서비스의 질이 높아진다. 서비스의 질이 높아지면 고객 만족도가 높아질 것이고, 재방문율 역시 여기에 연동한다. 좀 더 장기적인 시선으로 어떤 것이 이익에 기여하는지 고민해 볼 필요가 있다.

호텔마다의 각양각색 연회장, 코로나19를 둘러싼 호텔의 대응

호텔이라고 해서 무조건 커다란 연회장을 갖추고 있다고 생각해서는 곤란하다. 규모별로 다양한 연회장을 갖춘 곳도 있지만 아예 연회장이 없는 곳도 있다. 연회장 대신 크고 작은 회의실을 제공하는 곳도 있다. 규모나 등급은 물론 면적과 수요에 따라 천차만별이다.

하지만 호텔 연회장은 물론 회의실 양상이 점점 변화해 가고 있는 것은 분명하다. 예전에는 15~20개 내외의 고정 좌석과 테이블로 이루어진, 보드룸 Boardroom이라 불리는 호텔 회의실을 쉽게 찾을 수 있었다. 하지만 최근에는 이런 고정된 형태의 회의실은 거의 찾아보기 어렵다. 이유는 간단하다. 많은 사람들이 선호하지 않기 때문이다. 또한 필요에 따라 좌석 배치를 바꿀 수 있어야만 높은 수익을 기대할 수 있기 때문이다.

코로나19로 인한 변화도 한몫했다. 사람들이 많이 모일수록 성공적인 이벤트로 여겨지던 연회장 분위기는 사뭇 달라졌다. 대규모 인원이 모이는 행사는 아예 시도조차 어렵다. 호텔 입장에서는 당장 매출이 줄어들어 타격을 받은 것이 사실이다. 그러나 뜻밖에 긍정적인 변화도 일어났다. 코로나19 이전까지만 해도 호텔에서 치르는 결혼식은 대부분 부모님의 재력 및 사회적 지위를 과시하는 자리로 여겨지기도 했다. 사람이 많이 모일수록, 성대할수록 번듯해 보였다. 하지만 코로나19로 하객의 인원 수가 제한되면서 호텔 결혼식도 소규모로 치를 수밖에 없었고, 사람이 적게 모이니 전체 비용이 자연스럽게 낮아졌다. 그러자 그동안에는 높은 금액으로 엄두를 낼 수 없던 호텔 결혼식이 조금씩 대중화되어 가는 추세를 보이고 있다.

학회 또는 컨벤션 역시 그 형태가 달라졌다. 드넓은 연회장에 모두 모여 진행하던 이벤트는 이제 대면과 비대면의 하이브리드가 일반화되어 가고 있다. 소규모 연회장에서 주요 발제자들이 발표하는 내용은 각자 객실에 머물고 있는 또다른 참가자들에게 즉시 전송된다. 필요한 경우 소그룹으로 대면 교류

다양해지는 회의실
■
이제는 고정된 회의실보다는 그때그때 필요에 따라 크기와 좌석 수에 변화를 줄 수 있는 쪽으로 바뀌어가고 있다.

를 하기는 하지만 대규모 인원이 함께 모이는 일은 거의 없다. 이런 변화에 맞춰 호텔에서도 하이브리드 미팅을 염두에 둔 연회장 구성에 공을 들이고 있다. '하얏트 호텔 그룹'에서는 온라인 콘퍼런스를 진행하면서 연회장 공간을 360도 각도로 보여주는 서비스를 제공했다. 이를 통해 온라인 참가자들로 하여금 마치 현장에 있는 것 같은 경험을 할 수 있게 했음은 물론이다. 이처럼 기술의 도움을 받아 대면과 비대면을 넘나드는 방식이야말로 오늘날 우리가 직면한 현실 앞에 호텔업계가 내놓은 대안인 셈이다. 이러한 변화는 코로나19 이후에도 이어질 것이다. 그 속도를 좌우하는 것은 비대면 회의에 대한 소비자들의 수요다. 수요가 있는 곳이라면 어디든 호텔은 마다하지 않을 테니 그러하다.

호텔의 종합선물 세트, 뷔페 레스토랑

호텔에서 누리는 즐거움을 꼽으라면 꼭 빠지지 않는 것이 있으니 바로 뷔페다. 골라먹고 담아먹는 재미. 그래서인지 관심도 대단하다. 호텔에 가는 행위가 곧 그 사람의 사회적 신분을 말해주던 때가 있었다. 호텔 뷔페에서의 식사 역시 '그들만의 리그'였다. 하지만 이제 세상은 달라졌다. 유튜브에 검색하면 호텔 뷔페 비교 평가는 물론 각 호텔별로 특히 추천할 만한 메뉴를 소개하는 영상이 수두룩하다. 서울에서 가볼 만한 곳으로는 'JW메리어트'의 '플레이버즈', '신라호텔'의 '더 파크뷰', '롯데호텔'의 '라세느'가 늘 첫손에 꼽힌다.

우리가 뷔페 식사를 즐기는 장소는 뷔페 레스토랑이라고 편히 부르긴 하지만 호텔업계 정식 용어는 올데이 다이닝All Day Dining이다. 삼시세끼를 다 이곳에서 해결할 수 있다는 뜻이다. 일정 규모 이상의 호텔이라면 뷔페 레스토랑은 반드시 갖춰야 한다. 무슨 원칙 때문이 아니다. 식사 제공은 호텔의 기본적인 서비스일 뿐만 아니라 뷔페 레스토랑은 호텔 식음료 업장 중 매출이 가장 높다. 가장 높은 매출을 올리는 곳이니 당연히 가장 중요한 곳이다.

일반적인 레스토랑은 전체 면적에서 약 60퍼센트를 고객 공간으로 배치한다. 어떤 종류의 레스토랑이냐에 따라 한 사람이 차지하는 공간을 상정하여 그것을 기준으로 동시 수용 가능한 좌석 수를 계산한다. 예를 들어 레스토랑 전체 공간이 330제곱미터라면 그 가운데 약 198제곱미터를 고객 공간으로 할애한다. 그리고 이를 고객 1인 예상 면적으로 나누면 배치할 좌석 수가 나온다. 미국에서는 보통 손님 한 사람이 차지하는 공간을 약 1.4제곱미터를 적용하니 약 141좌석이다. 물론 다 이대로 지키는 것은 아니다.

앞에서도 말한 바 있듯이 호텔은 다르다. 면적이 아닌 객실 수에 따라 좌석 수를 추정한다. 200객실 규모라면 약 45~60퍼센트 내외인 90~120개 좌석을 계획한다. 뷔페 레스토랑 좌석은 보통 1인당 약 2.6제곱미터를 적용한다. 120개 좌석×2.6제곱미터를 계산하니 234~312제곱미터다. 여기에 필요한 주방 면적을 더하면 이 호텔 뷔페 레스토랑의 적정 공간 크기가 나온다. 일반 레스토랑 1인 좌석이 1.4제곱미터인데 뷔페 레스토랑은 2.6제곱미터. 뷔페 특성상 음식을 제공하는 공간을 포함하기 때문이다. 이 정도라면 붐비는 느낌 없이 여유롭게 음식을 즐길 수 있다.

모든 호텔이 이 기준에 따르는 건 아니다. 때로 국내 호텔 뷔페에서 붐비는

보기만 해도 좋은 뷔페 레스토랑

호텔에서 누리는 즐거움을 꼽으라면 꼭 빠지지 않는 것이 있으니 바로 뷔페다.
우리가 뷔페 식사를 즐기는 장소는 뷔페 레스토랑이라고 편히 부르긴 하지만
호텔업계 정식 용어는 올데이 다이닝이다. 삼시세끼를 다 이곳에서 해결할 수 있다는 뜻이다

느낌을 받곤 한다. 왜 이렇게 붐비는 걸까? 호텔 관계자들께 슬쩍 물어보면 공간 대비 좌석 수가 많은 편이라는 답을 듣곤 한다. 해외에 비해 국내 호텔들은 투숙객이 아닌 외부 고객들의 수요가 많아 어쩔 수 없다는 것이다. 그 속사정이야 이해 못할 바 아니지만 적지 않은 비용으로 모처럼 찾은 호텔 고급 뷔페에서 북새통을 경험하고 나면 과연 호텔에게 좋은 결정이었을지 되묻고 싶을 때가 없지 않다.

뷔페의 꽃은 단연 뷔페 스테이션이다. 보기에도 좋고 맛도 좋은 산해진미가 산처럼 쌓여 있는 모습은 말 그대로 보기만 해도 배가 부르다. 뷔페 스테이션은 음식 종류에 따라 따뜻한 음식핫 플레이트, 찬 음식콜드 플레이트, 디저트, 과일 등으로 나뉜다. 핫 플레이트 구간은 셰프가 즉석에서 요리를 해서 바로 채워놓는다. 이른바 오픈 주방이다. 스테이크를 굽거나 달걀 요리를 하는 과정 자체가 볼거리를 제공한다. 의도적으로 퍼포먼스를 추가해서 레스토랑 분위기를 한껏 고조시키는 곳들도 많다. 빠질 수 없는 건 워머warmer다. 예전에는 단지 음식이 식지 않도록 하는 기능적인 면에 초점을 맞췄다면 요즘은 음식에 조명을 비춰 먹음직스럽게 보이는 효과를 노리기도 한다. 여기에서 한 가지 질문. 오픈 주방에서 스테이크를 끝없이 구워도 어째서 레스토랑 안에는 연기도, 냄새도 나지 않을까. 집에서 삼겹살을 먹어본 경험이 있다면 무슨 말인지 알 것이다. 비밀은 바로 후드다. 뷔페에 가게 되면 눈여겨보시라. 오픈 주방 윗부분은 후드 시스템으로 중무장되어 있다. 언제나 배기가 급기보다 많아서 음압을 형성한다. 그러니 아무리 스테이크를 구워도 사람들이 알아차리기 전에 냄새도 연기도 후드 속으로 사라져 버린다. 음압의 원활한 작동 여부 역시 호텔 운영사 PM의 역할이다.

콜드 플레이트 구간에는 데우지 않아도 되는 음식들이 있다. 얼음을 바닥에 깔아놓고 넓은 접시 위에 음식을 담아 놓는다. 물론 얼음이 녹은 물을 처리하는 배수 장치가 되어 있어야 한다.

디저트, 과일들도 콜드 플레이트 구간에 속하지만 이용객을 분산시키기 위해 핫 플레이트, 콜드 플레이트, 디저트 구간을 따로 분리해 놓는 것이 일반적이다. 그렇지 않으면 뷔페 스테이션의 줄은 한없이 길어질 게 불 보듯 뻔하다.

국내 호텔의 뷔페를 평가하는 일반 고객들의 기준은 주로 음식이다. 그곳만의 특화된 메뉴는 무엇인지, 음식의 맛은 어떤지를 주로 비교하고 이를 기준으로 선택한다. 하지만 호텔 뷔페를 단지 개별 메뉴와 맛으로만 평가하는 건 어쩐지 좀 아쉽다. 호텔마다 뷔페 메뉴에 전체적인 콘셉트를 설정하고, 이에 맞는 스토리텔링을 구현하기 위해 노력하기 때문이다. 때로 지역 특징을 반영하기도 하고, 계절감을 최대한 구현하기도 한다. 음식은 곧 문화이니 도시의 특징과 역사를 음식을 통해 담기도 한다. 그래서인지 어떤 호텔의 뷔페 메뉴를 통해 그 도시와 지역의 매력을 만끽하는 경우도 많다.

그렇다면 이런 뷔페의 메뉴 구성은 어떻게 이루어질까. 서울 'JW메리어트' 황종민 셰프에게 물었다. 돌아오는 답은 대략 이렇게 요약할 수 있다.

"사실 메뉴 구성에 특별한 비법이 있는 건 아니에요. 정해진 공식처럼 콜드 스테이션, 핫 스테이션, 디저트 스테이션, 음료 스테이션에 음식을 채우는 게 가장 중요하죠. 여기에 그 나라 또는 도시의 특징 있는 식재료나 요리를 추가합니다. 아무래도 고급 호텔일수록 메뉴의 가짓수가 많습니다."

"보통 호텔 총괄 셰프가 짠 메뉴를 총지배인이 승인을 하는 과정을 거쳐요. 다양한 구성의 메뉴를 준비하기 위해 양식, 중식, 한식 등 각각 메뉴마다 전문 셰프들이 필요합니다. 고급 호텔의 경우 한 호텔에 약 150명까지 있어요. 이 가운데 약 70퍼센트의 셰프가 같은 시간에 출근해서 동시에 음식 준비를 시작합니다. 보이지 않는 곳에서 매일매일 전쟁을 치른다고 생각하시면 됩니다."

최근에는 채식주의자들이 늘어나면서 이들만을 위한 비건 메뉴를 따로 준비하기도 하고, 무슬림을 위한 할랄halal 음식을 또 따로 마련하는 곳들도 부쩍 늘었다.

낯선 도시의 호텔에서 즐기는 조식 뷔페를 사랑한다. 물론 맛있고 다양한 음식을 손쉽게 맛볼 수 있는 편리함 때문이기도 하지만, 메뉴 스테이션을 가득 채운 음식을 통해 그 도시의 분위기를 즐길 수 있기 때문이다. 중국 호텔에서 맛보는 땅콩, 말린 양파, 매운 소스를 얹은 죽, 인도 호텔의 다양한 커리와 난, 태국 호텔의 파파야 샐러드, 피시 소스를 곁들여 먹는 맑은 죽과 람부탄, 일본 호텔의 단정한 한 상 차림, 싱가폴 락사 또는 어묵 수프 등은 호텔 뷔페의 즐거움에 대해 다시 생각하게 한다. 이렇게 보자면 우리가 큰마음 먹고 즐기는 호텔 뷔페에서 기억할 것은 단지 따뜻한 대게찜 하나만은 아니어야 할 듯도 하다.

뷔페 스테이션에 빠질 수 없는 부분은 또 있다. 바로 접시와 식기 공간이다. 이 공간에서 가장 중요한 것은 높이다. 늘 넉넉한 개수의 식기를 준비해둬야 하는데 수납 공간을 생각해서 선반을 너무 낮게 만들면 밑에 있는 식기를 꺼낼 때 손님들이 허리를 너무 많이 숙여야 한다. 또 너무 높으면 쌓아둘

공간이 부족할 수 있다.

뷔페 스테이션은 온도 유지, 음식을 채우고 비울 때의 편리함 등 기능적인 부분을 중시한다. 하지만 음식을 보는 즐거움, 음식을 접시에 담고 채우는 모든 과정의 즐거움까지도 고려한다. 한번은 이런 일이 있었다. 호텔 오픈 전 뷔페 레스토랑을 점검하는데 뷔페 스테이션의 높이가 너무 높게 제작이 되었다. 보기에는 좋지만 그대로 쓸 수는 없었다. 전체 교체를 해야 했다. 오픈까지 여유가 있어 다행이었다. 그렇지 못했다면 오픈일을 연기했어야 했을 테고, 관계자들 모두 수직 상승하는 스트레스에 시달렸을 게다.

접시에 음식을 담은 뒤에는 각자의 좌석에서 맛볼 차례다. 뷔페 레스토랑의 좌석은 대부분 가변형이다. 쉽게 이동이 가능해서 효율적인 공간 배치에 효과적이다. 가변형은 2인용 좌석이 기본이다. 75×90센티미터 크기 테이블에 의자 2개로 이루어진다. 물론 4인용 좌석도 있다. 90×90센티미터 크기 테이블에 의자 4개가 기본이다. 뷔페 레스토랑은 이렇게 2개의 기본형을 주로 상황에 맞게 배치한다. 2인용 좌석 2개를 붙여서 4인용으로 배치하는 융통성은 현장에서 필수다.

가변형이 아닌 이른바 붙박이 좌석도 있다. 인테리어 디자인을 통해 만들어지는 경우가 많다. 이런 형태는 공간의 무게 중심을 잡아주는 역할을 한다. 효율성 대신 이곳만의 디자인 언어를 고객에게 직관적으로 전달한다.

좌석의 가구들은 곧 호텔 뷔페 레스토랑의 격조를 반영한다. 골격 구도의 안정성은 기본이다. 어떤 경우에도 흔들리거나 넘어져서는 안 된다. 적당한 두께의 쿠션을 등판과 좌판에 붙여 앉거나 만졌을 때 가구 골격이 느껴지지 않아야 한다. 너무 기본적인 사항 같지만 현장에서는 이조차도 구현이 어려울 때가 많다. 국내 호텔용 가구는 주로 대기업에서 제작하는 것으로 알고 있지만 하청, 재하청을 통해 이루어지는 경우가 허다하다. 그 때문인지 품질 관리에 아쉬움이 많다. 실제로 모 브랜드에서 납품한 가구를 레스토랑에 배치한 뒤 앉아 보고 깜짝 놀란 일이 있다. 의자 다리의 높이가 안 맞기도 하고, 테이블의 중심이 흔들거리기도 했다. 의자 등판과 좌판 쿠션이 쭈글쭈글한 것은 약과였다. 그 다음이 더 문제였다. 몇 차례나 시정을 요구했지만, 계약 당사자인 대기업 브랜드는 모르쇠로 대응하고, 하청 업체는 연락조차 제대로 되지 않아 바로잡느라 애를 먹었다. 이런 식으로 허술한 품질 관리는 당장은 모르지만 장기적으로는 큰 손해로 이어지게 마련이다. 나 역시 점점 국내 브랜드에 대한 신뢰가 줄어들고 있고, 그 자리를 중국 업체들이 채우고 있다. 최근 들어 전 세계적으로 호텔 고급 가구 시장에서의 중국 업체 성장세는 가팔라지고 있고, 그 품질 역시 나날이 발전하고 있다.

이번에는 좀 다른 이야기다. 호텔 뷔페 레스토랑에 갈 때마다 과연 남는 게 있을까 싶은 생각이 종종 든다. 늘 많은 사람이 북적이고 있으니 수익률이 좋을 것 같지만 실상은 그렇지 않다. 대체적으로 호텔 뷔페 레스토랑은 만성 적자를 면치 못한다. 손님이 적어도 뷔페 스테이션에는 언제나 음식을 수북이 쌓아둬야 한다. 남은 음식은? 모두 다 버린다. 아까워도 할 수 없다. 손님이 많거나 적거나 직원들은 제자리를 지켜야 한다. 인건비를 포함한 고정 운영비가 상당하다. 어떻게든 적자를 줄이기 위해 다양한 노력을 기울이기도 한다. 조식에만 뷔페로 운영하고 점심 시간에는 단품 요리를 제공한다거나 레스토랑 공간을 대폭 줄이기도 한다. 하지만 호텔에서 뷔페 레스토랑을 아예 없앨 수는 없다.

가구의 선택, 검수, 그리고 배치
■

사무실에서 견본 가구를 살핀 뒤 공장
에서 제작을 거치면 검수의 검수를 거
듭한다. 가구의 검수만이 아니라 실제
사용할 공간을 상정하여 시뮬레이션을
거친 뒤 최종 배치를 시작한다.

뷔페 레스토랑 외에도 호텔에는 로비 라운지 바, 베이커리, 전문 음식점, 루프탑 바 등 식사는 물론 차와 술, 음료, 디저트 등을 즐길 공간이 구석구석 꽤 다양하다. 이곳들이라고 사정이 나을 게 없다. 아주 인기 있는 몇몇 곳을 제외하고는 수익 면에서는 대체로 골칫거리다. 그래서 많은 호텔들이 직접 운영하는 걸 중단하고 레스토랑 전문 업체에게 임대하거나 외주를 맡긴다. 화려해 보이는 겉모습 뒤의 속사정은 그리 썩 아름답지만은 않다.

같은 호텔 안에서도 존재하는 등급

같은 호텔에서도 등급은 존재한다. 등급의 차이는 객실만이 아니다. 체크인을 한 뒤 이용할 수 있는 공간의 범위 역시 등급을 반영한다. 그 가운데 빼놓을 수 없는 곳이 바로 이그제큐티브Executive 라운지다. 객실 예약할 때 이용 가능 옵션을 선택하거나 이용 권한이 있는 호텔 회원들에 한해 입장할 수 있다.

조식 뷔페를 이곳에서 해결할 수도 있고, 오후에는 '해피아워'happy hour라는 이름으로 차와 음료 등을 포함한 간식도 즐길 수 있다. 이 때문에 많은 이들에게는 단지 먹는 즐거움을 제공하는 곳으로 여겨지지만 출장이 잦은 이들에게 이곳은 임시 사무실이다. 업무를 볼 수 있는 공간으로 사용할 수 있기 때문이다.

같은 공간의 용도가 이처럼 다양하다 보니 공간의 구성 또한 매우 유동적이다. 같은 테이블에서 아침에는 식사를 하고 오후에는 업무를 보기도 한다.

호텔 안에 있지만 누구나 똑같이 누릴 수 없는 특별한 서비스

호텔 회원에게 제공하는 대표적인 서비스인 이그제큐티브 라운지는 호텔을 자주 이용하는 이들에게는 선택의 기준이 될 정도로 중요한 공간이 된 지 오래다. ODI 제공

권한을 가지고 있다면 모두 추가 비용 없이 이용할 수 있다.

이그제큐티브 라운지는 호텔 회원에게 제공하는 대표적인 서비스 중 하나다. 호텔들마다 회원을 늘리기 위해 노력하고 있는데, 이유는 단순하다. 바로 수수료 절감을 위해서다. 우리가 온라인 여행 플랫폼에서 호텔을 예약할 때마다 대부분의 호텔은 약 20~30퍼센트 내외를 수수료로 업체에 지불해야 한다. 이 비용을 줄이는 대신 회원 가입을 통해 직접 예약한 고객들에게 더 나은 서비스를 제공하는 쪽을 선택한 셈이다. 이유는 또 있다. 한 번 회원이 되면 아무래도 재방문 비율이 높다. 고정 고객 확보는 호텔 운영에서 매우 중요하다.

대부분 호텔 웹사이트를 통해 무료로 가입할 수 있다. 일정 기간 안에 며칠 이상 이용하면 등급이 승격되곤 한다. 등급에 따라 누릴 수 있는 혜택은 점점 더 많아진다. 회원 전용 요금, 투숙할 때마다 포인트 적립, 포인트로 객실 및 기타 서비스 비용 결제, 포인트에 맞춰 이루어지는 객실 업그레이드, 기념품, 체크인/아웃 시간 연장은 물론 호텔 측의 사정으로 객실 제공에 문제가 생기면 인근 호텔에서의 체류비를 지급하는 서비스도 있다. 로열티 멤버십이라고 주로 부르는데 글로벌 호텔 그룹 본사에서 직접 관리한다. '힐튼 호텔 그룹'의 'HILTON HONORS', '하얏트 호텔 그룹'의 'World of Hyatt', '메리어트 호텔 그룹'의 '본보이' 등을 예로 들 수 있다.

유료 회원제도 있다. 주로 개별 호텔에서 관리한다. 연회비를 내는 회원에게는 숙박권, 조식 뷔페 이용권, 식음료장 할인권 등 회비에 비해 훨씬 더 고가의 다양한 서비스를 제공한다.

이그제큐티브 라운지는 주로 등급이 높은 회원 전용 공간으로 출발했다. 일정 자격만 갖추면 무료로 이용할 수 있으니 직접적인 수익 창출과 거리가

호텔들마다 마련한 로열티 멤버십 프로그램

■
무료로 회원 가입을 하면 각 호텔들에서 제공 받을
수 있는 서비스가 꽤 다양하다.

멀다고 여겨지기도 했다. 실제로 한때 호텔들마다 이 공간의 축소를 진지하게 고려하기도 했다. 하지만 지금은 추세가 달라졌다. 잘 갖춰진 이그제큐티브 라운지는 이제 호텔의 마케팅에 혁혁한 공을 세우는 것으로 알려져 있다. 이곳을 이용하기 위해 특정 호텔을 선택하는 이들이 점점 늘어나고 있기 때문이다. 인기가 높아지자 제공하는 서비스도 다양해지고 있고, 최근에는 설계 단계부터 아예 객실 4~5개 크기로 점점 더 공간을 확대하는 추세다.

피트니스, 수영장, 스파 등등
존재감 확실한 또다른 공유 공간

호텔에서 이용하는 공간으로 빼놓을 수 없는 곳이 더 있다. 피트니스 센터, 수영장, 그리고 스파다.

몇 년 전까지만 해도 호텔에서 피트니스 센터는 거의 존재감을 찾아보기 어려웠다. 투숙객들 중 이용하려는 이들도 거의 없었고, 호텔 역시 형식적으로 갖춰놓는 것에 불과한 곳이 많았다. 무료 이용 안내를 받아 찾아가 보면 환기도 제대로 되지 않고, 운동 기구도 부실해서 다시는 찾고 싶지 않은 곳이 대부분이었다. 요즘은 완전히 달라졌다. 찾기도 어려울 정도로 한쪽 구석에 배치하던 것과 달리 햇살 가득한 공간에서 창밖 경치를 즐기며 운동할 수 있는 곳으로 전진 배치되기 시작했다. 운동 기구에 대한 투자도 확실히 달라졌다. 최첨단 기능을 장착한 것은 물론 종류도 훨씬 다양해졌다. 이유는 간단하다. 고객들의 요구가 달라졌기 때문이다. 예전에는 거의 찾지 않던 곳, 형식적으로만 갖춰도 문제가 없던 이곳을 찾는 고객들이 부쩍 늘었고, 심지어 피트니스 센터가 호텔을 선택하는 기준이 되기도 한다. 라이프 스타일의 변화 때문이다.

일상에서 즐기는 것보다 한층 더 업그레이드 된 즐거움을 호텔에서 누리고 싶은 이들이 많아졌다. 이런 고객들의 요구에 발맞춰 호텔들은 어떻게 하면 더 쾌적하고 즐거운 서비스를 제공하느냐에 눈길을 돌리기 시작했고, 이는 곧 세심한 배려를 반영한 디자인으로 귀결되고 있다.

호텔 피트니스 센터에서 가장 먼저 주의할 것은 바로 소음과 충격이다. 어떤 운동 기구를 떨어뜨려도 소음을 흡수할 성능 좋은 바닥재가 필수다. 예전에는 미관을 고려하기보다 무조건 기능에만 충실한 고무패드가 기본이었다. 하지만 이제 그럴 수 없다. 근력운동 기구 주변에만 고무패드를 깔고 충격과 소음 가능성이 덜한 곳에는 보기에도 좋고 기능도 좋은 나무 바닥재 LVTLuxury Vinyl Tile를 많이 사용한다. 운동만 하는 곳이 아니고 공간을 즐길 수 있도록 인테리어에 각별히 신경을 쓰는 추세 덕분이다. 예전에는 러닝머신이나 근력 운동 기구 몇 개 정도 갖췄다면 이제는 스트레칭, 요가, 필라테스 등 다양한 운동 수요를 반영하여 공간의 구획 및 배치에도 공을 들인다. 눈에 보이지 않는 곳에서도 변화는 이어진다. 땀 배출량이 많은 공간 특성을 고려하여 쾌적한 공기 순환을 위해 급기, 배기 설비 설계 역시 각별히 신경을 쓰기 시작했다.

수영장 역시 빼놓을 수 없다. 호캉스라는 단어가 유행어처럼 퍼져나가면서 수영장은 호텔에서 누릴 수 있는 특별한 즐거움의 상징이 되었다. 호텔 수영장은 생각보다 종류가 다양하다. 우리에게 가장 친숙한 형태는 실내 수영장이다. 커다란 풀에 레인으로 이용 권역이 구분되어 있는 모습이다. 이를 영어로 랩 풀Lap Pool이라고 하는데 약 25미터 길이가 일반적이다. 올림픽 경기장 길이는 50미터를 기준으로 삼고 있다.

최근 인기 있는 수영장은 단연 인피니티 풀Infinity Pool이다. 하늘 또는 바다와 수영장이 맞닿아 있는 것처럼 착시를 일으킨다. 최신 호텔일수록 야외에 인피티니 풀을 갖춰놓고 디자인에도 공을 들여 호텔의 홍보용 이미지로 자주 사용하곤 한다.

가족 단위 리조트에서 많이 볼 수 있는 건 레이지 리버Lazy River다. 일정한 속도로 물이 계속 움직여 그 안에서는 수영을 하지 않고 가만히 있기만 해도 물에 둥둥 떠다닌다.

영화나 드라마 등에서 무릎 밑 정도 높이 수영장 근처에서 남녀 주인공들이 파티 등을 여는 장면을 자주 볼 수 있다. 루프탑 같은 공간 한쪽에 주로 배치하는데 수영을 하기 위한 것이라기보다 분위기 연출용인 경우가 많다. 이를 두고 리플렉션 풀Reflection Pool이라고 한다.

피트니스 센터나 수영장이 갈수록 화려해지는 데는 이유가 있다. 비단 투숙객만을 위한 공간이 아니기 때문이다. 즉 이곳을 정기적으로 이용하는 회원들은 호텔의 또 다른 VIP 고객이다. 이들이 지불하는 연회비, 운동 전후로 들르는 식음료장 매출 등은 호텔로서는 무시하지 못할 수익이다. 회원들 중에는 고소득자나 사회적 지위를 가진 사람들이 상대적으로 많으니 서로서로 인맥을 유지, 관리하기 위해 찾는 이들도 많다. 이런 이유로 호텔들마다 피트니스 센터나 수영장 등을 점점 더 고급스럽게 만들어가고 있고, 관리 역시 갈수록 더 철저히 이루어지고 있다. 오래된 호텔의 피트니스 센터마다 단골 고객들이 있게 마련이고, 이들은 마치 이곳의 터줏대감 같기도 하다. 운영사가

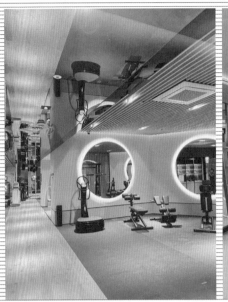

업그레이드 되고 있는 **피트니스 센터와 수영장**
■

투숙객이 아니어도 이곳을 이용하는 VIP회원들의 눈높이에 맞게 제대로 된 시설을 갖춰야 한다.
관리는 말할 것도 없다. 그렇지 않으면 당장 고객들의 불만이 접수된다.

조금이라도 관리를 소홀히 했다가는 매의 눈을 가진 이들에게 혼쭐이 나게 마련이다.

호텔에서 짧은 시간 누릴 수 있는 가장 고가의 서비스는 뭘까. 바로 스파다. 온몸의 피로를 풀어주는 스파 서비스는 특히 여성 고객들에게 인기다.

스파 서비스에도 내력이 있다. 호텔의 주요 서비스가 대체로 그러하듯 스파 역시 서양에서 먼저 시작한 서비스다. 서양의 글로벌 호텔 그룹들이 아시아에 진출을 시작할 때만 해도 그들이 원래 해오던 방식을 그대로 적용했다. 그러나 전통적으로 마사지 서비스에 익숙한 동양인들은 서양식 서비스에 만족하지 못했다. 선호하는 마사지의 강도도 제각각이고, 방식도 나라마다 차이가 분명했다. 그러니 서양식 스파로는 만족을 느끼지 못했다. 이런 고객들의 반응을 감지한 많은 호텔들이 스파 서비스만큼은 기존 방식 대신 나라와 지역의 선호에 맞게 현지 스파 전문 업체에게 운영권을 내주거나 컨설팅 회사의 도움을 적극적으로 받아 적용하기 시작했다. 때문에 같은 브랜드의 호텔을 이용해도 지역마다 스파 서비스 프로그램은 사뭇 다르다.

여기에 더해 최근 들어 스파 프로그램은 그야말로 격변의 시대를 거치고 있다. 얼굴이나 몸을 마사지하는 서비스만으로는 고객들의 요구를 제대로 충족시킬 수 없게 되었기 때문이다. 이제는 마음을 마사지하는 서비스로 확장할 것을 요구 받고 있다. 키워드는 영성spirituality이다. 명상, 요가, 사운드 힐링은 확장된 서비스의 시작이었으나 어느덧 아주 기본적인 프로그램이 되어 버렸다. 한발 더 나아가 마인드풀니스, 영성에 주목한 치유 프로그램이 빛의 속도로 호텔 스파에 스며들고 있다. 기존에 금기시하고 꺼리던 미국 인디언이나 페루 등의 샤머니즘에서 유래한 치유법으로 고객들의 마음이나 감정의 막힌 부분을 풀어주거나, 도교 의학에 근거하여 신체의 특정 부위를 마사지해 주는 서비스를 서양의 럭셔리 스파, 글로벌 호텔 그룹의 스파에서 쉽게 볼 수 있다. 국내에서는 마음챙김이라고도 한다.

예를 들어 '하얏트 호텔 그룹' 계열이자 25년 역사를 가진 '미라벨 리조트 앤드 스파'Miraval Resorts & Spa에서는 웰니스 카운슬러, 심령 연구가, 아티스트, 점성술사, 영양사, 요기Yogis, 셰프, 레이키, 아유르베다 스페셜리스트, 차크라 전문가 등 우리가 일상적으로 들어보지 못한 많은 분야의 전문가들이 고객의 필요에 맞는 프로그램을 제안한다. 실제로 중국 '상하 리트리트' 프로젝트를 진행할 때 리트리트의 치유 프로그램을 위해 일반인들의 상상 밖에 있는 힐러, 도교 의학, 대체 의학 관련 의료인, 영양사 등을 수없이 만났다. 나를 비롯한 웰니스 팀은 이들과의 협업을 통해 여러 가지 프로그램을 시도하고, 구성했다.

변화는 계속 된다. 이번에는 스파가 스파를 벗어나 호텔 객실로 들어왔다. 객실 안에 요가 매트나 덤벨을 비치하고, 홈트레이닝 채널을 기본 채널에 포함하는 것은 기본이다. 아예 객실에서 고객이 원하는 스파 서비스를 받을 수 있도록 설계 단계에서부터 객실의 욕조 깊이를 조정하는 곳들도 이미 많다. 이 욕조에 각종 허브, 꽃 등을 풀어 몸을 담금으로써 심신이완, 디톡스 효과를 누리는 웨트 테라피wet therapy가 호텔 객실 안에서 가능해진 것이다. 완벽한 프라이버시를 보장 받기 원하는 손님들을 위해 모든 스파 서비스를 객실에서 받을 수 있도록 디자인한 곳도 등장했다. 이름하여 스파 스위트룸이다.

변화는 또 있다. 지금까지 알려진 스파는 주로 마른 공간에서 진행되었지만 이제는 젖은 공간인 수영장 안으로까지 적극적으로 들어오고 있다. 디톡스 요법, 왓추Watsu 테라피, 윔호프 호흡법으로 유명한 윔호프의 얼음 목욕 등

스파의 변화
■
마른 공간 위주였던 스파는 이제 젖은 공간으로 확장하고 있을 뿐만 아니라
객실 안으로까지 스페셜한 서비스의 대상이 되었다.

을 통해 스트레스 해소, 숙면, 디톡스, 면역증강 등을 기대하는 것인데, 이런 테라피는 수영장 같은 풀이 있는 공간에서만 가능하니 스파에 대한 우리의 상상을 이미 뛰어넘은 셈이다. 이외에도 우리나라 대중목욕탕에서 받을 수 있는 세신 서비스, 찜질방과 유사한 터키의 하맘Hamman 서비스, 라쏠Rhassoul, 냉온수를 번갈아 걷는 닙 워크Kniepp Walk, 라코니움Larconium 등의 디톡스, 신체의 이완을 위한 테라피 들도 스파의 프로그램 일부분으로 편입되고 있다.

이런 스파의 새로운 움직임이 전문화 됨에 따라 어떤 곳들은 아예 목적지가 되고 있다. 이런 현상을 좀 더 이해하고 싶다면 웰니스 호스피탈리티 최선두에 서 있는 독일의 'Healing Hotel of the World' 웹사이트를 참조하는 것도 도움이 된다. 체중 감소, 스트레스 해소, 디톡스 등 원하는 목적에 따라 갈 수 있는 리조트들을 총 망라해 놓았다.

이처럼 그동안 호텔 공용, 공유 공간에서 비중이 크지 않았던 스파는 어느덧 시대의 변화 바람을 타고 점점 더 확장해 나가고 있고, 그 자체가 목적이 되어가는 추세다. 이제 시작 단계인 한국에서는 소위 호캉스 붐을 통해 어렴풋하게나마 이런 수요에 대한 가능성을 확인해볼 수 있겠다. 다만 우리의 호캉스가 아직은 수영장, 요가, 명상 등을 경험하는 단계라면 좀 더 적극적인 치유를 위한, 좀 더 의미 있는 진정한 호캉스로 발전하는 날이 오기를 기대한다.

Behind the scenes

이면, 그안에서 움직이는 호텔의 심장

화려한 호텔을 호텔답게 하는 건 쉽지 않고 끊임없이 움직이는 수많은 존재 덕분이다. 그러나 대부분 우리 눈에 보이지 않는다. 이유는 간단하다. 호텔 후방 공간BOH 또는 Back of House이라는 이름으로 총칭되어 대부분 보이지 않는 곳에 있기 때문이다. 즉, 호텔의 이면이다. 들여다보고 있노라면 때로 호텔의 심장이라는 생각이 든다.

당연히 호텔 설계 단계에서 가장 먼저 고려된다. 새로운 호텔 프로젝트를 시작할 때마다 설계 도면에서부터 오픈 직전 점검까지 늘 긴장하며 지켜본다. 어떤 호텔이나 순서상 이곳을 가장 먼저 마무리한다. 제대로 작동이 되는지는 물론 보안은 문제가 없는지, 기능별 공간 배치 및 동선이 자칫 꼬여 있는 건 아닌지 확인한다.

규모에 따라 다르긴 하지만 후방 공간은 대략 호텔 전체 면적에서 약 20~30퍼센트를 차지한다. 그러나 후방 공간은 늘 부족하다. 때문에 한뼘이라도 낭비하지 않도록 짜임새 있는 설계가 필요하다.

이 구역 설계의 가장 핵심은 동선에 맞는 공간 배치다. 동선은 크게 두 가지다. 즉 물건의 동선과 사람의 동선이다. 물건은 먹는 것부터 일회용품까지 호텔에서 쓰는 모든 것이다. 사람은 호텔에서 일하는 직원들이나 거래처 관계자들이다.

물건의 동선은 하역장에서 시작한다. 사람, 즉 호텔의 직원들 동선은 출퇴근시 이용하는 출입문이 시작 포인트다. 이 시작점으로부터 각각의 물건은 어떻게 움직여야 하고, 직원들은 어떤 경로로 움직여야 하는가에 따라 공간의 배열이 이루어진다. 동선을 최대한 짧게 만들어 물건들은 1초라도 빨리 가야 할 자리에 가게 하고, 직원들의 업무 효율성을 극대화 시키는 것이야말로 후방 공간 배치의 최대 목표다.

후방 공간의 첫 장, 하역장

호텔의 후방 공간에는 하역장, 창고들, 주방Prep-Kitchen, 직원 공간유니폼실, 탈의실, 직원식당, 각 부서 사무실인사과, 회계, 세일즈 앤드 마케팅, 하우스키핑 등, 방재실, 보안실, 그리고 면적이 가장 넓은 각종 설비실보일러, 물탱크, 발전기, 오배수 처리장 등 등이 있다.

가장 먼저 살필 곳은 하역장이다. 호텔에서 쓸 모든 물건은 이곳을 거친다. 식자재는 물론 침구, 객실 소모품을 비롯해 헤아릴 수 없이 수많은 물건들이 하루에도 엄청난 물량으로 들고난다. 들고나는 건 물건만이 아니다. 호텔 직원만이 아니라 수많은 외부 협력 업체 사람들이 드나든다. 그래서 중요한 건 보안이다. 보안에 각별히 신경써야 한다. 여기가 뚫리면 호텔 전체가 무방비 상태가 되는 것은 시간문제다.

보안을 위한 가장 효과적인 출입 통제 방법은 의외로 단순하다. 출입구 개수를 줄이는 것이다. 그만큼 관리 대상이 줄어드니 효과적이다. 그렇다고 문을 다 없앨 수는 없다. 이를 위해 보안실이 있다. 상주 직원이 드나드는 모든 사람의 신원을 확인하고 출입을 통제한다.

보안실의 존재 이유는 또 있다. 이건 좀 은밀하다. 출입을 통제하기보다 쉽게 하기 위해서다. 까다로운 출입 통제를 받지 않고 호텔을 드나드는 자, 누구인가. 바로 호텔 고위급 임원을 비롯한 이른바 VIP다. 그들이 호텔을 드나들 때 누군가 통제를 하고 나서면 피차 난감하다. 이런 상황을 피하기 위해 보안실에는 주요 인물들의 사진이 걸려 있곤 한다. 보안실만의 사정은 아니다. 정문 경비실도 마찬가지다. 어디든 경비 업무나 출입 관련 업무가 이루어지는 곳에 VIP들에 관한 정보는 공유된다. 한국만의 사정은 아니다. 해외 유명 호텔들의 경우도 거의 비슷하다.

하역장의 할 일은 더 있다. 들어오는 물건만이 아니라 나가는 물건들을 관리하는 것이다. 들어올 때는 멀쩡하지만 나가는 건 어쩐지 꺼려진다. 그도 그럴 것이 주로 온갖 종류의 쓰레기나 세탁물 등이기 때문이다. 세탁물은 수거 업체가 오기 전까지 보관하는 곳이 따로 있고, 쓰레기 역시 수거되기 전까지 대기하는 곳이 있다. 쓰레기 임시 보관소에는 재활용 분리 수거는 물론 음식물 쓰레기를 넣어둘 냉장 시설이 필수다. 음식물 쓰레기를 넣어둘 냉장고라니 의아해 할 수도 있겠지만 냉장고 없이는 감당할 수 없는 것이 현실이다. 호텔에서 배출하는 음식물 쓰레기의 양은 어마어마하다. 심지어 전체 쓰레기 중 80퍼센트를 차지한다는 곳이 있을 정도다. 음식물 쓰레기의 폐해는 두말할 필요도 없다. 호텔들마다 30퍼센트 절감을 위해 앞장 서고 있긴 하지만 그 실효는 여전히 미미한 편이다.

물건이 들어오는 곳과 나가는 곳은 경로를 분리한다. 위생상 당연히 그래야 한다. 건물 설계 당시부터 동선이 겹치지 않도록 주의하는 것은 기본 중의 기본이다. 여기에 더해 더러워지기 쉬운 공간 특성상 언제든 물청소를 할 수 있도록 수도, 싱크, 배수로 설치는 필수다. 때로는 이런 것들을 무시하고 공사를 진행하는 어이없는 상황이 발생한다. 실제로 이곳에서 무슨 일이 어떻게 이루어지는지 이해가 부족하기 때문이다. 제대로 해두지 않으면 나중에 문제가 생길 게 뻔한 상황인데도 의견을 받아들이지 않고 고집하는 경우도 적지 않다. 그럴 때는 일어날 수 있는 모든 위험을 열거하며 협박과 회유를 거듭 구사한다.

하역장 옆에는 구매부, 구매부 옆에는 창고

하역장 옆에는 대개 구매부가 있다. 호텔이 구매하는 모든 물품에 관한 모든 업무를 담당한다. 하역장에 물건이 들어오면 구매부 직원이 주문한 물건이 제대로 들어온 건지 하나하나 검수한다. 문제가 있으면 여기에서 걸러야 한다. 다만 식자재는 셰프가 직접 검수한다. 구매 직원이 식자재 상태를 보고 제대로 된 건지 아닌지 판단하기 어렵기 때문이다.

하역장을 거쳐 구매부를 통과한 물건들은 각 부서 지정 창고로 이동한다. 여기에서 지체하면 다음에 들어올 물건들은 건물 밖에서 기다려야 한다. 검수 즉시 재빨리 하역장에서 내보낼 수 있어야 한다. 직원들의 민첩함도 중요하지만 애초에 동선을 고려한 설계가 필요한 이유다.

부서마다 보관 창고를 따로 둔다. 간단하다. 주방 식기와 침구류를 같은 곳에 둘 수는 없다. 하역장에서 개별 부서 창고까지 이르는 길에도 원리가 있다.

어떤 곳은 가깝고, 어떤 곳은 멀다. 상식적으로 생각하면 쉽다. 하역장에서 개별 창고까지 가는 동안 사고가 일어날 가능성을 가장 먼저 우려한다. 물이 떨어질 가능성, 떨어뜨렸을 때 바닥을 오염시킬 가능성이 높을수록 동선이 짧다. 생선이나 고기, 야채 등의 식자재는 물론 꽃도 그렇다.

식자재 보관 창고는 재료 준비 주방 역할도 같이 한다. 앞에서 이야기한 프렙키친이다. 하역장에서 받는 대로 바로 세척, 손질한 뒤 호텔 각 레스토랑에서 사용하기 쉽게 다듬어 냉장, 냉동고에 보관한다. 마른 식자재라고 해서 특별히 보관 장소를 달리 두지는 않는다. 식음료장 직원들 동선을 고려해 가까운 곳에 함께 보관한다.

때로 후방 공간이 너무 협소해서 프렙키친을 제외할 때도 있다. 그렇게 되면 각 식음료장 주방에서 재료를 통째로 받아 준비해야 한다. 물론 공간도 훨씬 커야 한다. 여러모로 비효율적이다. 때문에 어떻게든 프렙키친 공간을 확보하기 위해 또 나서야 한다. 역시 협박과 회유다.

그 외 물건들의 배치는 그 물건을 사용할 부서에 가깝게 배치한다. 객실 소모품 창고는 객실 관련 직원들 사무실인 하우스키핑 부서 가깝게 배치하는 식이다. 도심 호텔의 경우 땅값이 비싸서 창고를 작게 만들 때가 많다. 대신 물건을 자주 구매하여 필요를 해결한다. 늘 어떻게든 창고 공간을 줄여야 하는 일로 골치가 아팠는데, 땅이 넓은 중국에서 호텔을 지을 때는 창고에도 아낌없이 넓은 공간을 쓸 수 있어 얼마나 속이 시원했는지 모른다.

하역장과 각 보관 창고를 배치할 때 놓쳐서는 안 되는 부분이 있다. 바로 연결 복도의 폭이다. 이 복도를 통해 오가는 건 물건과 사람만이 아니다. 물건을 실어나르는 온갖 카트가 수시로 오고 간다. 물건과 사람이 언제나 한 줄로

호텔 후방 복도의 이모저모

■
복도의 폭은 2~2.5미터, 복도 벽에는 안전 장치가 필수다. 있고 없고의 차이를 사진으로 확인할 수 있다.
마지막 사진은 오픈하기 전 바닥 높이를 점검하는 장면이다.

줄을 맞춰 다닐 수는 없다. 이런 모든 것을 고려해서 제안하는 적절한 폭은 약 2~2.5미터다.

주의할 건 더 있다. 벽이다. 물건을 싣고 나르는 카트들이 부딪혀도 상하지 않도록 벽을 따라 안전 장치를 설치해야 한다. 그렇지 않으면 복도는 쉽게 더러워진다. 보수 및 페인트칠도 자주 해야 한다. 이는 곧 유지 비용으로 연결된다.

주의할 점은 또 있다. 바닥이다. 복도와 인접 공간 바닥은 단차가 없어야 하고, 턱도 두어서는 안 된다. 다만 식자재 보관 창고, 즉 프렙키친의 경우는 조금 다르다. 물을 쓰기 때문에 바닥이 낮을 수 있다. 이런 경우 복도에서 안으로 들어오는 공간은 계단이 아닌 경사면으로 연결해야 한다.

창고를 지나면 이번에는 직원 공간

후방 공간에는 중요한 곳이 또 있다. 바로 직원들 전용 공간이다. 호텔에서 근무하는 직원들이 출퇴근을 준비하는 곳이 있고, 사무직 직원들이 일하는 근무실이 있다.

호텔 직원들은 호텔 정문으로 출퇴근하지 않는다. 대개 하역장 근처에 출입구가 있고, 보안실을 거쳐 출입한다. 직원 출입구에 따로 보안실을 두는 경우도 있다. 외부와 연결되는 모든 곳의 보안은 철저하게 관리한다.

보안실을 거쳐 호텔 안으로 들어온 직원들은 깨끗하게 세탁된 근무복을 받아서 탈의실로 이동, 출근 준비를 한다. 퇴근할 때는 역순으로 다시 출입구를 거쳐 호텔 밖으로 나간다.

　근무복을 받는 공간은 선반 몇 개를 갖춰놓고 필요한 대로 꺼내 쓰는 곳부터 완전 자동화된 시스템을 갖춘 곳까지 천차만별이다. 그런데 한두 명이 근무하는 곳도 아닌데 선반에서 꺼내 입는 방식은 시간 대비 효율이 지극히 떨어진다. 대형 세탁소에서 쓰는 것처럼 회전식 장치를 두고, 버튼을 누르면 바로 근무복을 받을 수 있게 하는 쪽이 장기적으로 볼 때 유리하다.

　호텔 안에 아예 세탁 시설을 갖추고 있는 곳도 있다. 물론 추가 투자가 필요하다. 하지만 그만큼 세탁물 관리도 편리하고 업무 효율도 높아진다. 한국 호텔에서는 매우 드문 사례이긴 하지만, 꼭 초기 투자 비용 때문이라고 할 수는 없다. 외주 세탁 업체를 쓰는 것이 훨씬 가성비가 좋기 때문이다. 반대로 해외 호텔의 경우 도시와 멀리 떨어져 있는 곳이 많은데 이럴 때는 세탁 업체와 거래를 하느니 차라리 호텔 내부에 시설을 갖추는 편이 나은 경우가 많다.

　탈의실은 대중 목욕탕 공간 구성과 비슷하다. 여성과 남성 공간을 따로 두고, 각각 사물함 공간과 샤워 공간이 있다. 이른바 마른 공간과 젖은 공간이다. 그렇다면 마른 공간의 사물함은 몇 개를 두어야 할까. 직원 수에 따라 다르지만 사물함은 보통 호텔 객실 수에 1.8을 곱한 뒤 그 중 55퍼센트는 남성들에게, 45퍼센트는 여성들에게 배치한다.

　젖은 공간에는 세면대, 화장실, 샤워실이 기본이다. 여성 공간에는 사물함 40개당 샤워실과 화장실을 하나씩 둔다. 남성 공간은 이보다 조금 적다. 사물함 50개당 샤워실과 화장실을 하나씩 둔다.

　후방 공간에서 빼놓을 수 없는 곳이 있으니 바로 직원 전용 식당이다. 호텔에서 일한다고 모두 레스토랑에서 밥을 먹지는 않는다. 호텔은 하루 24시간

직원 공간의 예
■

객실 수에 따라 직원 수도 제각각이다. 직원 수에 맞춰 이들의 필요 공간을
합리적이고 효율적으로 구성, 배치하는 것도 호텔을 만들 때 각별히 신경쓰는 지점이다.

돌아가는 곳이라 직원들의 출퇴근 시간은 제각각이다. 제각각이라는 말은 3교대 출근 시간을 의미한다. 프론트 데스크처럼 24시간 쉬지 않아야 하는 곳은 3교대, 그렇지 않은 곳은 주로 2교대로 직원들이 근무한다. 이런 업무 특성상 모든 직원들이 하루에 한두 번은 지나가야 하는 직원 식당은 서로 다른 직원들의 출퇴근 시간에 맞춰 아침, 점심, 저녁 세 끼를 제공한다. 직원들은 주로 옷을 갈아입은 뒤 업무를 시작하기 전 식당에서 끼니를 해결하고 움직인다. 식당은 호텔에서 자체적으로 운영하는 곳도 있지만, 인건비 등 운영비 절감 차원에서 아예 외주 업체에 맡기는 곳들도 많다.

개인적으로는 외주 업체가 운영하는 식당보다 호텔이 직접 운영하는 곳을 좋아한다. 같은 동료 직원들을 위해 만든 음식도 물론 좋지만, 음식을 주고 받으며 나누는 일상적이고 가벼운 대화야말로 힘든 일과 전후의 직원들에게 좀 더 든든한 끼니가 될 수 있기 때문이다. 호텔이 직접 운영하는 식당은 때로 완공 후 주방장들이 음식을 만들어 시식회를 열기도 한다. 호텔 오픈을 준비하느라 함께 고생한 모두와는 진한 동지애가 생기지 않을 수 없다. 그런 이심전심으로 어느 때보다 맛있는 한 끼를 즐길 수 있다.

직원 식당 역시 많은 사람이 이용하는 곳이기 때문에 수용 인원을 감안해서 적절한 공간을 배치하는 것이 중요하다. 대체로 전체 직원 수의 약 40퍼센트의 좌석 수에 약 4제곱미터를 곱해 식사 공간을 결정한다. 하지만 국내 호텔 상황은 이 기준에 훨씬 못 미치는 경우가 종종 있다. 후방 공간이 니무 협소한 나머지 직원 식당과 주방이 아예 없고 그저 전자레인지만 덩그러니 가져다 놓은 곳도 본 적 있다. 또는 인근 식당을 이용하는 경우도 본 적 있는데, 운영 면에서는 최악이다. 일단 근무 중 호텔 밖 출입은 위생상 좋지 않을 뿐만

직원 식당의 예
■

개인적으로는 외주 업체가 운영하는 식당보다 호텔이 직접 운영하는 곳을 좋아한다.
음식도 음식이지만 음식을 주고 받으며 나누는 일상적인 대화야말로
힘든 일과 전후의 직원들에게 좀 더 든든한 끼니가 될 수 있기 때문이다.

아니라 근무 효율에서도 좋을 수 없기 때문이다.

탈의실에서 나오면 맡은 업무에 따라 호텔 곳곳으로 흩어져 하루를 시작한다. 총지배인실부터 영업부, 객실 관리 부서, 총무부, 인사부 등 다양한 부서에서 수많은 사람들이 호텔을 위해 일한다. 원칙적으로 하자면 모든 개별 부서마다 사무실을 두지만 최근에는 공간이 모자라서 업무 성격에 따라 통합 사무실을 운영하기도 한다. 그러나 보안을 요구하는 회계부는 독립 공간을 갖는 게 일반적이다.

호텔의 직원 사무 공간에서 없어서는 안 되는 공간은 회의실이다. 신규 직원 교육도 하고, 직원 채용 면접도 한다. 호텔 전반적인 운영에 관련된 회의도 수시로 이루어진다. 하지만 늘 부족한 공간도 회의실이다. 후방 공간이 넉넉하지 않을수록 더 그렇다. 회의실이 부족할 때 어떤 호텔은 판매되지 않은 미팅룸을 이용하기도 하는데, 이 역시 금물이다. 등급이 높은 호텔일수록 고객과 직원의 공간은 철저하게 구분한다. 후방 공간을 설계할 때마다 회의실 확보로 매번 전쟁을 치르지만 뾰족한 수가 마땅치 않다.

호텔 직원들의 이직률은 꽤 높은 편이다. 그도 그럴 것이 새로 문을 여는 호텔은 늘어나는데 경험이 많거나 능력 있는 직원들은 한정되어 있으니, 경력이 조금 쌓이면 여기저기에서 스카우트 제안을 많이 받는다. 일하던 직원이 그만두면 새로운 직원을 채용해야 한다. 따라서 호텔에서는 상시로 직원 채용 인터뷰가 이루어진다.

호텔은 워낙 많은 분야의 일들이 집약되어 있어서 일하는 사람들도 다양하다. 세계 최고 호텔 경영학과로 꼽히는 미국 코넬 대학이나 스위스 로잔 호텔 스쿨Ecole hoteliere de Lausanne 출신들도 있지만 학력과는 관계 없는 직원들도 많다. 호텔에서는 학력이 곧 승진의 전제가 아니다. 실제로 접시를 닦거나 벨맨으로 오래 일하다가 총지배인이나 임원이 되는 사례가 많다. 총지배인에 따라 호텔의 성과가 좌우되는데 그런 능력이 반드시 학력과 비례하지 않는다는 걸 호텔업계 종사자들은 잘 알고 있기 때문이다.

하지만 최근 한국의 많은 호텔들은 객실 청소, 시설 유지, 보안 등의 업무를 외주 업체에 용역으로 맡기고 있다. 이들은 직원 사무실이 아닌 별도로 마련한 용역 사무실에서 근무한다. 비용 절감이나 직원 관리 차원으로 볼 때 이점이 있을 수는 있으나 일정한 수준의 서비스를 고객에게 제공해야 하는 호텔 특성상 업무 담당자가 자주 바뀌는 것은 썩 바람직한 일은 아니다.

호텔에서 일하는 사람은 몇 명이 적당할까

짐작하겠지만 후방 공간에는 언제나 수많은 사람들이 일사불란하게 움직인다. 그렇다면 이쯤에서 궁금할 수 있다. 호텔마다 직원 수는 얼마나 될까. 호텔의 규모에 따라 다르기는 하지만 도시에 있다면 객실 하나당 직원 수는 0.5~1명, 휴양지의 리조트라면 객실 하나당 1명 이상을 가정한다. 도시 호텔 직원 수가 적은 것은 건물 형태 및 동선의 차이 때문이다. 도시 호텔은 수직의 고층 건물인 경우가 많다. 이에 비해 휴양지 리조트는 수평 구조인 데다 건물 간의 거리도 꽤 있다. 그만큼 동선 효율성이 업무 효율성에 미치는 영향이 크다는 의미이기도 하다. 다만 한국에서 리조트라고 부르는 곳들은 해외 휴양지 리조트에 비해 수직 구조가 많아서 직원 수 산출이 다를 수 있다. 그리고 같은 도시에 같은 운영사의 여러 개 호텔이 있다면 한 명의 총지배인과 시설팀장이 모든 호텔을 관리하는 경우도 있다. 그럴 경우 직원 수는 상대적으로 줄어든다.

같은 수의 직원이 근무해도 업무 효율 면에서 호텔마다 차이가 날 수 있다. 구조적으로는 근무 공간이 동선에 맞게 효율적으로 배치되었는지, 업무 매뉴얼이 잘 갖춰져 있는지에 따라 차이가 생긴다.

그렇다면 효율적인 직원 동선은 어떻게 만들어질까. 동선의 유형은 크게 수평과 수직으로 나눈다. 수평 동선은 업무 흐름에 맞게 출입구에서부터 단계별로 배치하는 것이 중요하다. 다음은 수직 동선이다. 앞에서 이야기한 것처럼 후방 공간은 주로 지하에 배치한다. 지상으로 올라가는 동선이 곧 수직 동선이다. 크게 두 가지다. 엘리베이터와 계단이다.

사무실에서 일하는 직원 외에 많은 직원들은 주로 출근한 뒤 근무복을 갈아입고 지상으로 올라와 각자 일터로 흩어진다. 식사 시간에는 지하로 다시 내려가 끼니를 해결하고 다시 지상으로 올라간다. 퇴근을 할 때는 다시 지하로 내려가 옷을 갈아입고 호텔 밖으로 나간다. 이외에도 하루에도 몇 번씩 지상과 지하를 오르내릴 일이 많다. 이때 수직 동선에 문제가 생기면 그만큼 대응이 늦어진다.

예를 들어 객실의 고객이 침구류를 추가해 달라고 한다. 해당 객실 층 하우스키핑 팬트리에 여분이 없다면 지하 침구류 보관 창고에서 가져와야 한다. 이때 직원용 엘리베이터의 속도는 고객이 기다리는 시간과 비례한다. 엘리베이터가 느릴수록 고객은 오래 기다려야 한다. 서비스로서는 감점이다. 이 때문에 호텔마다 직원 전용 엘리베이터 속도와 크기는 물론 대기 시간 등에 대한 기준을 정해 놓는다. 기본적으로 직원용 엘리베이터는, 앞에서도 말한 바 있듯이, 각각 2천 킬로그램을 감당할 수 있어야 하며 공간 크기는 1.7×2.4미터, 높이는 2.9미터를 확보한다. 엘리베이터 대기 시간은 60초를 넘지 않아야 한다. 카트를 비롯해 다양한 장비들을 싣고 나를 때를 대비해서 고객용 엘리베이터보다는 용량과 공간 모두 커야 한다. 보통 한 대를 운영하는 경우가 많은데, 객실이 250개 이상일 경우, 고층 건물일 경우, 연회장 프로그램이 많을 경우 추가하기도 한다.

국내 호텔은 직원 엘리베이터에 다소 인색한 편이다. 객실 수에 비해 엘리베이터 수가 부족해 보이는 경우도 많고, 공간도 좁아 물건을 나를 때 고생하는 직원들을 종종 볼 때가 있다. 엘리베이터 대기 시간이 길어 줄 서 있는 직원들을 보는 경우도 종종 있다. 직원들의 만족도는 곧 고객의 만족도로 이어지고, 고객 만족도는 곧 수익으로 연결된다. 직원들의 만족도가 낮다면? 결과는 분명하다.

후방 공간의 또다른 존재들

후방 공간에는 사람만 있는 게 아니다. 얼핏 생각해도 보일러, 발전기, 물탱크 등 온갖 장비들이 떠오른다. 24시간 돌아가는 이 장비들 중 어느 곳 하나라도, 아주 잠깐이라도 문제가 생기면 호텔은 그야말로 올스톱이다. 객실 냉난방 가동은 중단된다. 식사는 보장할 수 없다. 물이 나오지 않는다. 씻거나 볼

일을 보는 것도 어렵다. 상상만 해도 아찔하다. 바로 이런 일을 책임지는 보일러실, 전기실, 물탱크실, 방재실, 서버실 등이 이곳에 있다. 그리고 이 장비들을 항상 최적의 상태로 가동시키기 위한 인력이 바로 옆에서 상시 대기 중이다. 즉, 장비들 가까이에 해당 관리 사무실이 있고, 정기적인 유지 보수, 부품 교체 등을 맡은 설비실은 주차장과 바로 붙어 있다. 이 모든 것을 총괄하는 직책은 시설팀장이다. 유능한 시설팀장, 시설팀의 존재는 호텔 운영에 절대적이다. 신규 호텔에서 총지배인 고용 직후 이루어지는 인사가 바로 시설팀장 채용이다. 그만큼 그 역할이 중요하다.

CCTV 모니터링은 물론 화재 및 사고에 대비, 대응하는 방재실의 중요성은 아무리 강조해도 지나치지 않는다. 호텔에서 화재는 대형 사고로 직결된다. 때문에 호텔 곳곳에는 화재 위험을 줄이기 위한 장치들이 감춰져 있다.

고객과 가장 가까이에 있는 화재 대비 장치는 객실 천장에서 찾을 수 있다. 천장에는 연기 감지기, 비상 스피커, 시각 경보기, 스프링쿨러 등이 설치되어 있다. 객실에 화재가 발생하면 연기 감지기가 방재실 수신반에 신호를 보낸다. 이를 확인한 직원은 즉각 대응에 들어간다. 객실에서는 비상 스피커와 시각 경보기가 작동하여 화재 발생을 알린다.

시각 경보기는 청각 장애가 있는 고객을 위한 것이다. 듣지는 못하지만 시각 경보기를 통해 위험을 알 수 있다. 비상 스피커는 시각 장애가 있는 고객을 위한 것이다. 벨소리로 화재를 알린다.

어디로 가야 할지 알 수 없다면 객실문 안쪽 비상 피난 경로 지도를 확인하면 된다. 객실에서 가장 가까운 비상계단을 알려준다. 반드시 엘리베이터가 아닌 계단을 이용해야 한다. 화재로 인한 사망 원인은 불에 의한 직접 피해보

호텔을 움직이는 실질 동력

24시간 돌아가는 이 장비들 중 어느 곳 하나라도, 아주 잠깐이라도 문제가 생기면 호텔은 그야말로 올스톱이다.

다 연기로 인한 질식이 가장 높다. 호텔 비상계단은 제연 설계가 되어 있어 안전하게 밖으로 나갈 수 있다.

비상계단은 국제 소방법은 물론 국내 소방법에 맞게 객실 층 어디에서나 도보로 일정 거리 안에 있어야 한다. 호텔 평면을 설계할 때 많은 영향을 주는 사항이기도 하다. 객실 문을 열고 나와 비상계단으로 향하는 복도에도 제연 설계는 기본이다. 화재로 인한 연기가 각 층에서 밖으로 배출되도록 각 층 복도에는 제연창 등 제연 설계가 되어 있다. 비상등을 따라 계단으로 이동할 수 있도록 안내하는 것은 물론이다.

계단의 전실에는 가압 시스템이 설치되어 있다. 불이 나면 이곳에 가압 시스템이 작동하여 항상 양압을 유지한다. 공기는 압력이 높은 곳에서 낮은 곳으로 움직이므로 전실 공기 압력을 객실 복도 공기 압력보다 높게 만들어 연기가 들어오지 못하게 막아주기 위해서다. 전실에서 연기를 차단하면 비상계단은 일산화탄소로부터 안전한 상태가 되고, 고객들은 안전하게 피난 층으로 이동할 수 있다.

계단에서는 많은 사람들이 한꺼번에 몰려 자칫 넘어지는 사고가 날 수 있다. 계단 양 옆 손잡이는 이를 막기 위한 장치다. 국제 소방법은 계단 양옆에 손잡이 설치를 의무화하고 있고, 국내 소방법은 한쪽에만 설치를 의무화한다. 이럴 경우 좀 더 엄격한 쪽을 따르는 게 답이다. 즉, 계단 양옆에 손잡이를 설치하는 것이 옳다. 전실이나 계단실로 향하는 문은 항상 잠금 장치 없이 열려야 한다. 대피하는 이들에게 문이 잠겨 있는 상황처럼 암담한 것도 없다.

비상계단을 통해 주로 1층으로 대피하게 되는데, 비상계단의 50퍼센트는 밖으로 직접 연결이 되어 있어야 한다. 그렇지 못한 경우 50퍼센트에 해당하는 비상계단에서 밖으로 연결되는 복도 마감재는 최소한 두 시간 동안 화재에 견딜 수 있어야 한다. 밖으로 나갈 때까지 안전한 대피 경로를 확보하기 위해서다.

로비를 비롯한 공용 공간에도 여러 장치들이 준비되어 있다. 연회장 근처에는 동시 수용 인원에 맞게 비상계단이 확보되어야 하고, 연회장 출입문은 공간의 크기에 따라 사람들이 한 곳으로 몰리지 않도록 일정 간격으로 배치되어야 한다. 모든 문에 한 번에 밀고 나올 수 있는 장치가 되어 있어야 하는 것은 물론이다.

객실 천장의 경보기가 화재를 알리는 역할을 한다면 스프링쿨러는 불을 끄기 위한 장치다. 일정 거리 간격으로 설치되어 있다. 간격의 규정은 국제법과 국내법이 조금 다른데, 기본적으로 스프링쿨러에서 분출되는 물의 반경이 객실의 모든 공간을 포함해야 하는 것은 동일하다.

스프링쿨러는 공간 용도와 밀접한 관련이 있다. 설계할 때는 지정한 공간의 용도에 맞게 스프링쿨러를 설치했지만, 운영 중 공간의 용도를 바꿀 때가 있다. 2019년 1월 천안 '라마다 호텔' 화재로 20여 명의 사상자가 발생했다. 불법 린넨실에서 불이 났는데 스프링쿨러 시스템이 제대로 설치되지 않았다고 했다. 불법이라고 한 걸로 보아 설계할 때는 린넨실이 아니었는데, 운영 도중 불법으로 용도를 변경하면서 이에 맞는 스프링쿨러를 설치하지 않은 듯하다. 운영 중 공간의 용도를 바꿀 때는 새로운 용도에 맞게 반드시 소방 시설 또한 보완을 해야 한다.

국내 소방법으로는 건물 마지막 계단, 공중 화장실 등의 스프링쿨러 설치는 의무 사항이 아니다. 하지만 이런 곳에도 스프링쿨러 설치는 필요하다. 건물 마지막 층 계단에는 물건들을 쌓아두는 경우가 많다. 이곳에서 화재가 났을 때 스프링쿨러가 없다면 속수무책이다.

물을 사용할 수 없는 공간에 불이 날 때를 대비한 장치로는 어떤 게 있을까. 이를테면 기계 전기실이나 서버실 등의 전자 장비들은 물이 닿으면 그 자체로 대형 사고다. 이런 곳은 스프링쿨러 대신 비전도성 가스 청정 소화기를 사용한다.

호텔에서 화재 위험이 가장 큰 곳은 바로 주방이다. 요리를 위해 늘 불과 가스를 사용하는 것은 물론이고 기름까지 수시로 쓰고 있으니 화재에는 취약하다. 주방 후드에 앤슐 시스템 설치는 필수다. 요리할 때 불이 나면 화학 약재로 불을 진압하고 동시에 전기와 가스를 차단한다. 이뿐만 아니라 호텔의 주 수신반에 연결 되어 곧바로 방재실에서 화재 진압을 할 수 있게 한다.

안전을 위협하는 것은 화재만이 아니다. 테러와 자연 재해 역시 고객 안전에 치명적이다. '메리어트 호텔 그룹'의 경우 각 나라마다 테러 가능성의 경중에 따라 등급을 매기고, 단계별로 안전 장치 마련을 요구한다. 아시아에서 인도네시아는 테러 위험이 높은 나라, 한국은 위험이 가장 낮은 나라로 분류한다. 테러 위험이 높은 나라에는 호텔 입구부터 폭발물 감지 시스템을 둔다. 호텔 안의 모든 유리창에는 특수 필름blast mitigation window film을 덧붙인다. 폭발이 일어났을 때 유리창 파편이 튀면서 또 다른 사고로 이어지는 것을 방지하기 위해서다.

그렇다면 화재를 비롯한 재난 대비를 위해 실제로 호텔에서는 어느 정도의 예산을 책정할까. 한국을 비롯한 아시아 여러 나라의 '메리어트 호텔 그룹', '하얏트 호텔 그룹' 브랜드 호텔의 소방 컨설팅을 주로 하는 회사 '젠슨 휴'의 김진경 차장은 이렇게 우려를 표한 적이 있다.

오픈 전 점검 또 점검

어느 것 하나 소홀히 할 수 없지만 특히 안전과 보안을 위한
설비 점검 현장에는 팽팽한 긴장감이 감돈다.

"한국에서는 전체 호텔 프로젝트 비용 중 약 0.4퍼센트 정도 예산을 소방 관련 항목으로 책정을 하고 있어요. 워낙 예산이 적으니 스프링쿨러 몇 개 추가하는 걸로도 신경전을 치르는 경우가 많아요. 보기에 그럴 듯한 인테리어 비용은 아끼지 않으면서 스프링쿨러 몇 개 더 추가한다고 비용이 크게 늘어나는 것도 아닌데 무시하는 분들이 많죠. 보이지는 않지만 고객들의 안전을 더 중요하게 생각하는 인식이 더 생겼으면 좋겠어요."

나 역시 현장에서 자주 보는 장면이다. 눈에 보이는 것보다 보이지 않는 것에 더 신경을 쓰는 것이야말로 호텔이 취할 서비스의 진정한 방향이 아닐까.

호텔 운영 시스템의 컨트롤 타워인 서버실의 경우 잠깐이라도 멈추는 순간 일어날 혼란은 상상 그 이상이다. 어떤 경우에도 문제가 생기지 않도록 이중 삼중의 안전장치는 필수다. 다른 후방 공간이 대부분 지하에 있는 것과 달리 서버실은 반드시 지상에 배치한다.

서버실 바닥은 주로 콘크리트 마감인데, 거기에서 바닥을 조금 더 높게 올린다. 그 사이로 확보한 공간에 온갖 케이블 트레이가 지나간다.

천장에는 어떤 물 배관도 지나가서는 안 된다. 만약 배관이 터져 물이라도 새는 날에는 재앙이다. 그러나 예외는 늘 생기게 마련이다. 어쩔 수 없이 서버실 위로 배관이 지나갈 때가 있다. 그럴 때는 천장을 이중으로 마감하고, 배수관을 따로 설치해서 만약의 경우를 철저히 대비한다. 국내 한 호텔 오픈 직전점검 과정에서 도면과 달리 서버실 천장 위로 물 배관이 설치된 것을 발견했다. 즉시 천장을 뜯어내고 누수 발생시 사고로 이어지지 않도록 공사를 다시

했다. 물론 공사를 다시 하지 않았어도 아무런 일도 일어나지 않을 수는 있다. 하지만 늘 만약을 대비하는 것만큼 안전을 위해 가장 좋은 방법은 없다

서버실 안의 수많은 기계들이 뿜어내는 열은 무시할 수 없다. 일정 온도 이상 올라갈 경우 기계는 오작동을 일으킬 수 있다. 따라서 서버실 온도는 항상 21도 내외를 유지해야 한다. 에어컨은 두 대 이상이어야 한다. 한 대는 메인 전력에 연결해 두고, 또 한 대는 비상 발전기에 연결해 둔다. 만약 메인 전력에 문제가 생기면 10초 안에 비상 전력이 가동되어야 한다. 만약에 비상 발전기 작동에 문제가 생긴다면 어떻게 해야 할까. 이를 위한 대비도 필요하다. 어떤 경우에도 30분까지는 버틸 수 있는 임시 전력을 준비해 둬야 한다. 이를 UPS라고 한다.

일반적으로 호텔 오픈 전 3~4개월 전에는 서버실 설치를 완료해야 한다. 이를 기준으로 완공 날짜를 정하고 이후 일정을 준비할 수 있다. 하지만 이 기간의 중요성을 간과하는 경우도 간혹 있다. 이유는 간단하다. 눈에 보이지 않기 때문이다. 눈에 보이는 공사가 먼저라고 여기는 것이 어쩌면 당연한 일일 수 있다. 경험이 없는 이들일수록 이런 실수를 하곤 한다.

서버 제작을 해외에 맡겨야 하는 경우 계약부터 배송까지 적어도 3개월이 걸린다. 미리 준비를 해야 한다고 강조하지만 종종 놓치는 바람에 완공 두 달 전까지 계약조차 이루어지지지 않는 경우가 생긴다. 서버가 없으면 호텔은 오픈할 수 없다. 우선 고객들의 예약을 받을 수 없다. 설령 누군가 예약을 한다고 해도 컴퓨터 이전 시대로 돌아가 모든 예약과 기록을 손으로 써둬야 한다. 상상만으로도 '오마이갓!'이다.

호텔은 단독 건물 안에만 존재하지 않는다. 사무실, 백화점, 쇼핑몰 등과 함께 복합 개발되어 운영하기도 한다. 같은 건물 안에 호텔과 호텔 아닌 곳이 함께 있다면 건물의 후방 공간은 어떻게 구획을 나눠 운영이 될까. 물론 호텔과 호텔 아닌 곳의 후방 공간을 철저히 분리해서 운영하는 것이 이상적이다. 그렇지만 그럴 때보다 그럴 수 없을 때가 많다. 이럴 때는 함께 쓸 수 있는 곳과 아닌 곳을 나눠 생각해야 한다. 이를테면 기계 설비실, 통제실, 직원 식당 등은 함께 쓸 수 있다. 하지만 이외의 나머지 공간들은 어떻게든 분리를 해야 한다. 보안을 위해서다.

공유할 수 있다고 한 공간에도 전제 조건이 있다. 호텔 전용 후방 공간과 반드시 물리적으로 분리되어 있어야 한다. 즉, 이곳을 들고날 때 호텔 전용 후방 공간을 경유해서는 안 된다. 전제는 더 있다. 같은 공간을 쓰긴 하지만 장비의 공유는 있을 수 없다. 예를 들어 같은 건물 위 아래 층에 호텔과 사무실이 들어가게 되었다면 호텔 후방 주요 수직 동선인 직원 엘리베이터는 호텔 직원만 사용할 수 있어야 한다.

배관을 비롯한 기본 설비 역시 반드시 분리 설치하여 서로의 운영에 영향을 주지 않도록 해야 한다. 호텔 관계자들 이외의 접근 가능성을 원천적으로 막아야 하고, 일어날 수 있는 사고 가능성을 최대한 배제하는 것이 무엇보다 중요하다.

그들의 노동 덕분에 가능한
호텔의 편안함

몇십 명부터 몇백 명까지 호텔 직원들이 일하는 호텔 후방 공간은 그러나 썩 근사하지만은 않다. 사람들 눈에 보이지 않으니 빛도 제대로 들어오지 않고, 환기는 말할 것도 없다. 인테리어 디자인이라는 것은 애초에 성립조차 안 되는 공간이다. 불과 얼마 전까지만 해도 실상은 이랬다.

2006년 미국 보스턴에서 일할 때였다. 내가 다니던 회사는 뉴욕의 '모건 스탠리'와 손을 잡고 호텔을 매입한 뒤 브랜드를 바꾸거나 확장 보수를 거친 뒤 몇 년 안에 다시 되팔아 수익을 만드는 곳이었다. 당시 미국 동부 서부 할 것 없이 수많은 호텔을 다녔고, 수없는 실사 작업에 참여했다. 그때마다 호텔 후방 공간을 살펴야 했다. 하나같이 열악하기가 이루 말할 수 없어서 들어갈 때마다 끔찍했던 기억이 선명하다. 나중에 내가 뭔가를 결정할 수 있는 자리에 올라가면 이 공간만큼은 꼭 개선하겠다고 몇 번이나 혼자 다짐했다.

이런 다짐을 나만 한 것은 아니었다. 호텔 직원을 단지 피고용인으로만 바라보던 호텔업계의 인식이 점점 달라지더니 어느덧 호텔 내부 고객으로 존중하는 문화가 퍼져나갔다. 직원들의 만족도가 높은 호텔일수록 최상의 고객 서비스를 제공한다는 것은 만고의 진리다. 최상의 고객 서비스를 제공 받은 고객들은 역시 재방문율이 높다. 즉, 직원의 만족도가 호텔의 수익에도 연결된다. 호텔 운영자들 역시 이 점을 깨달았다.

그러면서 'Back of House'는 어느덧 'Heart of House'가 되었다. 대부분

지하 공간인 건 여전하지만 이곳에 어떻게든 생기를 불어넣기 위해 화려한 색을 입히고, 조명 디자인을 통해 공간의 한계를 극복하려는 시도가 호텔마다 이어졌다. 직원들의 식단에도 신경을 쓰는 것은 물론이었다. 훌륭한 복지 제도, 최고의 직원 공간, 회사의 성장 가능성 등을 강조하기 시작했다.

직원들의 만족도가 높은 호텔은 어떤 곳일까. 이는 다시 최상의 서비스를 제공하는 호텔은 어디인가라는 질문과 이어진다. 이런 질문을 받을 때마다 빠지지 않는 곳이 바로 '포시즌 호텔 그룹'이다. 이곳을 만든 이사도르 샤프는 호텔리어 출신은 아니었지만 호텔 운영 전반에 대한 자신만의 확고한 철학이 있었다. 바로 '호텔에 오는 손님을 자기 집에 오는 손님처럼 맞이하자'라는 철학이다. 그의 철학은 경영은 물론 직원과 고객에 대한 정책과 방향에 영향을 미쳤다. 그 결과 이곳에서 일하는 직원들의 자부심은 어느 곳보다 남달랐고, 이들 직원들은 고객들을 집에 찾아온 손님처럼 세심하게 대하는 것으로 유명해졌으며, 많은 고객들이 스스로 '포시즌 호텔'의 마니아가 되었다.

개인적인 경험으로 보자면 부탄의 '아만코라Amankora 리조트'의 서비스도 기억에 남는다. 이곳 직원들은 항상 절제된 태도를 보이지만 서비스만큼은 어느 곳보다 세심하다. 세련된 느낌은 덜하지만 투박하고 진정성 있는 태도가 어쩐지 마음을 움직인다.

'상하 리트리트'를 준비하면서 참고한 것이 바로 '아만코라 리조트'의 서비스였다. 이를 위해 직접 창업자인 에이드리안 자카Adrian Zecha와 같이 부탄 '아만코라'를 만들고 성공적으로 운영을 하고 있는 존 리드John Reed를 만나 노하우를 물었다. 그런데 처음부터 놀라지 않을 수 없었다. 이곳에는 직원 매뉴얼이라는 게 아예 없었다. 존 리드는 이곳만의 노하우를 묻는 내게 이렇게 답했다.

"에이드리안은 제게 이곳에서는 획일화된 서비스가 아닌 자연스럽게 마음에서 우러나는 서비스가 이루어지길 원한다고 했어요. 리조트가 아닌 집에 온 손님을 대하듯 고객들을 대해 달라고 했죠. 부탄 문화를 제대로 이해해 달라는 것 말고는 호텔 운영 방향에 대해 따로 요구한 게 없었어요. 나머지는 다 저더러 알아서 하라고 했지요."

여기에 더해 한 가지 당부한 것이 있다고 했다.

"직원들을 위해 필요한 시설은 호텔의 예산 안에서 감당할 정도만 된다면 기꺼이 지원하라고 했어요."

결코 쉽지 않은 일이다. 호텔에서 이루어지는 모든 시설 투자는 비용의 많고 적음을 떠나 경영진의 결제를 받고 난 뒤에야 가능하다. 그런데 '아만코라 리조트' 창업자는 지역 지배인에게 그 권한을 부여한 것이다. 창업자의 지배인에 대한 존중은 다시 직원들에게로 이어지고, 직원들이 느끼는 존중과 이로 인한 자부심은 곧 고객에 대한 진심 어린 서비스로 이어진다.

"언젠가 한 손님이 우리 리조트에서 드신 국수가 맛있다고 하셨어요. 그 이야기를 들은 직원이 손님이 떠나시는 날 국수 조리법을 적어 건넸더니 좋아하셨어요. 이런 일도 있었죠. 동네 시장에서 맛본 사탕이 맛있다는 이야기를 들은 직원은 시장에 가서 사탕을 한움큼 사다 드렸죠. 저희 직원들은 손님에게 안 된다는 말을 하지 않아요. 완벽하지는 않아도 어떻게든 비슷하게라도 요구를 들어드리려고 노력하죠."

남다른 서비스의 노하우를 물었던 나의 질문이 문득 민망해진 순간이었다.

호텔의 24시간은 톱니바퀴처럼 촘촘하게 끊임없이 맞물려 돌아간다. 후방 공간의 모든 기계들부터 직원들까지 모두 각자 자기가 맡은 역할을 오차 없이 해내야 한다. 또한 일어날 수 있는 모든 가능성에 대비해 만반의 준비를 갖춰야 하는 것도 호텔의 할 일이다. 눈에 보이는 직원들의 움직임 이면에 그보다 훨씬 크고 넓고 복잡한 요소와 다양한 존재들이 화려한 호텔의 불빛 뒤에서, 아무에게도 보이지 않는 곳에서 분주히 움직이고 있다. 호텔에서 누리는 우리의 편안함은 그들 모두의 보이지 않는 노동 덕분이다. 그리고 그 이전에 호텔을 짓고 만든 수많은 노동자들이 있다.

공사 현장에는 숱한 희로애락의 순간이 있다. 눈에 보이는 모든 것은 보이지 않는 누군가의 손길로 거기에 있다. 이견과 논쟁을 거쳐 합의에 이르고, 추위와 더위와 위험과 피곤을 이기며 만들어낸 것이다. 호텔의 이면을 살펴보고 있자니 수많은 현장에서 함께 싸우고 웃고 울고 환호하던 무수한 그들의 얼굴이 하나하나 떠오른다. 화려하고 찬란한 호텔에서 누리는 모든 것이 그들 덕분임을 나부터, 나라도 잊지 않겠다.

그동안 호텔의 보이는 것부터 보이지 않는 곳까지 쭉 살펴보았다. 남은 이
야기는 이제 하나다. 바로 호텔의 미래다. 과연 자본과 기술의 집약인 호텔은
앞으로 어떤 모습으로 우리 앞에 등장할까, 아니 그보다 호텔이 준비하고 있
는 미래는 어떤 모습일까. 그런 이유로 이 책의 마지막 장은 '미래'로 마무리할
계획이었다. 하지만 그럴 수 없었다. 코로나19로 인한 호텔의 변화가 앞으로
어떻게 펼쳐질지 수많은 전망이 쏟아져 나오고 있지만 누구 하나도 명확하게
말하지 못하고 있기 때문이다. 나 역시 그렇다.

노력하지 않은 건 아니었다. 원고를 쓰는 내내 코로나19가 가져온 호텔의
어마어마한 변화를 계속 주시하고 있었다. 한편으로 협력 파트너preferred part-
ner로 활동 중인 독일 'Healing Hotel of the World'의 핵심 멤버들 그리고
다보스 포럼 구성원들과 정기적인 온라인 영상 회의를 통해 지구촌 상황을 공
유해왔다. 그럼에도 불구하고 산업혁명에 버금가는, 호텔의 패러다임을 뒤바
꾸는 변화가 시작되었으나 현재진행형인 지금 상황을 어떻게든 정리하기에
는 시기상조라고 판단했다.

그러나 분명한 것은 전대미문의 급변 속에서 호텔 역시 나아갈 길을 찾아

가고 있다는 점이다. 돌이켜보면 호텔은 늘 그래왔다. 시대의 변화에 맞춰 공간과 라이프 스타일의 실험실 역할을 자처해 왔다. 늘 새롭고 신선한 공간과 서비스를 제공하는 데 망설임이 없었다. 이유는 간단하다. 생존을 위해서는 반드시 그래야 했기 때문이다. 유행을 선도하거나 적어도 주도하지 않으면 즉시 퇴장해야 했다. 그러니 시대 흐름에 매우 민감할 수밖에 없다.

그렇다면 지금 바로 오늘 이 순간의 시대 흐름은 뭘까? 비대면, 비접촉이다. 친절한 서비스 대신 최대한 안 만나고 안 만지는 것을 선호하는 시대가 되었다. 이를 위해 디지털 모바일 체크인이 도입되고, 온갖 자동 음성 인식 장치가 호텔 곳곳에 배치되고 있다. 호텔 산업 전반에 디지털 트랜스포메이션digital transformation의 가속화가 이루어지고 있다는 의미다. 이뿐만일까. 시대 흐름은 한 방향으로만 흐르지 않는다. 오늘날 전 지구의 모든 인류가 느끼는 위기의식의 수위는 한결 높아졌다. 코로나19가 인간의 무분별한 이기심이 초래한 재앙이라는 것에 누구도 이의를 달 수 없게 되었고, 온난화로 인한 기후 변화 앞에서 친환경은 이제 선택이 아닌 지구적 캠페인의 대상이 되었다. 호텔 역시 이에 동참하며 좀 더 근본적인 변화를 고민하고 있다.

역사를 되짚어 보면 호텔의 시작은 잠자는 곳, 휴식을 취하던 곳이었다. 나아가 새로운 공간을 경험하고 다양한 서비스를 즐기는 곳이기도 했다. 그러나 호텔은 다른 역할을 요구 받고 있다. 호텔을 찾는 많은 이들이 휴식이 아닌 치유의 시간을 원한다. 몸과 마음의 진정한 휴식을 통한 재충전을 기대한다. 이는 곧 이전에 없던 경험을 추구한다. 이런 고객들의 요구에 호텔의 변화는 가열차게 현재진행형이다. 경험을 위해 호텔을 찾는 이들의 요구에 적극적으로 부응하고 있다. 가장 눈에 띄는 키워드는 웰니스다. 전 세계 호텔업계는 몸과 마음의 진정한 휴식을 추구하는 웰니스를 제대로 구현하기 위해, 직설적으로 표현하자면 이 시장을 선점하기 위해 공격적인 경쟁을 펼치고 있다.

호텔의 미래를 코로나19로 인한 비대면, 기후 위기에 대한 대응, 몸과 마음의 진정한 휴식의 추구로 전망하고 있는 이 시점에 새로운 호텔이 등장을 예고했다.

100여 개의 객실을 갖춘, 2022년 오픈 예정인 이곳은 노르웨이의 스바르 빙하 호텔이다. 호텔의 대표는 이 지역에 가족과 함께 휴가를 왔다가 매료되어 땅을 구입하고 호텔을 짓기 시작했다고 한다. 호텔의 키워드는 지구온난화 개선이었다. 호텔이라는 패러다임을 넘어 지속가능한 환경 구축을 추구하는 공간의 쇼케이스를 지향한다.

이를 위해 호텔의 건축 설계는 자연환경을 해치지 않는 방향으로 이루어졌다. 힌트를 얻은 곳은 생선을 말리는 노르웨이 전통 건축물이다. 기둥이 구조물을 받들고 있는 형태인데, 이로써 건물과 대지면의 접촉을 최소화하여 건물을 지을 때 땅을 파서 말뚝을 박지 않아도 건물을 지을 수 있게 설계했다. 건축 마감재 역시 이 지역에서 구할 수 있는 석재, 나무, 유리 등을 최대한 활용하고, 설계부터 시공에 이르기까지 전 과정에서 이산화탄소 배출량을 줄이기 위해 노력했다. 그 외에도 건물 구조를 지은 뒤 외부에서 미리 조립한 내부 공간을 바로 설치할 수 있도록 모듈러 공법 사용을 계획하고 있다고도 알려져 있다. 그렇게 하면 시공 현장에 투입되는 인력을 최소화하는 것은 물론 건축 자재들의 쓰레기 양도 현저히 줄일 수 있다.

호텔에서 사용하는 주요 에너지는 태양열에서 얻는다. 이를 위해 도넛 모양으로 건물을 설계함으로써 지붕 면적을 최대한으로 확보했다. 그렇게 확보한

앞으로 이루어지는 개발에는 에너지 소모와 이산화탄소 발생을 줄이기 위한 노력이
전제될 것이며, 이러한 방향에 맞춰 투자 역시 늘어날 것을 전망하는 기사로,
스바르 빙하 호텔을 대표적인 사례로 언급하고 있다.

지붕 위에는 다름아닌 태양열 패널을 설치해 전력을 생산한다. 호텔이 문을 연 뒤 5년 이내에 인근 지역의 전력까지 태양열로 대체할 만큼의 에너지 생산을 하겠다는 계획을 일찌감치 세워뒀다. 에너지 확보 방법은 더 있다. 바로 음식물 쓰레기다. 음식물 쓰레기가 방출하는 메탄을 주성분으로 삼아 재생 에너지를 창출하겠다는 계획인데, 최근 미국 코넬 대학에서 압력솥 원리로 음식물 쓰레기를 통해 전기와 열원을 만들어내는 방법을 찾아냈다고 하니 먼 미래의 이야기만도 아니다. 이산화탄소 배출량뿐만 아니라 음식물 쓰레기의 양을 혁신적으로 줄이는 데도 효과적일 것은 당연하다. 비대면, 비접촉을 포함한 온갖 최첨단 디지털 기술이 총망라될 것은 짐작 가능하다. 이곳을 찾는 이들이라면 지역 문화를 존중하는 것은 기본이고, 자연을 보호하고 원시 상태의 순수함을 지닌 빙하를 보호하려는 의식을 지녀야 한다. 이런 고객들에게 호텔은 빙하와 지역의 자연과 전통을 적극적으로 활용한 특별한 웰니스 프로그램을 제공한다.

스바르 빙하 호텔에 관한 소식을 처음 들었을 때 나는 이곳이야말로 미래 호텔의 방향이 아닐까 생각했다. 이 생각이 맞는지 틀리는지는 아직 단언할 수 없다. 그러나 오늘 현재 최첨단 기술을 바탕으로 인류가 지향해야 할 키워드를 공간으로 구현하려는 이 시도야말로 호텔이라는 곳이 부여받은 '공간과 라이프 스타일의 실험실'이라는 역할에 잘 어울리는 게 아닐까?

우리가 흔히 멋진 인테리어와 건물, 쾌적한 서비스로만 이해하고 있는 호텔이라는 곳은 새로운 장르로 이미 변신을 시작한 지 오래다. 그런 새로운 장르의 출현 앞에서 우리는 어떤 시선으로 호텔을 바라보고 즐기고 누려야 할까. 부디 이 책이 그 질문의 답을 함께 찾아가는 출발선이기를 희망한다.

주요 참고문헌

류현경, 「지속 가능한 호텔, 지속 가능한 미래 」『행복이 가득한 집』, 2019. 12.

발레리 줄레조, 티에리 상쥐앙, 조르주 카즈, 니콜라 피에베, 프랑수와즈 제드, 실비 기샤르 앙기스 지음,
  양지윤 옮김, 『도시의 창, 고급호텔』, 후마니타스, 2007.

손요한, 「야놀자, 세계2위PMS기업 이지테크노시스 인수」, 『Platum, Startup's Story Platform』, 2019. 9. 5.

윤민용, 「1990년대, 그리고 2010년.. 달라진 '배낭여행 풍속도」, 『경향신문』, 2010. 6. 22.

이희용, 「(이희용의글로벌시대)해외여행 자유화30년…글로벌 에티켓은 몇점?」, 『연합뉴스』, 2019. 1. 7.

임소현, 「ESG 경영강화.. 어메니티 전환도 속도」, 『뉴데일리 경제』, 2021. 6. 4.

정기환, 「'트립닷컴, 한국인이 좋아하는 호텔 트렌드 조사」, 『디스커버리 뉴스』, 2019. 10. 23.

최민지, 「골라먹고 담아 먹는 재미… '대중 뷔페'의 등장」, 『경향신문』, 2020. 1.10.

최한우, '오모테나시, 접객의 비밀', 브런치, 2017. 11. 29.

「에너지 소비 절감과 친환경 에너지 사용」Booking.com Partner Hub, 2021.

Alessandra Maffei, 「A Brief History of Hilton Hotels」 Toronto School of Management, 2018.

Bradford T. Hudson, 「Roman Ways: The Endurance of Patterns in Travel and Hospitality from
  Antiquit」, Boston University School of Hospitality Administration, 2014. 2. 1.

Brandon Schultz, 「Home Sweet Hotel, part 6: The Best Hotel Bedding, In Every Category, You
  Can Order For Your Home Now」, 『Forbes』, 2020. 4. 30.

Dr. Murat Uenlue, 「Business models compared: Booking.com, Expedia」 TripAdvisor, 2017. 9. 30.

Huw Darch, 「Top 6 Hotel Industry Trends For 2022」, Profitroom, 2021. 7. 30.

Jacques Levy-Bonvin, 「Hotels | A Brief History」, HN Hospitality net, 2003.

Kristen Hawley, 「The (near) Future of Hotel Travel Is Here」, 『Eater Travel』, 2021.

Jill Barthel, Sophie Perret, 「OTAs- A Hotel's Friend or FOE, How Reliant Are Hotels on OTA's?」,
  HVS, 2015. 7.

Molly W. Berger, 「The Old high-tech Hotel」, 『American Heritage's Invention & technology』 1995.

Sleep Advisor, 「Our 13 Highest Rated Hotel Mattress in 2021-That You Can Buy」, 2021. 1. 2.

Social Tables, 「The Essential Guide To Picking The Best Background Music For Hotels」,
  Socialtables.com.

Stephanie Rosenbloom, 「Inside the Evolving Hotel bathroom」, 『New York Times』, 2013.

Will Speros, 「Wellness Real Estate Market reaches $275 Billion, 『Hospitality Design』, 2021.

「Ballroom Lighting」, Klaasen Lighting Design Blog, 2014.

CultureandCommunication.org, Hotel Annunciator, 2010. 11. 24.

'Royal Clarence Hotel', Wikipedia

「Why do you sleep better in a hotel?」 Sleep.ihg.com. 2021.

이 책을 둘러싼 날들의 풍경

한 권의 책이 어디에서 비롯되고, 어떻게 만들어지며,
이후 어떻게 독자들과 이야기를 만들어가는가에 대한 편집자의 기록

2019년 7월 19일. 출판평론가 한미화 선생으로부터 1960년대 지은 서대문구의 오래된 '원앙여관'을 리모델링하여 복합문화공간 '원앙아리'로 꾸민 한이경 대표에 관한 기사 링크를 전해 받다. 한미화 선생은 '이 공간의 리모델링 과정을 책으로 만들면 어떻겠냐'는 아이디어를 함께 전하다. 기사를 통해 이미 '원앙아리'의 존재를 전해 듣던 편집자는 개인적인 호기심으로 우선 한 번 만나볼 것을 제안하다.

2019년 7월 23일. 정식 오픈 전 '원앙아리'에서 한미화 선생과 함께 한이경 대표를 만나다. 고교 졸업 이후 한국을 떠나 줄곧 해외에서 살던 한이경 대표는 책을 내고 싶은 마음은 있으나 한글로 글을 쓰는 것에 대한 우려를 표하다. 편집자는 우선 한 달에 한두 꼭지씩 쓰고 싶은 대로 글을 써볼 것을 제안하고, 이 글이 일정 정도 쌓이면 그걸 놓고 다시 이야기하기로 하다.

2019년 7월 29일. '원앙아리'의 처음 시작을 담은 글을 받다. 한이경 대표의 우려와 달리 편집자는 그가 글을 통해 전하고 싶은 바를 명확하게 담아낼 수 있음을 확인하다. 다만 오래된 건물을 리모델링한 것으로 그치지 않고 여기에 어떤 이야기를 더 담아낼 수 있을지, 나아가 그 과정을 한 권의 책으로 펴내야 하는 분명한 이유에 대해 고민하다. 한이경 대표가 한국에서 맡고 있는 호텔 오픈이 앞다퉈 이어지면서 원고 집필은 동력을 잃고, 편집자 역시 명확한 답을 갖지 못한 채 간혹 서로의 안부만 챙기는 날들이 이어지다.

2020년 9월 29일. 한이경 대표가 페이스북에 간혹 올리는 글을 지켜보며 편집자는 '원앙아리'에 관한 책보다 그의 활동 영역의 본진인 '호텔'에 관한 책을 먼저 만들고 싶다는 생각을 하다. 생각만 하던 며칠을 보낸 뒤 불현듯 늦으면 안 되겠다는 마음이 들어 즉시 전화를 걸어 뜻을 전하다. 마침 한이경 대표 역시 같은 생각을 하고 있었음을 확인하고, 의기를 투합하다. 어떤 책을 만들까에 관하여 대략적인 의견을 순식간에 나누다. 그 사이 몇몇 출판사와의 미팅을 가진 바 있다는 이야기를 얼핏 듣고 더 늦지 않고 연락하기를 잘했다고, 홀로 가슴을 쓸어내리다. 저자와 편집자는 건축과 인테리어가 멋진 호텔을 소개하거나 가볼 만한 호텔을 소개하는 것이 아닌, 호텔 그 자체에 대한 이야기를 담은 책을 만들고 싶다는 큰 방향에 서로 동의하다. 편집자는 호텔에 관해 '지금까지 이런 책은 없었다'고 자신 있게 말할 수 있는 책을 만들고 싶다는 야망에 불타오르다. 이런 야망은 혜화1117의 모든 책을 시작할 때 품는 마음이기는 하나, 이번 책은 특히 더 그렇게 만들고 싶다는 바람을 품다.

2020년 10월 7일. 저자가 '이제는 네기 꿈꾸는 호텔을 위하여'라는 가제로 1차 구성안을 보내오다. 편집자는 이에 대한 검토 의견을 보낸 뒤 이후 몇 차례의 미팅과 메일 등을 통해 구성안의 수정 및 보완이 이루어지다. 이 과정을 11월 말까지 계속하다.

2020년 12월 7일. 1차 구성안을 서로 합의하다. 이에 맞춰 집필을 시작하기로 하다.

2020년 12월 15일. 출간계약서를 작성하다. 편집자는 집필에 참고할 만한 몇 권의 책을 추천하다. 저자가 가족들을 만나기 위해 미국으로 출국하다.

2021년 2월 1일. 미국에 다녀와 '코로나19'로 인한 자가 격리를 마친 저자로부터 첫번째 원고를 받다. 구성안 및

책의 취지에 적확한 원고에 편집자는 안도하다. 이후로부터 6월 초까지 순차적으로 원고가 들어오다.

2021년 6월 2일. 1차 원고의 마지막 부분이 들어오다. 한 달여 동안 원고를 전체적으로 검토한 뒤 수정 및 보완할 부분에 대한 의견을 정리하다. 책의 제목을 '호텔에 관한 거의 모든 것-보이는 것부터 보이지 않는 곳까지'로 일찌감치 확정하다.

2021년 7월 6일. 저자에게 원고 수정 및 보완사항을 보내다.

2021년 7월 21일. 편집자의 의견을 반영한 저자의 최종 원고가 들어오다. 다시 한 번 이에 대한 의견을 정리하여 저자에게 보내다. 한편 원고 집필을 하는 내내 저자가 주도하는 여러 호텔이 완공되면서 호텔업계 안팎으로 저자에 대한 주목도가 높아지는 것은 물론 저자의 모교인 미시간 대학교 건축 대학 매거진 『Portico』 인터뷰, MBC '구해줘 숙소' 패널 출연, 독서 모임 커뮤니티 '트레바리' 클럽장, 서울대와 연세대 등에서의 특강, '헤이 조이스' 강연 등의 제안을 받으며 다양한 곳에서의 관심도가 높아지다. 원고 집필을 하기로 할 때만 해도 예상하지 못한 저자의 변화에 편집자의 어깨가 점점 무거워지다.

2021년 9월 5일. 저자의 최종 원고를 받은 뒤 본격적인 편집 작업에 착수하다. 본문에 수록할 이미지의 성격 및 유형에 대해 의견을 전달하다. 혜화1117에서 최초로 인쇄 제작한 도서목록에 출간 예정 도서로 제목과 간략한 소개글을 싣다. 독자들로부터 비상한 관심을 받다.

2021년 9월 17일. 본문에 수록할 1차 이미지 파일을 받다. 이를 각 장의 내용에 맞게 정리하는 것은 물론 전체 책의 맥락과 함께 하도록 완급을 조정하는 작업을 거치다.

2021년 9월 22일. 디자이너 김명선에게 본문 레이아웃을 의뢰하다. 순차적으로 본문에 들어갈 이미지 파일 및 추가 요소 등에 관한 의견을 저자와 주고 받다. 화면 교정을 시작하다.

2021년 10월 4일. 본문 레이아웃 시안을 입수하다. 1차 수정안을 정리하여 전달하다.

2021년 10월 7일. 최종 원고 검토 완료하다. 화면 교정을 완료하다.

2021년 10월 13일. 판형 및 레이아웃 디자인을 결정하다. 곧바로 조판 작업을 시작하다.

2021년 10월 28일. 디자이너로부터 조판 완료 파일을 받다. 새로 오픈하는 호텔 일정으로 틈을 내기 어려운 저자와 오후 4시부터 자정까지 꼬박 앉아 본문의 요소를 점검하다. 서로 챙겨야 할 것, 본문에서 추가할 내용 등을 확인하고 필요한 이미지 파일의 확보 방안을 논의하다.

2021년 11월 3일. 10월 28일 점검 결과를 다시 한 번 서로 확인하는 과정을 거치다. 그 사이 책에 들어갈 이미지 원본 파일을 받기 위해 저자는 전 세계 곳곳에서 활동하는 다수의 사진작가들, 예전에 함께 일했던 프로젝트 동료들과 연락을 주고 받다. 어떤 이는 출장 중에, 또 어떤 이는 신혼여행 중에, 또 어떤 이는 프로젝트 마감을 앞둔 시점에 흔쾌히 도와주겠다고 답신을 해오다. 늦은 시간, 점검을 모두 마친 뒤 출간 이후 첫 행사를 두고 로프트북스 조성은 대표와 의논하다. 디자이너로부터 표지 1차 시안을 받다. 수정사항을 정리하여 전달하다.

2021년 11월 5일. 독서 모임 커뮤니티 '트레바리' '호텔 트래블러' 클럽 제4기 회원들에게 조만간 출간하는 책에 관해 소식을 전하다. '트레바리' 윤수영 대표로부터 책의 추천사를 받기로 하다. 초교 및 저자 교정을 마치다.

2021년 11월 11일. 표지 수정 시안을 받다. 재교를 시작하다. '트레바리' 윤수영 대표로부터 추천사를 받다.

2021년 11월 12일. 하루에도 몇 번씩 저자와는 내용의 점검을, 디자이너와는 본문 및 표지의 요소를 두고 의논을 거듭하다. 연말을 앞두고 출간일을 더 늦추면 안 될 것 같아 점점 마음이 급해지다. 재교를 거쳐 수차례 교정의 작업이 이어지다. 출간 전 '트레바리'에서 북토크 제안을 받다. 12월 13일 오후 7시 30분으로 일정을 확정하다.

2021년 11월 15일. 본문 및 표지의 모든 요소를 마치다. 오케이 직전 '메리어트 인터내셔널 한국/필리핀' 남기덕 대표로부터 추천사를 받다. 급히 뒤표지에 추가를 요청하다.

2021년 11월 16일. 오케이교를 마치다. 표지 및 본문을 최종 점검하다.

2021년 11월 17일. 디자이너와 최종 작업을 마무리하다. 인쇄소에 모든 데이터를 보내다.

2021년 11월 18일. 인쇄 및 제작에 들어가다. 표지 및 본문 디자인은 김명선이, 제작 관리는 제이오에서(인쇄·민언프린텍, 제본·책공감, 용지 : 표지-스노우250그램 순백색, 본문 : 미색모조95그램 면지 : 화인페이퍼 11그램), 기획 및 편집은 이현화가 맡다.

2021년 12월 1일. 혜화1117의 열다섯 번째 책 『호텔에 관한 거의 모든 것』 초판 1쇄본이 출간되다.

2021년 12월 3일. 『한겨레』에 '정성스러운 그 사소함으로 그대를 감동시키리'라는 제목의 서평 기사가 실리다. 『문화일보』에 '호텔의 역사-건축·공간·구성 '한눈에' '라는 제목의 서평 기사가 실리다.

2021년 12월 4일. 『조선일보』에 '핵심 내부자가 말하는 잘나가는 호텔의 비밀'이라는 제목의 서평 기사가 실리다.

2021년 12월 8일. 『동아일보』에 '객실이 사무실로…코로나로 진화한 '호텔의 미래''라는 제목의 인터뷰 기사가 실리다.

2021년 12월 13일. 독서모임 커뮤니티 '트레바리' 주관으로 서울 강남 트레바리 아지트에서 출간 후 최초로 독자와의 만남을 갖다. 출간 이전 이미 확정한 일정으로, 공지를 올린 뒤 '빛의 속도로' 마감이 되어 모두를 놀라게 하다. 코로나19 이후 오랜만에 열린 오프라인 만남에 많은 분이 뜨거운 성원을 보내주시다. 저자의 강연을 처음 들은 편집자는 이 책에서 담지 못한 저자의 한계 없는 가능성을 뒤늦게 자각하고, 책을 만들 때 편집자의 역할이란 어디까지여야 하는가에 대한 커다란 물음표를 품게 되다.

2021년 12월 16일. 『한국일보』에 '호텔은 영감을 주는 공간…기죽지 말고 즐기세요'라는 저자 인터뷰 기사가 실리다. 『채널예스』에 '한이경 : 한국, 본격 럭셔리 호텔의 조짐이 보인다'라는 제목의 서면 인터뷰 기사가 실리다.

2021년 12월 17일. 서울 부암동 동네책방 '로프트북스'에서 독자와의 만남을 갖다. 이 역시 공지를 올린 뒤 순식간에 마감이 되어 '호텔'에 관한 독자들의 관심 정도를 깨닫게 하다. 책의 출간 후 저자의 지인들을 중심으로 대형서점 각 지점의 있는 책 '싹쓸이' 구매가 놀이처럼 번져나가고, 10권 단위로 구매 후 저자 서명을 요청하는 지인들 덕분에 저자의 '사인' 솜씨가 저절로 일취월장하다. 국내 굴지의 호텔 소유주 및 관계자들로부터 책의 독후감이 직간접적으로 쇄도하다. 그 가운데 '함께 일할 때 너무 고생시켜 미안했다, 책 읽고 느낀 바가 많았다'는 어느 회장님의 전언이 저자의 마음에 특히 남다. 이후로부터 프로젝트 회의 때마다 참석자들로부터 저자 사인 요청을 받는 일이 잦아지다. 다양한 분야의 이른바 '셀럽'들이 SNS에 이 책에 대해 언급하는 일이 이어지다. 편집자는 이전에 경험하지 못한 새로운 세계에 발을 딛는 듯한 느낌을 종종 받게 되다. 미국 국회도서관, 하버드 대학교 옌칭 연구소, 프린스턴 대학교, 브랜다이스 대학 도서관 등에 책이 소장될 것이라는 연락을 받다.

2021년 12월 28일. 서울 독립문 인근 동네책방 '서울의 시간을 그리다' 주관으로 저자의 공간 '원앙아리'에서 독자와의 만남을 갖다. 공지를 올린 뒤 순식간에 마감이 되다. 특히 이 자리는 '원앙아리'와 이웃한 동네책방에서 마련해준 것으로, 저자의 친구인 정용실 아나운서의 우정 출연까지 더해져 순식간에 라디오 청취자 사연 중심 방송 모드로 진행되다. 저자와 공간을 둘러싼 소박하지만 따뜻한 이야기 덕분에 책을 매개로 한 자리가 더욱 훈훈해지다.

2022년 1월 3일. '교보문고' 온라인 북뉴스에 '보이는 것부터 보이지 않는 곳까지 『호텔에 관한 거의 모든 것』 한이경' 인터뷰 기사가 실리다.

2022년 1월 4일. 연초 제작처의 일정을 감안하여 책의 수급에 문제가 생기지 않도록 초판 2쇄본 제작을 준비하다. 아래의 내용은 2쇄 제작 준비 기간에 확정한 일정으로 미리 그 기록을 남겨두다.

2022년 1월 15일. 서울 홍대 인근 '북티크'에서 독자와의 만남을 갖다.

2022년 1월 26일. 서울 선릉 인근 '최인아책방'에서 독자와의 만남을 갖다.

2022년 1월 15일. 초판 2쇄본을 출간하다. 서울 홍대 인근 '북티크'에서 독자와의 만남을 갖다.

2022년 1월 26일. 서울 선릉 인근 '최인아책방'에서 독자와의 만남을 갖다.

2022년 2월. 잡지 『주부생활』에 무려 6페이지에 걸쳐 저자 인터뷰 기사가 실리다. KBS '정용실의 뉴스브런치'에 출연하다. EBS '비즈니스리뷰'에 출연하다.

2022년 3월. 『국민일보』에 저자의 기명 칼럼 연재가 시작되다.

2022년 4월. 매거진 『Chaeg』 '독서연재조작단' 꼭지에 편집자와의 서면 인터뷰 등을 포함한 책 소개 기사가 실리다.

2022년 8월 12일. 『중앙일보』 기자들이 참여하는 콘텐츠 채널 '듣다보면 똑똑해지는 라디오'(듣똑라)에 저자가 출연하다.

2022년 9월 1일. 저자의 초대로 원앙아리에서 혜화1117의 저자 최지혜 선생, 홍지혜 선생이 사진작가 구본창 선생과 만나는 시간을 갖다.

2022년 10월15일. 경상북도 교육청 정보센터에서 강연하다.

2022년 11월 12일. 강원랜드 임직원 초청 강연에 이어 17일 한양대 박물관 초청으로 강연하다.

2023년 3월. 영국 Leisure Media Group에서 만드는 『Spa Business』에 저자 인터뷰 기사가 실리다.

2023년 4월 11일. '워커힐 호텔 60년사' 북토크'에 '최인아책방' 최인아 대표와 함께 초대되다.

2023년 6월. 『노블레스 매거진』에 저자 인터뷰 기사가 실리다.

2023년 8월. 유튜브 채널 'B주류 경제학'에 출연하다. 『아시아경제』에 『파워K-우먼, 새로운 길 만들고, 막힌 곳은 뚫어라'라는 제목으로 인터뷰 기사가 실리다. 한국에서 열린 유엔기후변화협정 참가자 중 UN Resilience Frontiers 멤버를 위한 'Korean Culture and Spirituality Day' 초청 행사를 주관하다.

2023년 9월 22일. 3쇄본 출간을 준비하며 편집자는 이 책의 출간 이후 지켜본 저자의 행보를 돌아보다. 광폭의 행보를 보이며 나라 안팎을 훨훨 날아다니는 저자를 통해 새로운 세상을 엿보는 각별한 즐거움을 누리다. 그 기록을 다 싣기에는 부족한 지면을 아쉬워하다. 다만 책의 역할 및 효용이 줄어들고 있다는 전망과 우려가 깊어지고 있는 현실에서 이 책을 통해 발견한 국내 숙박업계 변화의 조짐, 그 변화에 긍정적인 자극으로 기여하고 있다는 데 보람을 느끼고 있음을 기록하다. 저자와의 두 번째 책을 준비하고 있는 시점에 3쇄본을 출간하며 조금 이르긴 하나 새 책의 출간 전 새로 나올 책에 관한 안내를 뒷날개에 싣다.

2023년 10월 5일. 초판 3쇄본을 출간하다. 이후의 기록은 4쇄 이후 추가하기로 하다.

호텔에 관한 거의 모든 것

2021년 12월 1일 초판 1쇄 발행
2023년 10월 5일 초판 3쇄 발행

지은이 한이경
펴낸이 이현화
펴낸곳 혜화1117 **출판등록** 2018년 4월 5일 제2018-000042호
주소 (03068)서울시 종로구 혜화로11가길 17(명륜1가)
전화 02 733 9276 **팩스** 02 6280 9276 **전자우편** ehyehwa1117@gmail.com
블로그 blog.naver.com/hyehwa11-17 **페이스북** /ehyehwa1117
인스타그램 /hyehwa1117

ⓒ 한이경

ISBN 979-11-91133-05-9 03300